ORBIS TERRARUM

ROMA

II Sagen, Fabeln und Legenden

von Werner Bosch

und Ludwig Häring

C. C. BUCHNERS VERLAG · BAMBERG

J. LINDAUER VERLAG (SCHAEFER) · MÜNCHEN

R. OLDENBOURG VERLAG · MÜNCHEN

ROMA

Unterrichtswerk für Latein als 1. Fremdsprache
herausgegeben von Josef Lindauer, München,
und Prof. Dr. Klaus Westphalen, Kiel

ROMA II wurde verfaßt von
Werner Bosch und Ludwig Häring, Dillingen

2. Auflage   2 ¹³ ¹² ¹¹   1993 92 91
Die letzte Zahl bedeutet das Jahr dieses Druckes.

Alle Drucke dieser Auflage sind, weil untereinander unverändert,
nebeneinander benutzbar.

C. C. Buchners Verlag   ISBN   3 7661 **5632** 2
J. Lindauer Verlag   ISBN   3 87488 **632** 8
R. Oldenbourg Verlag   ISBN   3 486 **05892** 4

© 1976 C. C. Buchners Verlag, J. Lindauer Verlag, R. Oldenbourg Verlag. Das Werk und seine Teile sind urheberrechtlich geschützt. Jede Verwertung in anderen als den gesetzlich zugelassenen Fällen bedarf deshalb der vorherigen schriftlichen Einwilligung des Verlages.

Einband: Karl-Heinz Bauer, Bamberg
Zeichnungen und Karten: Alfred H. Kettmann, Bamberg
Gesamtherstellung: Graphischer Großbetrieb Friedrich Pustet, Regensburg

VORWORT

Wie in ROMA I ist auch hier eine Lektion auf etwa zwei Unterrichtsstunden angelegt mit Ausnahme von Lektion 12, die als didaktische Einheit über die Zahlen gestaltet ist. Die Behandlung der Verba („unregelmäßige Verba") füllt den größten Teil des Bandes. Sie sind in derselben Reihenfolge wie in der Lateinischen Grammatik von Bayer – Lindauer abgehandelt. Jedes neue Verbum erscheint mindestens einmal im H- oder L-Teil. Die drucktechnische Hervorhebung des neuen Stoffes soll die Konzentration auf das Lernziel der jeweiligen Unterrichtsphase optisch unterstützen. Der Ü-Teil bietet Übungsmaterial zu individueller und adressatenbezogener *Auswahl* durch den Lehrer.

Die den Wiederholungsstücken teilweise angegliederten TESTS sollen einerseits dem Schüler selbst die Möglichkeit bieten, den Wissensstand (etwa vor Schulaufgaben) zu überprüfen, andererseits dem Lehrer eine Auswahl von Prüfungsfragen vorstellen.

Die inhaltliche Thematik von ROMA II ist von *Sagen, Fabeln, Anekdoten und Legenden* bestimmt. Sie könnten einen gewissen Ausgleich zum harten ‚exercitium' der Verbalformen bieten.

Dank gilt den Herausgebern für ungezählte Anregungen und Hilfen, dem C. C. Buchners Verlag für die großzügige Ausstattung des Bandes.

Dillingen, Juni 1976   Die Verfasser

INHALT

Lektion		Grammatik	Seite
1	Dädalus und Ikarus	Komposita von stare Gr. 89.8	8
2	Europa	Komposita von esse Gr. 93.2.1 und 93.2.2	10
		a-Konjugation	
3	Kadmus gründet Theben	u-Perfekt und Dehnungsperfekt Gr. 89.1–11 (teilweise Wiederholung)	12
		e-Konjugation	
4	Kodrus täuscht die Lakedämonier	u-Perfekt Gr. 90.4,8,10,13,14	14
5	Kraftakte des Theseus	u-Perfekt Gr. 90.15–30 (teilweise Wiederholung)	16
6	Theseus befreit die Athener von schweren Sorgen	s-Perfekt Gr. 90.32–39	18
*	Betrogen und verlacht	Wiederholungsstück und Test (S. 140)	
7	Kindheit und Jugend des Herakles	s-Perfekt (PPP nicht oder kaum gebräuchlich) Gr. 90.40–43	20
8	Erste Heldentaten des Herakles	Reduplikationsperfekt Gr. 90.45–46	22
9	Herakles und der Stall des Augias	Dehnungsperfekt Gr. 90.48–50	24
10	Herakles' letztes Abenteuer	Dehnungsperfekt (PPP auf -sus) Gr. 90.52 und 53	26
*	Der Hirte und der Wolf	Wiederholungsstück (S. 142)	
11	Das goldene Vlies	ne – ut – non	28
12	Jason und sein Onkel Pelias	Zahlen Gr. 65.3 und 5; 66; 67; 68.1 und 68.2.1	31
13	De Argonautis	quidam, aliquis, idem Gr. 60.1 und 2; 58.5	34
		i-Konjugation	
14	Jason riskiert alles	Aktiv Gr. 80	36
15	Medea, eine Hexe?	Passiv Gr. 80	38
*	Der Gernegroß / So ein Reinfall	Wiederholungsstücke und Test (S. 143)	
16	Verrückt und weise	u-Perfekt, s-Perfekt Gr. 91.2–8	40

Lektion		Grammatik	Seite
17	Der Mathematiker läßt sich nicht stören	Reduplikations- und Dehnungsperfekt Gr. 91.10–12	42
18	Freundestreue	AcI Gr. 158 und 160.1	44
19	Rettung aus höchster Not	Partizip und Infinitiv Futur	46
*	Ein unheimlicher Gast	Wiederholungsstück (S. 145)	

3. Konjugation

20	Ein verhängnisvoller Wunsch	Präsensstamm Aktiv Gr. 80	48
21	Das Schwert im Nacken	Präsensstamm Passiv Gr. 80	50
22	Gyges und sein Ring	v-Perfekt Gr. 92.1–4	52
23	Orpheus in der Unterwelt	v-Perfekt Gr. 92.5–7	54
24	Der Ring des Polykrates	v-Perfekt Gr. 92.8–11	56
*	Die Wanderer und der Bär	Wiederholungsstück (S. 146)	
25	Der Tod war doch stärker	u-Perfekt Gr. 92.12	58
26	Vielfache Strafe	u-Perfekt Gr. 92.13–18	60
*	Verdächtige Spuren	Wiederholungsstück und Test (S. 147)	
27	Schönheitswettbewerb unter Göttinnen	p- und b-Stämme Gr. 92.20–22	62
28	Eine Göttin ist beleidigt	s-Perfekt (c-Auslaut) Gr. 92.23–24	64
29	Göttinnen und Götter greifen in den Kampf ein	s-Perfekt (h- und g-Auslaut) Gr. 92.25–27	66
30	Jeder Gott herrscht in einem bestimmten Bereich	s-Perfekt (g-Auslaut) Gr. 92.28–29	68
31	Götter, die wie Menschen handeln	s-Perfekt (g-Auslaut) Gr. 92.30–34	70
*	Grausame Rache eines Gottes	Wiederholungsstück (S. 150)	
32	Odysseus in Todesgefahr	s-Perfekt Gr. 92.35–41	72
33	Götter, Hexen und Nymphen	s-Perfekt Gr. 92.42	74
34	Heimkehr – trotz Poseidons Groll	s-Perfekt Gr. 92.43	76
35	Ödipus – vom Schicksal verfolgt	s-Perfekt Gr. 92.44–48	78

Lektion		Grammatik	Seite
36	Der König wird gestürzt	s-Perfekt Gr. 92.49–54	80
*	Allzu gierig / Der Mächtige – machtlos	Wiederholungsstücke und Test (S. 151)	
37	Der Wolf und der Hund	Relativpronomen Gr. 58.1	82
38	Der Wolf und das Lamm	nemo – nullus – alter Gr. 60.4	84

3. Konjugation

39	Der Löwe und die Maus	Reduplikationsperfekt Gr. 92.56–57	86
40	Der Frosch und die Maus	Reduplikationsperfekt Gr. 92.58–59	88
41	Pferd und Esel	Reduplikationsperfekt Gr. 92.60–62	90
*	Die Fabel bei den Griechen und Römern	Wiederholungsstück (S. 154)	
42	Äneas auf der Flucht	Reduplikationsperfekt Gr. 92.63–66	92
43	Äneas gelangt nach Karthago	Reduplikationsperfekt Gr. 92.67	94
44	Äneas wagt sich in die Unterwelt	Perfekt mit abgefallener Reduplikation Gr. 92.68–71	96
*	Äneas kommt ans Ziel	Wiederholungsstück und Test (S. 155)	
45	Italien, die Heimat des Romulus	Komparativ Gr. 45;46;47	98
46	Numitor wird wieder König	Superlativ Gr. 48 und 49	100
47	Der Streit der Brüder	Besonderheiten der Komparation Gr. 50.1	102

3. Konjugation

48	Eine Stadt ohne Frauen	Dehnungsperfekt Gr. 92.73 und 74	104
49	Die Sabiner schwören Rache	Dehnungsperfekt Gr. 92.75 und 76	106
50	Romulus – Mensch oder Gott?	Dehnungsperfekt Gr. 92.77–82	108
*	Ein Römer rettet Rom	Wiederholungsstück (S. 159)	
51	Eine mutige Tat	Perfekt ohne erkennbare Stammveränderung Gr. 92.83–85	110

Lektion		Grammatik	Seite
52	Ein mutiges Mädchen	Perfekt ohne erkennbare Stammveränderung Gr. 92.86–89 und excellere	112
53	Ein Verräter?	Verben mit Präsensstamm auf -u Gr. 92.91–94	114
54	Coriolans Mutter schaltet sich ein	Verben mit Präsensstamm auf -u (-v) Gr. 92.95–99	116
55	Ein römisches Vorbild	Adverb Gr. 52.1 und 53.1 (ohne libenter), 53.2 bis minime	118
*	Die Gallier und die Gänse	Wiederholungsstück und Test (S. 161)	
56	Legende von einer wunderbaren Begebenheit	Verben mit Präsensstamm auf -i Gr. 80 und 92.101–102	120
57	Ein zweideutiges Versprechen	Verben mit Präsensstamm auf -i. s-Perfekt Gr. 92.103–105	122
58	Eine unheilvolle Prophezeiung	Reduplikationsperfekt – Dehnungsperfekt Gr. 92.106–107	124
59	Hieronymus und der Löwe	Dehnungsperfekt und Passiv von facere Gr. 92.108 und 97	126
60	Diese Wunder überzeugten alle	Dehnungsperfekt Gr. 92.109	128
61	Die sieben Schläfer	Dehnungsperfekt Gr. 92.110–111	130
62	Die bekehrten Diebe	Verben auf -sco Gr. 92.112–115	132
63	Der wundertätige Finger	Verben auf -sco Gr. 92.116–118	134
*	Sankt Georg kämpft mit dem Drachen	Wiederholungsstück und Test (S. 164)	
64	Die Sintflut	ferre und Komposita Gr. 94.1–2	136
65	David gegen Goliath	velle – nolle – malle Gr. 95	138

Wiederholungsstücke und Tests	140
Wortschatz	167
Wortschatz aus ROMA I	178
Lateinisch-deutsches Wörterverzeichnis	194
Deutsch-lateinisches Wörterverzeichnis	214
Verzeichnis der Eigennamen	224

1 Komposita von *stare*
Gr. 89. 8

L Dädalus und Ikarus

Daedalus ceteris artificibus aetatis suae *praestabat*. Propter scientiam omnium artium carminibus immortalibus celebrabatur.
Erat illo tempore in Creta insula Minotaurus, monstrum[1] atrox. Itaque Daedalus a Minoe, rege Cretae, rogatus erat, ut Minotauro labyrinthum[2] aedificaret.
5 Post paucos menses Daedalus Minotauro aedes paraverat. Officium tam bene expleverat, ut magna praemia mereret. Mox autem artifex clarus patriam desideravit, sed rex crudelis eum cohibuit. Milites regis omnia itinera insulae observabant. Una spes *restitit*: Daedalus per aerem in patriam volare studebat. Alas[3] ex pennis[4] et cera[5] paravit. Deinde in aerem se levavit.
10 Etiam Icarum filium hanc artem docuit. His verbis eum admonuit: „Tene medium cursum! Si soli appropinquaveris, ignis solis tibi periculosus erit, si mari appropinquaveris, fluctus. In medio cursu tutus eris."
Puer autem consiliis patris non paruit, sed in altas caeli regiones volavit. Brevi tempore cera vi solis liquata[6] est et Icarus in fluctus maris vasti praecipitavit.
15 In litore insulae pater corpus filii vidit.
Ea insula ab Icaro nominata est.

---

[1] *mōnstrum, -ī* das Ungeheuer   [2] *labyrinthus, -ī* das Labyrinth   [3] *āla, -ae* Flügel
[4] *penna, -ae* die Feder   [5] *cēra, -ae* das Wachs   [6] *liquāre* schmelzen

Die Geschichte des Ikarus.
Beschreibe die auf dem Relief dargestellten Szenen!

Ü a) *Beantworte lateinisch:* 1. Quis Daedalus erat? 2. Quid Minos a Daedalo rogavit? 3. Quomodo Minos Daedalum cohibebat? 4. Cur Daedalus ab insula abiit? 5. Cur Icarus in fluctus maris praecipitavit?

b) *Übersetze:* 1. Dädalus hatte Talus, den Sohn seiner Schwester, viele Künste gelehrt. 2. Als Talus den Dädalus an (durch) Ruhm übertraf, tötete dieser ihn aus Neid (von Neid angetrieben). 3. Wegen dieses grausamen Verbrechens irrte Dädalus viele Tage durch die Städte und Dörfer Griechenlands, weil er Strafe fürchtete. 4. Von Minos, dem mächtigen König, eingeladen, segelte er schließlich nach Kreta, um (damit er) sich so° in der Verbannung seinen Lebensunterhalt zu beschaffen (Impf.).

c) *Dekliniere:* 1. regio pulchra 2. medius cursus 3. illud tempus

d) *Setze zum Substantiv ein passendes Adjektiv in der richtigen Form:*

  1. artifex ...   2. arti ...   3. carmina ...   4. cum rege ...
  5. ... iter   6. cursu ...   7. regionibus ...   8. in mari ...

e) *Bilde eine Tempusreihe[1] zu:* 1. est 2. constat

f) *Bilde eine Tempusreihe zu:* 1. paratur 2. explentur

g) *Bestimme und übersetze:* parat, paret (2), pareat, parete, parate, paruerunt, paraverunt, pararem, parerem, parebatis, parabatis, parebimus, parabimus

---

[1] Bei einer Tempusreihe werden Person und Genus beibehalten und alle Tempora und Modi dazu gebildet.

S In der Geschichte des Dädalus zeigt sich die alte Sehnsucht der Menschheit, fliegen zu können. Eine vergleichbare Erzählung gibt es auch in der germanischen Heldensage, wo Wieland der Schmied mit selbstgebastelten Flügeln der Gefangenschaft des Königs Nidung entkam.

Später beschäftigte sich der geniale italienische Künstler und Erfinder Leonardo da Vinci (1452–1519) mit dem Problem des Fliegens und fertigte mehrere technische Zeichnungen von Flugmaschinen an. 1811 versuchte es der „Schneider von Ulm" mit einem Segelflugzeug, stürzte jedoch in die Donau ab.

Daß für Menschen Fliegen möglich ist, bewies erstmals der Deutsche Otto Lilienthal. Nach eingehenden Studien des Vogelfluges baute er zunächst Ein- und dann Doppeldecker, mit denen er zwischen 1891 und 1896 an die 2000 Gleitflüge ausführte. Die besten brachten ihn über 350 Meter weit. 1903 entwickelten die Gebrüder Wright aus Amerika ein Motorflugzeug. Damit schafften sie den ersten Motorflug der Welt, der 12 Sekunden dauerte.

Technische Zeichnungen von Leonardo da Vinci.
Links: Flugmaschine, die durch den Zug der Arme und das Treten mit den Beinen bewegt werden sollte. – *Mitte:* Luftschraube oder Luftkreisel, Vorläufer des Hubschraubers. – *Rechts:* Fallschirm

2 Komposita von *esse*
Gr. 93.2.1 und 93.2.2

H 1. Sapientia rēgis gentī **prōderat.**
2. Etiam iūstitia eius multum **prōfuerat.**
3. Hae virtūtēs semper **prōsunt.**
4. Acerbum est amīcīs **adesse** nōn **posse.**
5. Amīcīs **adsumus,** sī **possumus.**
6. Amīcīs **ades,** sī **potes.**
7. Amīcīs **adessēmus,** sī **possēmus.**
8. Daedalus fīliō nōn iam **adesse potuit.**

L Europa

Agenori, regi Phoenicum[1], multi filii erant et una filia nomine Europa. Olim gentes finitimae agros Phoenicum vastaverant. Itaque Agenor cum filiis suis eas incursavit[2]. Agenor magna prudentia exercitui *praefuit.*
Cum pater et fratres *abessent,* Europa sola agros peragravit[3]. Iuppiter iam diu
5 Europam amabat. Itaque in taurum pulchrum mutatus Europam humi[4] iacens exspectavit. Europae longo itinere fessae tergum tauri erat sedes iucunda. Subito taurus se levavit et cum Europa ad litus maris properavit et in Cretam natavit[5].
Inerat magnus timor in vultu Europae. Clamavit: „*Potestisne* mihi *adesse,* di[6]
10 immortales?" Taurus autem in iuvenem mutatus: „Es", inquit, „sine metu! Ego Iuppiter sum, tu a me amaberis. Duos filios habebis, Minoem et Rhadamanthum. Hi multis pugnis *intererunt* et magnam laudem sibi parare *poterunt.* Iustitia eorum hominibus multum *proderit.*"
Agenor et filii e pugnis *superfuerunt.* Cum redissent, Europam *absentem* fleve-
15 runt. Cottidie deos implorabant, ut Europae miserae *adessent* eamque domum reportarent; cum preces non *profuissent,* omnis spes eis *defuit.* Europa autem in patriam redire non iam *potuit.*

---

[1] *Phoenīces, -um* die Phönizier   [2] *incursāre* angreifen   [3] *peragrāre* durchwandern
[4] *humī* auf dem Boden   [5] *natāre* schwimmen   [6] *di = dei*

Europa auf dem Stier. Auf einer Vase aus der Etruskerstadt Caere

Nach der Sage kämpften im Traum der Europa zwei Erdteile in Frauengestalt um sie: Asien und ein fremder Erdteil. Der fremde gewann Europa und erhielt von ihr seinen Namen.
Die Wissenschaftler leiten freilich die Herkunft des Namens für unseren Erdteil von dem semitischen Wort *ereb* ab, das Dämmerung bzw. Dunkelheit bedeutet. Mit Europa ist demnach das Land der untergehenden Sonne gemeint. Asien dagegen, das von assyrisch *asu* hergeleitet wird, bedeutet Osten, also Land der aufgehenden Sonne.

Ü a) *Setze in die Lücken das passende Kompositum von* esse:

1. Quod Agenor et filii a patria ..., Europae ... non potuerunt. 2. Preces et lacrimae Europae non ..., cum a Iove raptaretur. 3. Agenor et filii cum e pugnis ..., Europam absentem fleverunt. 4. Oraverunt: „... Europae, di immortales!" 5. Minos et Rhadamanthus multis pugnis ...

b) *Übersetze:* 1. Die schöne Europa nahm nicht mehr an den Spielen ihrer Freundinnen teil, weil folgender (dieser) Traum *(somnium)* sie erschreckt hatte: 2. Eine fremde Frau raubte sie; Asien aber, in eine schöne Frau verwandelt, konnte ihr nicht helfen. 3. Als sie von der Heimat der Europa entfernt waren, sagte° die fremde Frau: 4. „Sei ohne Sorge! Nichts wird dir fehlen. Deine Schönheit wird dir sehr nützen." 5. Später brachte Zeus Europa von Asien nach Kreta fort°; ihr (deren) Name überlebte die Menschen (Dativ) jener Zeit, weil er dem Erdteil (Teil des Erdkreises) ihrer° neuen° Heimat gegeben wurde.

c) *Verwandle in die entsprechende Form des Singulars oder Plurals:*

prosum, proderunt, potest, aberamus, adsis, defuissent, poterant, interessemus, praefuisti, inerat, deero, superfueras

d) *Bilde zu den Formen von* posse *die entsprechenden von* prodesse *und übersetze sie:*

potuerunt, poterunt, possit, possem, potueras, poteramus, possum, potuisse

e) *Übersetze:* adeste, abestis, possent, affuerant, afuerunt, potuit, potestate, prodessem, potentem, praefuisset, interfuit

3 a-Konjugation: u-Perfekt und Dehnungsperfekt
Gr. 89. 1–11 (teilweise Wiederholung)

H 1. Agēnōr īram vix **domāre** potuit, cum Eurōpa raptāta esset.
2. Agēnōr eiusque fīliī gentēs fīnitimās **domuērunt**.
3. Gentēs fīnitimae ab Agēnōre **domitae sunt**.
4. Agēnōr fīliam **adiuvāre** nōn potuit.
5. Deī Eurōpam nōn **adiūvērunt**.

L Kadmus gründet Theben

Agenor, rex Phoenicum, Cadmo et ceteris filiis imperaverat, ut ubique explorarent, ubi Europa esset. *Vetuit eos*[1] sine Europa filia domum redire.
Cadmus cum diu frustra per multas terras erravisset, laboribus fessus oraculum Delphicum adiit et interrogavit: „Ubi in reliquum tempus habitabo?" Pythia
5 autem sacerdos: „Exi", inquit, „et vaccam[2] nondum iugo *domitam* videbis. Dux tua erit et sedem futuram monstrabit. Di[3] immortales te *iuvabunt*."
Cadmus cum exisset, vaccam ante templum *cubantem* vidit. Statim Cadmo viam monstravit. Subito vox vaccae *sonuit* et Cadmus: „Hic", inquit, „sedes mea erit." Sed cum Cadmus et socii eius Apollini immolarent, draco[4] appropinqua-
10 vit et socios necavit. Cadmus autem collum draconis ferro *secuit*. Minerva dea Cadmo imperavit, ut dentes draconis in terra occultaret. Subito capita e terra exstiterunt[5]: dentes in milites se mutaverant. Milites inter se pugnaverunt; quinque e pugna superfuerunt. Cum his Cadmus Thebas aedificavit.

---

[1] übersetze mit Dativ!   [2] *vacca, -ae* die Kuh   [3] = *dei*   [4] *dracō, -ōnis* der Drache
[5] *exstāre* herausragen

Ü a) *Beantworte lateinisch:* 1. Cur Cadmus in patriam redire non potuit? 2. Quis Cadmo viam monstravit? 3. Ubi vacca cubuit? 4. Quomodo Cadmus draconem necavit? 5. Quid Minerva dea Cadmo mandavit?

b) *Übersetze:* 1. König Agenor schalt seine Diener, weil sie der Europa nicht beigestanden waren. 2. Da der Vater dem Kadmus (Akk.) verboten hatte, ohne Europa zurückzukehren, bemühte sich dieser, in Griechenland einen neuen Wohnsitz zu bauen. 3. Die Gefährten des Kadmus gingen zu einer Quelle, um (damit sie) sich° zu waschen (Impf. Pass.). 4. In der Nähe der Quelle lag in einem Wald ein Drache (draco, -onis). 5. Plötzlich ertönte sein (dessen) Gebrüll (Geschrei). 6. Kadmus konnte seine Gefährten nicht mehr unterstützen.

c) *Setze die Präsensformen ins Perfekt, die Imperfektformen ins Plusquamperfekt, die Futurformen ins Futur II:*

sonat, vetabatis, domabo, increparis, iuvemus, lavaretis, adiuvaremini, cubare, secabantur

d) *Bestimme und übersetze:* domas, domos, iuvimus, iuvenis, secari, soni, sonui, vetaris, veteres, lavor, labores, iustus, iutus

e) *Erkläre:* Absentenheft, Interesse, Prosit, Veto, Dompteur, Sekte, Insekt, Sektor, sezieren, Adjutant, Resonanz

f) *Stelle eine Beziehung her zwischen Dädalus, Europa, Kadmus, Minos!*

S Kadmus gilt nach der Sage als Gründer der griechischen Stadt Theben. Im 4. Jh. v. Chr. beherrschte diese Stadt 10 Jahre lang Griechenland. Heute ist Theben eine kleine Provinzstadt mit ca. 20000 Einwohnern.

Im Orient, in Ägypten, auf Kreta und in Griechenland hat es schon früh Städte gegeben. Die ältesten lassen sich 3000 v. Chr. im Zweistromland des Euphrat und Tigris nachweisen. In Italien gründeten die Etrusker (S. 105) und die Griechen die ersten Städte.

4 e-Konjugation: u-Perfekt
Gr. 90.4,8,13,14

H 1. Codrus rēgnum in cīvitāte Athēniēnsium **obtinēbat.**
2. Multās urbēs et īnsulās Graeciae in amīcitiā **continuit.**
3. Milites in armis **exercuit.**

L Kodrus täuscht die Lakedämonier

Cum Attica regio ingenti Lacedaemoniorum exercitu *perterreretur* et vastaretur, regi Atheniensium Codro *placuit* Apollinem Delphicum interrogare, quomodo illud tam grave bellum *coercere* posset. „Si ipse", inquit deus, „manu hostium necatus eris, hostes a patria *arcebis*."
5 Hoc oraculum Atheniensibus Lacedaemoniisque mox notum fuit et amicis et hostibus *displicuit*[1]. Cives regem apud se *retinere*, Lacedaemonii a corpore eius manus *abstinere* temptabant. Codrus tamen dolo patriam servavit.
Sine regis ornamentis castris hostium appropinquaverat, tamquam[2] consilia hostium exploraret. Subito a vigilibus hostium circumdatus est. Impetum
10 paulum *sustinuit*. Deinde ictu gravi necatus est.
Lacedaemoniis, cum nuntiata esset regis mors, spes victoriae non iam erat. Athenienses autem dolorem gaudio *miscebant*: Rex mortuus vim hostium ab Athenis *prohibuerat* et exemplum virtutis dederat Lacedaemoniis.

---

[1] *displicēre* mißfallen   [2] *tamquam* gleich als ob

Griechische Krieger. Die Feinde kämpfen in geschlossenen Reihen gegeneinander; ein unbewaffneter Flötenspieler führt die Reservetruppe an. Griechische Kanne aus dem 7. Jh. v. Chr.

Ü a) *Überlege:* 1. Cur Athenienses oraculum adierunt? 2. Quomodo Codrus hostes ab Athenis arcuit? 3. Cur Athenienses mortem Codri dolebant et laudabant? 4. Cur Lacedaemonii a corpore Codri manus abstinere temptabant?

b) *Übersetze:* 1. Durch das Heer der Lakedämonier waren die Bewohner der Landschaft (Gegend) Attika erschreckt worden. 2. Niemals hätten sie ihre° Feinde abgewehrt, wenn nicht König Kodrus durch die Hand der Feinde getötet worden wäre. 3. Denn selten *(raro)* hatten die Athener dem Angriff der Lakedämonier standgehalten (den Angriff... ausgehalten). 4. In den größten Gefahren beschlossen die Griechen, das Delphische Orakel zu befragen. 5. Es war den Alten höchstes Lob, den Göttern gefallen zu haben.

c) *Bilde die Tempusreihen von:* 1. arces 2. praebemus 3. retineor

d) *Bestimme und übersetze:* 1. arces (Verb und Substantiv) 2. arcui (Verb und Substantiv) 3. pertinerent 4. sustinuisti 5. secuerat 6. sonuisset 7. vetitum esset 8. adiutus sum 9. retentus eras

e) *Was bedeutet: Er gibt sein Placet?*

5 e-Konjugation: u-Perfekt

Gr. 90.15–30 (teilweise Wiederholung)

H 1. Thēseus non **horruit** perīcula adīre.

2. Hominum auxiliō Thēseus nōn **eguerat**.

3. Incolae Atticae perīculīs perterritī **silēbant** et auxilium ā Thēseō exspectābant.

L Kraftakte des Theseus

Auf einer Reise verliebte sich Ägeus, der König von Athen, in die Tochter eines Gastfreundes und heiratete sie, obwohl das Orakel in Delphi ihm davon abgeraten hatte. Nach kurzer Zeit verließ er sie und kehrte nach Athen zurück. Zuvor hatte er noch ein Schwert und Sandalen unter einen Felsblock gelegt. Seine Frau bat er, wenn sie einen Sohn bekommen sollte, diesem nicht den Namen des Vaters zu nennen. Erst wenn er stark genug sei, den Felsen beiseitezuwälzen, solle er erfahren, wer sein Vater sei, und ihn in Athen aufsuchen.

Theseus, Aegei regis filius, praeclaris factis inter Atheniensium reges *eminet*. A prima aetate virtutes eius *apparebant*.
Ab avo educatus est et patris exemplo *caruit*. Cum tandem Theseus gladium patris sub saxo ingenti occultum occupavisset[1], avus ei nomen patris appellavit.
5 Sed iter ad patrem nondum *patuit*, nam multa pericula in via *latebant*.
Sed vires Thesei ita *vigebant*, ut Scironem et Procrustam, duo latrones, domaret. Auxilio alieno non *egens* eos necavit simili modo atque[2] illi hospites vexaverant: Scironem de saxo in mare praecipitavit. Procrustam captavit. „Homo improbe", inquit Theseus, „quid ergo *censes*? Nunc propter scelera
10 *dolebis*. Necaris, quomodo necasti (necavisti)!" Et eum in lecto parvo ita collocavit, ut membra *eminerent*. Pedes e lecto *eminentes* uno gladii ictu secuit, ut fuerat consuetudo Procrustae.

---

[1] *occupāre* hier: an sich nehmen   [2] *atque* hier: wie

Landung der jungen Männer und Mädchen, die Theseus vom Minotaurus befreite. Auf einem griechischen Mischkrug

Ü a) *Beantworte lateinisch:* 1. Cuius filius Theseus fuit? 2. Cur Theseus exemplo patris caruit? 3. Quando Theseo nomen patris appellatum est? 4. Cur Theseus pedes Procrustis e lecto eminentes secuit? 5. Quando Theseo iter ad patrem patuit?

b) *Suche folgende Fremd- und Lehnwörter von der Form und Bedeutung her zu erklären:*
1. Censor (Was tut dieser römische Beamte?), Zensur, zensieren, Zins 2. Karenz, Kaste (von *carere* – *castus* rein, enthaltsam) 3. Abstinenz, Eminenz, eminent 4. latent 5. das Transparent, transparent, Transparenz 6. Terror, Horror, horrend 7. Patent 8. Silentium 9. Vegetation (von *vigere*)

c) *Übersetze:* 1. Warum bedurfte Theseus nicht der Hilfe (Abl.) der Menschen? 2. Theseus ragte unter den Menschen heraus, den Göttern mißfiel *(displicēre)* er niemals. 3. Dessen unsterbliche Leistungen zeigten sich von frühester (erster) Jugend an. 4. Ägeus hätte den Theseus nie seinen Sohn genannt, wenn er sich nicht durch seine Kräfte ausgezeichnet hätte (wenn er ... nicht ... hervorgeragt wäre). 5. Verborgene Gefahren erschreckten Theseus nicht.

d) *Erforsche selbst:* 1. Welche Verba der 4. und 5. Lektion haben den Ablativ bei sich? Stelle sie dir zusammen! 2. Was ist ihnen allen von der Bedeutung her gemeinsam?

e) *Welche der nachfolgenden Formen können von einem Verb kommen? Suche sie aus, bestimme und übersetze sie:*

arces, arcis, latis, lato, lates, latos, placas, places, placant, placent, care, censor, parent, pareant, patent, patres

f) *Bilde jeweils die in Person, Zahl, Tempus und Genus entsprechende Konjunktivform und übersetze:*

1. arces, arceris, arcebas, arcebaris, arcuisti, arcueras

2. silemus, silebamus, siluimus, silueramus

6 e-Konjugation: s-Perfekt
Gr. 90.32–39

H 1. Avus Thēseō **suādet**, ut ad patrem eat.
2. Aegeus uxōrī **suāsit**, ut fīlius ab avō ēducārētur.
3. Scīrō et Procrūstēs hospitēs **torsērunt**.
4. Nōmen Thēseī ūsque ad hanc aetātem **permānsit**.

L Theseus befreit die Athener von schweren Sorgen

Theseus patriam timore et terrore liberaverat et his virtutibus gloriam et auctoritatem suam valde *auxerat*. Sed cum Athenas[1] properavisset, pavor ingens in mentibus civium *haesit*:
Minos, rex Cretae, Athenienses bello superatos *iusserat* quotannis septenos[2]
5 pueros et septenas puellas Minotauro, filio Minois, praedam[3] praebere.
Athenienses ira *ardebant*; Aegeus enim, pater Thesei, imperaverat, ut liberi miseri in Cretam insulam deportarentur.
Theseus dolore et furore civium perterritus est. „Ego", inquit, „non domi *manebo*, sed virginibus et pueris adero, Minotaurum necabo."
10 Theseus postquam in Cretam navigavit, ab Ariadna, Minois filia, adamatus[4] est. Virgo quamquam primo consilia eius *riserat* eique *persuaserat*, ut fugae se daret, postremo ei monstravit, quomodo e labyrintho exire posset.
Theseus Minotaurum necavit et cum Ariadna ad Naxum insulam navigavit. Ibi filia regis iussu dei Bacchi *mansit*.
15 Theseus in patriam rediit et rex[5] Atheniensium creatus est.

Ü a) *Erkläre:* 1. augere – auctor – Autor – Autorität – autoritär – antiautoritär
2. haerere – kohärent – Kohärenz 3. manere – permanent – Permanenz
4. torquere – Tortur – Torte

---

[1] *Athēnās* nach Athen [2] *septēnī* je sieben [3] als Beute [4] *adamāre* liebgewinnen
[5] *rex* übersetze: zum König

Theseus tötet den Minotaurus. Zu beiden Seiten beobachten junge Männer und Mädchen den Kampf. Auf einer griechischen Weinschale aus dem 6. Jh. v. Chr.

b) *Übersetze:* 1. Nie hätte König Ägeus seinen Sohn beauftragt, nach Kreta zu segeln und Minotaurus zu töten. 2. Aber Ägeus hielt ihn nicht zurück, als er den Athenern beistand und die Gefahr von den Mädchen und Jungen abwehrte. 3. Durch diese Tat wurde der Ruhm des Theseus vermehrt. 4. Ariadne hatte Theseus zugeredet, daß er weggehe (Impf.); trotzdem blieb er bei den übrigen, um (damit er) das Untier *(monstrum)* abzuwehren (Impf.) 5. Auf Befehl des Gottes ist Ariadne auf der Insel zurückgeblieben (geblieben).

c) *1. Setze folgende Formen ins Passiv und übersetze sie dann:* auget, torquemus, torsimus, torquebunt, torseratis

2. Bilde eine Tempusreihe zu: manetis, suadet, iuberis, ardes

3. Bilde zu folgenden Verbalformen die entsprechende Präsensform: haesi, iussi erant, prohibiti sunt, sustinuerint, prohibebimus

d) *Überlege den Inhalt folgender sprichwörtlicher Redensarten und prüfe die Gültigkeit ihrer Aussagen:*

1. Stulti sine causa rident. 2. Vae *(Wehe)* tibi rídentí, quia móx post gaúdia flébis. 3. Si tacuisses, philosophus mansisses. 4. *(Lästere nur!)* Semper aliquid *(etwas)* haeret. 5. Inter arma silent Musae. 6. Silent leges inter arma.

▶ **Wiederholungsstück und Test W 1, S. 140**

S Nach der griechischen Sage wurde Dädalus von König Minos von Kreta beauftragt, das Labyrinth für den Minotaurus zu bauen. Heute vermutet man in den Ruinen des Schlosses der alten kretischen Stadt Knossos die Überreste des Labyrinths.

Wir gebrauchen das Wort Labyrinth auch in unserer Zeit und meinen damit ein Gebäude, das aus vielen sich kreuzenden und ineinandergehenden Gängen und Räumen besteht, oder einen Garten mit unübersichtlichen Zickzackwegen zwischen dichten Hecken.

7 e-Konjugation: s-Perfekt
(PPP nicht oder kaum gebräuchlich)
Gr. 90.40–43

H 1. In caelō stēllae **lūcent**.
2. Herculēs mortem magistrī suī **lūxit**.
3. Sed nōn diū lacrimīs **indulsit**.

L Kindheit und Jugend des Herakles

Zeus war seiner Ehefrau Hera nicht immer treu. So verliebte er sich einmal in Alkmene, eine schöne Frau aus Theben. Diese bekam von Zeus einen Sohn, der Herakles (lat. *Herculēs*) genannt wurde. Hera (lat. *Iūnō*) aber war eifersüchtig und haßte den Herakles.

Iuno Herculi inimica erat. Itaque Iunoni placuit, ut duo serpentes[1] Herculem in cunabulis[2] iacentem necarent. Hercules infans autem cum ab illis *urgeretur*, sua manu eos necavit.

Herculem puerum Linus litteras docuit. Inter ceteros aequales ingenii acie
5 eminebat; sed ei valde displicebat a magistro increpari. Cum aliquando a Lino verberaretur, iram coercere non potuit eumque necavit. Sed statim mortem magistri *luxit*. Cum postea in iudicium vocaretur, iudices huic facinori Herculis *indulserunt*.

Adulescens autem secum deliberavit, quod[3] iter vitae sibi[4] pateret. Subito duae
10 mulieres ei apparuerunt: Altera[5] oculis *lucentibus*: „Si ego", inquit, „tibi amica ero, divitiae numquam tibi deerunt. Numquam *lugebis*, sed cottidie voluptatibus variis delectaberis. Amici me Voluptatem nominant, inimici Vitium."

Deinde altera mulier: „Ego", inquit, „sum Virtus. Si mihi amicus eris, non luxuriae *indulgebis*, sed dies noctesque torqueberis curis. Hominibus autem
15 multum proderis."

Tum Hercules: „Tecum ibo, Virtus."

---

[1] *serpēns, -entis* die Schlange   [2] *cūnābula, -ōrum* die Wiege   [3] *quod* hier: welcher
[4] *sibi* ihm   [5] *altera – altera* die eine – die andere

Ü a) *Das Lesestück ist in vier Abschnitte gegliedert. Fasse den Inhalt eines jeden Abschnittes in jeweils zwei lateinischen Sätzen kurz zusammen!*

b) *Übersetze:* 1. Herakles fürchtete niemals die ihn° bedrängenden Übel. 2. Wenn benachbarte Stämme von Unglück bedrängt wurden und der Hilfe bedurften, wandten (suchten sie auf) sie sich° an Herakles. 3. Dieser gab immer deren Bitten nach und unterstützte sie. 4. Da er manchmal seinen Zorn nicht bändigte, konnte er sich auch von Unrecht nicht fernhalten. Sofort aber bedauerte (betrauerte) er eine solche Tat. 5. Von seinem Vater war Herakles beauftragt worden, wegzugehen und die Bauern bei (in) ihren° Arbeiten zu unterstützen; denn ihm mißfiel die große Kraft des Herakles und er bemühte sich, ihn von Untaten abzuhalten.

c) *Vergleiche die Perfektbildung von* lugere *und* lucere *mit der Deklination von* lex, legis *bzw.* lux, lucis!
Welche Änderung kannst du in der Schreibweise jeweils feststellen?
Welchen Unterschied bemerkst du dagegen bei der Bildung des Perfekts Aktiv von indulgere *und* urgere?

d) *Ersetze die Formen von* flagrare *durch die entsprechenden von* lucere: Flagrant, flagravit, flagres, flagrarent, flagrabit, flagravisse, flagrabant, flagravero, flagravisset

e) *Bestimme und übersetze:* urgemur, luceat, lucis, lugebamus, indulge, ursistis, usus, lugebuntur, indulserant

f) *Herakles hat sich dafür entschieden, seine Kräfte für das Gute einzusetzen. Kennst du aus der deutschen Heldensage eine vergleichbare Idealgestalt?*

Der Knabe Herakles erwürgt die Schlangen.
Griechische Münze

8 e-Konjugation: Reduplikationsperfekt
Gr. 90. 45–46

H 1. In arbore frūctūs **pendent**.
2. Cum cīvibus perīculum **impendēret**, spēs eōrum ex Hercule **pependit**.
3. Virtūs Herculī nōn sōlum cūrās, sed etiam honōrēs **spoponderat**.
4. Facta Herculis verbīs **respondērunt**.

L Erste Heldentaten des Herakles

Hercules mox civibus suis profuit; nam magnum periculum eis *impendebat*. Prope oppidum leo in silvis latebat; homines urgebat, animalia necabat. Homines eius regionis leonem captare frustra studebant. Itaque Herculi persuaserunt, ut incolas adiuvaret. Hercules precibus eorum indulsit et auxilium *spopondit*.
5 In silvam penetravit et cum leone pugnavit. Diu fortuna proelii *pependit*, sed Hercules leonem necare potuit.
Cum Hercules in oppidum rediret, nuntii gentis finitimae ei appropinquaverunt. Rogati, cur oppidum adirent, *responderunt:* „Tributum imperamus!" Sed Hercules aures eorum ferro secuit eosque fugavit. Rex huius gentis iram vix domare
10 potuit et bellum paravit. Hercules autem armis indiguit; itaque Minervam deam oravit, ut sibi[1] adesset. Minerva *respondit:* „E pariete templi mei arma *pendent*. Iis hostes superabis." Brevi tempore Hercules copias hostium arcuit.
Olim Hercules oraculum Delphicum adiit, ut res futuras exploraret. *Responsum* est hoc: „Eurystheus, rex Mycenarum, te iubebit duodecim[2] labores subire.
15 Sustine eos, et dei tibi immortalitatem[3] dabunt."

Ü a) *Vollende folgende Sätze so, daß sich eine kurze Inhaltsangabe des Lesestückes ergibt:*
1. Cives Herculem adierunt, quod... 2. Incolae Herculi persuaserunt, ut... 3. Robur leonis tantum erat, ut diu... 4. Hercules aures nuntiorum secuit, quod... 5. Cum rex hostium bellum pararet, Minerva Herculi... 6. Apollo Herculi responderat: „Immortalis eris, si...

---

[1] Übersetze: ihm [2] *duodecim* zwölf [3] *immortālitās, -ātis* die Unsterblichkeit

Herakles hat die Menschen von gefährlichen Raubtieren und von drohenden Ungeheuern befreit. Die griechische Vase aus der Stadt Vulci zeigt seinen Kampf mit dem Nemeischen Löwen.

b) *Übersetze:* 1. Als einst die Götter gegen die Giganten *(Gigantēs)* kämpften, war das Kriegsglück lange in der Schwebe (schwebte ...). 2. Den Göttern war der Sieg versprochen worden, wenn sie ein Sterblicher unterstütze (Konj. Impf.). 3. Deshalb bedrängte Athene den Herakles mit Bitten und versprach ihm Ehren und Belohnungen. 4. Schließlich (zuletzt) überredete sie ihn (Dat.), daß er am Kampf teilnahm. 5. Als er erschien, drohte (stand bevor) den Giganten eine Niederlage. 6. Die Tapferkeit des Herakles entsprach den Erwartungen (Meinungen) der Götter; zusammen° mit den Göttern schlug er die Giganten in die Flucht.

c) *Du kennst jetzt zwei Arten der Perfektbildung, nämlich die mit Suffix und Reduplikation. Suche zu jeder Art drei Beispiele aus der ē-Konjugation!*

d) *Vergleiche die Perfektbildung bei* pendere *und* spondere *mit der der Komposita! Was fällt dir auf?*

e) *Übersetze:* 1. Fructus ex arbore pendent. 2. Plebs ab oratoris ore pependit. 3. Spes e patre pependit. 4. Fortuna belli pendet. 5. Animus tibi pendet. 6. Omnibus terror impendet.

f) *Übersetze und bilde die entsprechende Form im Konjunktiv:* impendet, spoponderas, responsum est, respondebam, pependerunt, urgemini, lucebat, indulsi, lugebatur

9 e-Konjugation: Dehnungsperfekt
Gr. 90. 48–50

H 1. Herculēs īnsidiās **cavēbat.**
2. Ab Eurystheō frūstrā **cāverat.**
3. Precibus incolārum **mōtus** Herculēs leōnem necāvit.

L Herakles und der Stall des Augias

Ira *commotus* Hercules etiam liberos suos necavit. Iuppiter autem eum, cum iram domuisset, a conspectu hominum *submovit* et in regionem extremam collocavit. Ut poenas daret[1], Herculi placuit Eurystheo parere. Itaque bestias ingentes necavit; etiam Cerberum, custodem Tartari[2], raptavit.
5 Cum multos labores subisset, Eurystheus eum iussit ad Augiam regem ire. Ei innumerabiles[3] boves erant, et Hercules iussus est stabulum[4] Augiae purgare et ingentem copiam stercoris[5] uno die *removere*. Etiam hunc laborem Hercules adiit. Primo naturam illius regionis exploravit; proximo die prima luce aquas Alphei fluminis in stabulum derivavit[6]; vespere autem omne stercus aquis e
10 stabulo *submotum erat.*

Tamen Eurystheus Herculi non *favebat*, sed optavit, ut laboribus periculosis periret. Hercules autem, filius dei, sortem suam flevit, quod in servitute hominis mortalis esset.

---

[1] *poenās dare* büßen [2] *Tartarus, -ī* die Unterwelt [3] *innumerābilis, -e* unzählig
[4] *stabulum, -ī* der Stall [5] *stercus, -oris* der Mist [6] *dērīvāre* ableiten

Ü a) *Wähle von den angeführten Verben das passende aus und setze es in der entsprechenden Form in die Lücke:*

commovere, cavere, removere, submovere, favere, spondere

1. Iuppiter Herculi . . ., ab insidiis Iunonis . . . 2. Ira ita . . ., ut suos liberos necaret. 3. Quod hoc facinus luxit, Iuppiter eum a conspectu hominum . . . 4. Deis . . .: „Poenas dabo et labores Eurysthei subibo." 5. Uno die ingentem copiam stercoris . . .

b) *Übersetze:* 1. Einmal besuchte Herakles den Kentauren *(Centaurus, -i)*[1] Pholus; er wurde von Durst gequält. 2. Pholus sprach°: „Ich habe guten Wein, aber er gehört (ist) allen Kentauren gemeinsam. Wenn du ihn trinkst *(potare,* Fut. II), werden dir meine Gefährten nicht gewogen sein. Hüte dich vor *(a* mit Abl.) deren Zorn! Ich bitte dich!" 3. Herakles gab aber den Bitten des Pholus nicht nach. 4. Durch den Geruch *(odor, -oris)* von Wein (Gen.) argwöhnisch geworden (bewegt), drangen die Kentauren sogleich in die Hütte ein; Herakles aber vertrieb sie.

c) *Wir haben jetzt alle drei Arten der Perfektbildung in der ē-Konjugation kennengelernt: 1. durch Suffixe (-v, -u, -s), 2. durch Reduplikation, 3. durch Dehnung des Stammvokals.*
Gib zu jeder Art zwei Beispiele an!

d) *Übersetze und bilde die in Person, Modus und Genus entsprechende Form des Perfekts:*

caveas, movemur, permovebo, favebatis, removerent, respondetur, pendebat, urgebunt, lugemus

e) *Dekliniere:* tantum scelus, ingens inopia (Sg.)

S Friedrich Dürrenmatt schrieb 1954 das Hörspiel „Herkules und der Stall des Augias". Hier wird die Absicht des Herakles, das unter Mist begrabene Land Elis zu säubern und ihm Kultur zu bringen, von den Einwohnern vereitelt. Der Mist ist dort Sinnbild des menschlichen Unverstandes, den nicht einmal Herakles beseitigen kann.

---

[1] *Centaurus* oben Mensch, unten Pferd, wegen seiner Wildheit besonders gefürchtet.

10 e-Konjugation: Dehnungsperfekt
(PPP auf -*sus*)

Gr. 90. 52 und 53

H 1. Eurystheus laudī Herculis **invidēbat**.
2. Apollō sortem Herculis **prōvīderat**.
3. Iuppiter salūtī Herculis **prōvidēbat**.

L Herakles' letztes Abenteuer

Cum Hercules duodecim[1] labores sustinuisset et hoc modo saluti hominum *providisset*, deis placuit eum e servitute Eurysthei liberare. Hercules divitias non *possedit*, sed nonnulli dei virtuti eius *invidērunt*. Itaque nondum erat finis laborum.

5 Olim cum uxore in Boeotiam[2] ibat. In ripa fluminis *sedens* Nessus Centaurus viam *obsederat*. „Mercede", inquit, „mulierem trans flumen portabo." Hercules autem mercedem negavit. Iratus Nessum gladio vulneravit, quod mulierem violaverat. Nessus uxori Herculis suasit, ut sanguinem suum in poculo conservaret. „Lava", inquit, „vestem Herculis sanguine meo, et semper te
10 amabit." Uxor Herculis verbis Nessi paruit et vestem sanguine lavit; malum autem impendens ab ea *provisum* non est. Vestis enim nunc pestifera[3] erat.

Hercules autem hac veste ita vexatus est, ut propter dolores magna voce clamaret. Hoc periculo mortis liberare se studuit, sed frustra: obiit.

---

[1] *duodecim* zwölf   [2] *Boeōtia, -ae* Böotien, Landschaft in Griechenland
[3] *pestifer, -a, -um* verderbenbringend

Ü a) *Verwende die angegebenen Wörter zu einer Inhaltsangabe des Lesestücks:* 1. invidere, Hercules, deus, laus, quod, multus, periculum, subire 2. Uxor, Hercules, Boeotia, ire, obsidere, Nessus, via 3. Nessus, Hercules, domitus, uxor, suadere, ab, vestis, suus, sanguis, Hercules, lavare, ut 4. Nessus, uxor, persuadere, providere, periculum, non, quod 5. Vestis, dolor, Hercules, tantus, torquere, desperare, ut

b) *Übersetze:* 1. Einmal wurde Herakles beauftragt, riesige Vögel zu vertreiben; diese saßen vor den Mauern der Stadt und erfüllten (belagerten) die Ohren der Einwohner mit ihrem Geschrei. 2. Als er aber die Vögel sah, erschrak er (wurde er erschreckt); sie hatten nämlich eiserne *(ferreus, a, um)* Schnäbel. 3. Herakles hatte diese Gefahr nicht vorhergesehen. 4. Mit zwei Klappern *(sistrum, -i)* erregte Herakles so großen Lärm, daß die Vögel sich erschreckt in die Luft erhoben. 5. So erledigte (tötete) Herakles sie mit Pfeilen.

c) *Erkläre:* 1. sedere – insidiae; sedere – obsidere 2. videre – invidere; videre – providere – prudentia; 3. lucere – luna – lumen

d) *Übersetze und bilde die entsprechende Form im Passiv:*

vidimus, provideant, obsedit, movebas, removerant, commovebas, urgetis, luges, spopondit, responderet

e) *Übersetze und bilde jeweils die entsprechende Konjunktivform:*

videbantur, invidi, possederat, obsidetur, provisum est, sedemus, cavebas, favisti, submotum erat, impendet

▶ **Wiederholungsstück W 2, S. 142**

S Nach altgriechischer Anschauung soll Herakles verschiedene Grenzmarkierungen zur Kennzeichnung des Endes der Welt errichtet haben, so auch an der Straße von Gibraltar. Man nennt sie Säulen des Herakles. Auch eine Sternengruppe ist nach dem griechischen Helden benannt. Du kannst dieses weitflächige „Sternbild des Herkules" am besten im Sommer an unserem Sternenhimmel entdecken. Der Schweizer Künstler Celestino Piatti hat in der nebenstehenden Zeichnung aufgezeigt, welche Gruppe von Sternen in der Antike der Figur des Herakles zugeordnet wurde.

11 nē – ut – ut nōn

H Wunsch:
1. Māter optat, **ut** līberī serventur.
2. Māter optat, **nē** līberī doleant.
3. **Nē** līberī doleant! Māter timet.
4. Māter timet, **nē** līberī doleant.
5. Perīculum erat, **nē** dolērent.
6. Māter timet, **nē nōn** serventur.

Absicht:
7. Māter magna perīcula subiit, **nē** līberī dolērent.

Folge:
8. Māter līberōs ita amāvit, **ut** magna perīcula subīret.
9. Māter līberōs ita amāvit, **ut** perīcula **nōn** timēret.

L Das goldene Vlies

Phrixus und Helle waren Kinder der Nephele und des Athamas. Dieser hatte Nephele verstoßen und Ino geheiratet. Ino war also die Stiefmutter des Phrixus und der Helle und haßte beide Kinder sehr.

Nephele mater timuerat, *ne* Phrixus et Helle liberi dolo et insidiis Inonis[1] perirent. Itaque Mercurium deum imploravit, *ne* auxilium sibi[2] negaret. Mercurius autem precibus matris commotus Phrixum et Hellen[3] in ariete[4] sedentes e periculo servare temptabat.

5 Iussu dei aries se levavit et spatia caeli per-volavit tanta celeritate, *ut* Helle metu perterrita a Phrixo retineri *non* posset et in mare praecipitaret.

Hoc mare ab eius nomine ‚Hellespontus' appellatum est.

Phrixus autem in ariete haerens in terram Colchorum festinavit et arietem, ut mater suaserat, Marti immolavit, *ne* iram deorum excitaret. Pellem arietis 10 inauratam[5] regi Colchorum Aeetae[6] donavit.

Is autem in templo Martis donum Phrixi occultavit et draconi ingenti imperavit, *ut* summa diligentia observaret, *ne* raptaretur.

Phrixo autem initio ita faverat, *ut* ei filiam in matrimonium daret. Sed postea timens, *ne* ab eo e regno fugaretur, Phrixum necavit. Interroganti enim iam 15 pridem oraculum responderat: „Cave, *ne* ab advena[7] pereas!"

---
[1] *Inō, Inōnis* Ino   [2] übersetze: ihr   [3] *Hellēn* ist eine griechische Form des Akkusativs
[4] Dieser Widder hier hatte ein goldenes Fell (Vlies) und Flügel
[5] *pellis arietis inaurāta* das goldene Fell (Vlies) des Widders   [6] *Aeetes, -ae* Äetes
[7] *advena* der Ankömmling, der Fremde

Ü a) *Ergänze die auf folgende Fragen teilweise gegebenen Antworten durch einen sinnvollen Satz, der mit* ne *oder* ut non *eingeleitet ist:*

1. Cur Nephele Mercurium rogavit, ut liberos servaret?
    Antwort: Nephele timuerat, ...
    nam periculum erat, ...
2. Cur Mercurius Phrixum in terram Colchorum portavit?
    Antwort: Mercurius Phrixum in terram Colchorum deportavit, ...
3. Cur Helle in mare praecipitavit?
    Antwort: Aries *(Widder)* tanta celeritate spatia caeli pervolavit, ...
4. Cur Phrixus arietem immolavit?
    Antwort: Mater ei suaserat, ut arietem immolaret, ...
5. Cur draco custos pellis inauratae *(des goldenen Vlieses)* erat?
    Antwort: Draco custos optimus pellis erat, quia homines cavebant, ...

b) *Teile die Sätze der Übung a) in zwei Gruppen:*
    1. Sätze mit ne; *2. Sätze mit* ut non
    Woran erkennst du den Konsekutivsatz?

c) *Nimm dir die Sätze mit* ne *vor und teile sie in zwei Gruppen:*
    1. Zweck- oder Finalsätze (Absicht); 2. verneinte Wunschsätze
    Bei welcher der beiden Gruppen kannst du ne *im Deutschen mit ‚damit nicht' wiedergeben?*

d) *Überlege:*
    1. Nach welchen Verben stehen abhängige Wunsch- oder Befehlssätze? 2. Nach welchen Verben stehen Finalsätze? 3. Warum wird bei Ausdrücken wie timeo, ne ..., periculum est, ne ..., caveo, ne ... *dieses* ne *mit ,,daß" wiedergegeben?*

e) *Untersuche in der gesamten Lektion, wie du mit dem lateinischen Konjunktiv im Deutschen verfahren mußt!*
    1. Wo mußt du ihn beibehalten? 2. Wo ist er bedeutungslos? 3. Wo ist er im Deutschen falsch?

Die Ruinen des Apollon-Tempels in Delphi

S Die Götter waren für den Griechen Verwalter und Ordner der Welt. Von ihnen erwartete er, daß sie von ihm alles Übel abwenden, ihn aus Gefahren erretten, seinen Unternehmungen Segen spenden, ihn aber auch für alle Missetaten bestrafen, die sonst ungesühnt bleiben. Deshalb suchte er, die Gunst der Götter zu gewinnen, indem er ihnen Gebete und Opfer darbrachte. Denn noch glaubte man, daß Naturereignisse wie Gewitter, Überschwemmungen, Hagelschlag, Erdbeben und Vulkanausbrüche, Sonnenschein und milder Regen aus den Launen guter und böser Gottheiten entstehen.

Vor allen wichtigen Entscheidungen galt es daher, den Willen der Götter zu erforschen. Dazu verhalf die meist von Priestern geübte Kunst der Weissagung. In den Naturereignissen, aber auch im Vogelflug, im Rauschen heiliger Bäume und in den krankhaften Veränderungen der Eingeweide von Opfertieren sah man göttliche Zeichen, aus denen die Zukunft erschlossen werden konnte. Dazu kam an vielen Stätten die Befragung der Orakel.

Zu den berühmtesten Orakelstätten des Altertums gehörte das Heiligtum des Gottes Apollon in Delphi. Im Allerheiligsten des Tempels gab die Priesterin Pythia Antwort auf die dem Gott Apollon gestellten Fragen. In einem Zustand der Verzückung stieß sie unverständliche Laute aus, die von Priestern gedeutet und den Ratsuchenden verkündet wurden. Diese Orakelsprüche waren oft vieldeutig; nicht selten haben die delphischen Priester durch ihre Weissagungen den Gang der politischen Geschichte beeinflußt.

12 Zahlen
Gr. 65.3 und 5; 66; 67; 68.1 und 68.2.1

H 1. Iāsōn, puer **ūndecim** annōs nātus, ē patriā fugātus est.
2. Adulēscēns **trēs et vīgintī** annōs nātus in patriam rediit.
3. Pater Iāsōnis **ūndēquīnquāgintā** annōs nātus obiit.
4. Iāsōn **ducentōs quīnquāgintā** virōs convocāvit.

L Jason und sein Onkel Pelias

Jason war ein Sohn des Äson, des Königs von Jolkos in Thessalien, einer griechischen Landschaft. Als Äson von seinem Halbbruder Pelias vom Thron verjagt war, ging er mit seinem Sohn Jason zu dem Kentauren Chiron, dem er bei seinem frühen Tod auch die Erziehung seines Sohnes übertrug.

Pelias *quinquaginta* annos natus oraculum adiit. Ei responsum est: „Si virum monocrepida[1] videris, tum mors appropinquabit." Hoc malum Peliae regi *tredecim* aetatis annos impendebat, cum[2] Iason patriam intravit, ut regnum patris recuperaret[3].

5 Ut *singulis* annis mos erat, Pelias deis immolabat, cum[2] subito virum monocrepida vidit. Memor illius sortis aspectuque perterritus Pelias horruit et tacebat.
Homo ille monocrepis: „Rex Pelias", inquit, „non ignoras: Regnum per iniuriam obtines *duodecim* annos. Ego sum Iason, filius Aesonis fratris tui e patria fugati. Ante *undecim* annos pater obiit; antea Chironi imperaverat, ut
10 me educaret. Nunc redii, ut regnum patris occuparem."
Pelias, vir *sexaginta quattuor* annos natus, respondit: „Precibus tuis libenter indulgebo: Si pellem arietis inauratam[4] regi Colchorum extorseris[5] et intra *tres* annos domum redieris, regnum obtinebis."
Iason autem, cupiditate regni[6] commotus, voluntati Peliae paruit.

---

[1] *monocrēpīs, -ĭdos* einschuhig; hier: Akk.Sing. Jason hatte vorher seinen Schuh verloren, als er auf dem Weg nach Jolkos die Göttin Hera (Juno) – die sich in eine alte Frau verwandelt hatte – über einen Fluß trug. Hera haßte Pelias, war also auf Jasons Seite.
[2] *cum* hier: als   [3] *recuperāre* wiedererlangen
[4] *pellis arietis inaurāta* das goldene Fell (Vlies) des Widders
[5] *extorquēre* entreißen   [6] *regni* hier: nach der Königsherrschaft

Ü I. Grundzahlen

a) *Übersetze:* duodecim, sedecim, undeviginti, viginti, duodetriginta, quadraginta, septuaginta unus, tres et octoginta, nonaginta septem, centum, ducenti, quingenti, quinquaginta, quinque, octingenti, triginta sex, septem et viginti et quadringenti

b) *Ordne die Zahlbezeichnungen den Ziffern zu:*
1. undetriginta, undecim, duodeoctoginta, quingenti, sexaginta, quadringenti, sescenti duodeviginti, septingenti nonaginta, septem, octo
2. LXXVIII, LX, XXIX, D, VIII, CCCC, DCCXCVII, XI, DCXVIII

c) *Leite die Verwendung des ‚Tausenders' (Singular:* mille, *Plural:* milia*) aus folgenden Beispielen selbst ab:*
1. mille viri, mille feminae, mille nomina 2. cum mille viris, cum mille feminis, mille nominibus 3. tria milia virorum, tria milia feminarum, tria milia nominum 4. cum tribus milibus virorum, cum tribus milibus feminarum 5. cum decem milibus animalium

II. Ordnungszahlen

a) *Nach Kenntnis der Grund- und Ordnungszahlen von 1 bis 10 muß es dir gelingen, die folgenden zusammengesetzten Zahlen in ihre Bestandteile zu zerlegen, die Lücken zu füllen und die Zahlen zu übersetzen:*
1. undecim – undecimus, a, um 2. duodecim – duodecimus
3. tredecim – tertius decimus 4. quindecim – ...
5. sedecim – ... 6. duodeviginti – duodevicesimus
7. undeviginti – ... 8. viginti – ...

b) *Füge nun den Zahlen der Übung a) die entsprechenden römischen Ziffern bei!*

c) *Alle Zehner der Kardinalia enden auf* -ginta *bzw* -ginti,
alle Zehner der Ordinalia auf -gesimus, a, um *bzw.* -cesimus, a, um.
Da du die Grundzahlen kennst, ist auch diese Aufgabe lösbar.
Wie heißen die deutschen Zahlen zu:
1. triginta 2. septuagesimus 3. nonaginta (nonus!) 4. quadragesimus 5. octoginta
6. tricesimus 7. viginti 8. sexagesimus 9. vicesimus 10. quadraginta
Überlege, wie im Deutschen alle Zehner enden!

d) *Wie im Deutschen alle Hunderter auf* -hundert *enden, enden sie im Lateinischen ausgehend von* centum *bei den Kardinalia auf* -centi, ae, a *bzw.* -genti, ae, a, *bei den Ordinalia auf* -centesimus, a, um (-gentesimus, a, um).

Du kannst also wieder folgende Zahlen erschließen:
1. ducenti 2. octingentesimus 3. nongenti 4. nongentesimus 5. septingenti
6. quingentesimus 7. trecentesimus 8. sescenti 9. quadringenti 10. sescentesimus

e) *Versuche nun folgende Ausdrücke zu übersetzen, indem du die zusammengesetzten Zahlen zuerst mit deutschen, dann auch mit römischen Ziffern wiedergibst:*

1. anno post Christum natum millesimo nongentesimo septuagesimo quinto   2. puer tredecim annos natus   3. filia septendecim annos nata   4. anno ab urbe condita septingentesimo vicesimo secundo   5. duo milia sescenti septuaginta duo incolae   6. duo milia incolarum et sescenti septuaginta duo   7. vicesimus sextus dies – sextus et vicesimus dies   8. ducentas viginti duas naves numeravi   9. viginti unum oppida = unum et viginti oppida

III. Zahladverbien

*Auf die Frage ‚wie oft', ‚wievielmal' stehen die sogenannten Zahladverbien: Im Deutschen ist an die Grundzahl -mal angefügt, z. B. ein-***mal**, *sechs-***mal**, *hundert-***mal**, *im Lateinischen* **-ies**.

Übersetze demnach:

1. decies   2. duodecies   3. vicies   4. tricies   5. centies   6. septies

Merke als besondere Bildung: semel *einmal,* bis *zweimal,* ter *dreimal,* quater *viermal*

IV. Vermischte Übungen

a) *Übersetze:* 1. Imperator Augustus anno ante Christum natum tricesimo primo princeps civis Romanorum erat. 2. Anno post Christum natum decimo quarto obiit. 3. Adulescens septendecim annos natus copias convocavit. 4. Adulescens duodevicesimo aetatis suae anno dux militum suorum erat.

b) *Hast du schon gemerkt, daß bei folgenden Wörtern jeweils dieselbe Wurzel zugrunde liegt:*

   1. simplex, similis, singuli, Singular, semper
   2. duo, dubius, dubitare

c) *Erkläre:*

   1. aus der Musik: Duett, Terzett, Quartett (usw.), Oktave, Terz, Quart (usw.)
   2. aus der Mathematik: Prozent, Zentner, Promille
   3. aus dem kirchlichen Bereich: Novene, Oktav, Septuagesima, Sexagesima, Triduum

d) *Kannst du dir nach Kenntnis der Zahlen erklären, woher die römischen Eigennamen* Secundus, Quintus, Sextus, Decimus *kommen?*

13 quidam, aliquis, idem
Gr. 60. 1 und 2; 58.5

H 1. Scriptor **quīdam** Graecōrum dē Iāsōne multīs versibus nārrat.
2. Dīvīnā **quādam** facultāte virtūtēs Iāsōnis celebrat.
3. **Quiddam** dīvīnum in vultū Iāsōnis inerat.
4. **Quīdam** Iāsōnem ut **aliquem** deōrum amābant.
5. Nōn sine **aliquā** spē Iāsōn voluntātī Peliae pāruit.
6. „Sī **quis** es mortālium aut deōrum", inquit Iūnō, „adiuvā mē, ut ego quoque flūmen trānseam."
7. **Idem** Iāsōn nōn sōlum Iūnōnī, sed etiam multīs aliīs aderat.
8. **Iīdem** hominēs dē **eādem** rē nōn semper **idem** cōgitant.
9. **Eandem** deam Graecī Hēram, Rōmānī Iūnōnem nōminābant.

L De Argonautīs[1]

Iason a dea *quadam* adiutus maximos labores itineris subiit. Ducentos quinquaginta viros fortes convocavit, ut sibi[2] adessent et expeditioni[3] interessent: *Aliquis* ex eis erat Argus. Ab eo navis ‚Argo' aedificata est tam celeris, tam levis, tam firma, ut miraculum *quoddam* nominaretur et postea inter sidera
5 collocaretur.
Hercules, Theseus, Orpheus in *eodem* numero comitum Iasonis erant.
In itinere multas terras et insulas adierunt earumque incolas a *quibusdam* malis liberaverunt, velut Phineum *quendam* Thracem. Hic *aliquo* tempore ab Iove erat excaecatus[4], cum *aliqua* deorum consilia hominibus nuntiavisset. Ab Harpyiis[5]
10 ita vexabatur, ut fame et siti paene periret. Phineus, cum Harpyiae fugatae essent, Argonautis monstravit, quomodo pericula maris ignoti vitarent.

---

[1] *Argō + nautae!* [2] *sibi:* ihm [3] *expedĭtiō, -ōnis* der Feldzug, das Unternehmen
[4] *excaecātus, -a, -um* geblendet [5] *Harpyiae, -arum* geflügelte Wesen, die dem Phineus Speise und Trank raubten oder bis zur Ungenießbarkeit beschmutzten.

Ü a) *Dekliniere:* auctor quidam, aliqua spes, idem iter

b) *Setze zum Substantiv die entsprechende Form von* quidam:
a deo..., animalia..., malum..., philosophorum..., imperatorem..., homines... (2), in templis..., dea..., praeter... filios

c) *Setze zum Substantiv die entsprechende Form von* aliqui:
... donum, ... metu, ... annus, ... arma, si... occasio, ne... deus, ... re, ... homini

d) *Schreibe die Formen von* idem, *in denen die entsprechende Form von* is *vor* -dem *verändert wird!*

e) *Vergleiche:* eundem, quendam, eorundem, quorundam, septendecim, tam-tantus. Welche Lautregel liegt vor?

f) *Übersetze:* Wer? derselbe Redner, der Redner selbst, irgendein Redner, dieser Redner, jener Redner, ein gewisser Redner, der Redner da

g) *Bilde eine Tempusreihe zu:* a) prodes b) possumus

h) *Übersetze:* adeste, afui, deerit, potuerunt, intereras, prosit, insunt, superfuisset, praeesses

S In der Argonautensage spiegeln sich sicher die Reisen griechischer Kaufleute und Kolonisten ins Schwarzmeer- und östliche Mittelmeergebiet wider. Schiffahrt wurde schon in sehr früher Zeit betrieben. Sie reicht in Ägypten zurück bis um 4000 v. Chr. Man fuhr damals mit schalenförmigen Booten. Kreter und Phönizier unterschieden bereits im 2. Jahrtausend v. Chr. zwischen Kriegs- und Handelsschiffen. Sie besaßen sowohl mit Rudern bewegte Galeeren als auch Segelschiffe. Daß Schiffahrt schon so früh betrieben wurde, läßt sich daraus erklären, daß bei der Unzulänglichkeit der Verbindungen auf dem Land Menschen und Lasten am einfachsten auf Wasserwegen befördert werden konnten. Von den Flußmündungen aus befuhr man zunächst das Meer nur bei Tage und stets in Sichtweite der Küste. Später wagte man sich auch auf die hohe See und steuerte die Küsten des Mittelmeers direkt an.

Auch das Schiff der Argonauten, die Argo, glaubte man im Altertum in einem Sternbild zu erkennen. Du kannst diese Gruppe von Sternen im Herbst tief unten am südlichen Himmel finden. Zeichnung von Celestino Piatti

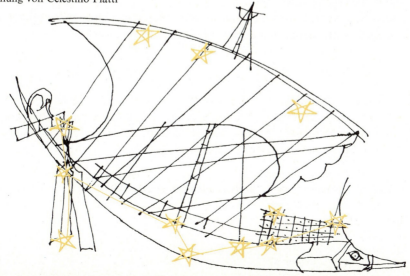

14 i-Konjugation: Aktiv
Gr. 80

H 1. Cum magister fābulās nārrat, puer tacet et **audit**.
2. Multās fābulās dē Iāsōne **audiēbātis**.
3. Magister optat, ut puerī **audiant**.
4. **Audīte**, puerī, ut fābulās **sciātis**!
5. Quis **audīre scit**?
6. **Audientēs sciunt**.
7. **Sciētis**, quid Iāsōn ē terrā Colchōrum reportāverit.
8. Fābulās nōn **audīrēs**, nisi Iāsōn perīcula subīsset.
9. **Audīvērunt** fābulās maiōres nostrī, **audīmus** nōs, **audient** līberī nostrī.

L Jason riskiert alles

Rēgī aliquandō, cum ōrāculum adīsset, respōnsum erat: „Rēgnum obtinēbis tam diū, quam diū pellis in templō Mārtis erit. Vītam fīliī tuī *fīniēs*, sī pellis dēportāta erit." Itaque dracōnī imperāverat, ut pellem *custōdīret*. Is numquam *dormīvit*.
5 Sed Iāsōn, quod *nesciēbat*, quid rēgī ā deō respōnsum esset, eum adiit et rogāvit, ut sibī[1] pellem daret. Precibus enim animum *mollīre* studuit.
„Dabō tibi pellem", inquit rēx, „sī taurōs *saevientēs* domueris, sī virōs armātōs ē dentibus dracōnis nātōs necāveris, sī pellem ē manibus dracōnis raptāveris."
Iāsonem autem hīs verbīs perterritum Mēdēa, fīlia rēgis, cōnsiliō adiuvit, ut ab
10 omnibus perīculīs līberārētur.
Dracō enim venēnō Mēdēae domitus *dormiēbat*, cum[2] Iāsōn pellem inaurātam[3] ē templō Mārtis dēportāvit et cum Mēdēā in Graeciam abiit.

Ü a) *Beantworte lateinisch:* 1. Cūr dracō ille ingēns numquam dormīvit? 2. Quis eī imperāverat, nē dormīret? 3. Cui dracō pārēbat? 4. Cūr rēx dracōnī imperāverat, ut pellem custōdīret? 5. Quis deārum optāvit, ut Mēdēa Iāsonem adiuvāret? 6. Cūr Mēdēa salūtem Iāsonis custōdīvit? Scītisne?

---

[1] *sibi* ihm   [2] *cum* hier: als   [3] *pellis inaurāta* das goldene Fell (Vlies)

Sagen wurden im Altertum vor allem mündlich weitergegeben; daher treten häufig verschiedene Überlieferungen nebeneinander auf. Nebenstehendes Vasenbild stellt die Geschichte von Jason und dem Drachen folgendermaßen dar: Jason wird vom Drachen verschlungen, Medea aber bestreicht das Untier mit einer Zaubersalbe, die dem Drachen Übelkeit erregt, so daß er Jason wieder ausspeit. Das kampfunfähige Tier kann Jason dann leicht töten.

b) *Übersetze:* 1. Der Drache hatte seit (*ab* mit Abl.) der Ankunft *(adventus, -us)* des Phrixos nicht mehr geschlafen. 2. Jason hätte, wie ihr wißt, die wütende Bestie (Tier) nie bezwungen (gebändigt), wenn sie nicht durch das Zaubermittel (Gift) Medeas geschlafen hätte. 3. Als Medea die Stimme Junos gehört hatte, half sie Jason. Jason hatte Juno einst über den Fluß getragen. 4. Die Götter wachen über (bewachen) das Wohl(ergehen) guter Menschen. 5. Die Menschen gehorchten den Göttern, um (damit sie) deren Zorn zu mildern (Impf.).

c) *Bilde zu folgenden Formen von* monere *die jeweils entsprechende Form von* audire *und übersetze sie:*

1. mones 2. monent 3. monebunt 4. moneam 5. monerem 6. monebam 7. monui 8. monuissem 9. monuero

d) *Bilde die Tempusreihe – jeweils mit deutscher Bedeutung – von:*

1. saevio 2. dormiunt 3. scimus

e) *Bilde zu* finire, delere, laudare *in der 3. Person Plural – zum besseren Vergleich parallel –* 1. *alle Indikativformen des Aktivs* 2. *alle Konjunktivformen des Aktivs* 3. *alle Imperativformen des Aktivs!*

f) *Welches Tempus wird bei den Verben der i-Konjugation anders gebildet als bei der a- und e-Konjugation?*

g) *Bestimme und übersetze:*

1. audiam (2) 2. custodiant 3. finiens 4. finies 5. nescient 6. mollires 7. dormi 8. scito 9. saeviebamus 10. mollire 11. audivisses 12. dormivistis

h) *Gib den Inhalt des Lesestücks der Lektion 3 wieder und vergleiche es mit diesem hier!*

15 i-Konjugation: Passiv
Gr. 81

H 1. Iāsōn ā Chīrōne **ērudītur**.
2. Virī quīdam fortēs ā Chīrōne **ērudiuntur**.
3. Ā Chīrōne **ērudīrī** honestum erat.
4. Virī ā Chīrōne ad virtūtem **ērudiēbantur**.
5. Virī ā Chīrōne labōribus **ērudītī sunt**.
6. Quis scit, cūr hominēs labōribus **ērudiantur**?
7. Ab hominibus bene **ērudītīs** bene **ērudiēminī**.
8. Nisi **ērudīrēminī**, hominēs rudēs essētis.

L Medea, eine Hexe?

Jason wurde sofort nach seiner Flucht aus Kolchis verfolgt. Er tötete Medeas Halbbruder, indem er ihn in eine Falle lockte. Nach der Rückkehr nach Jolkos wollte Pelias den Thron noch immer nicht an Jason abtreten.

Iason, cum *servire* paratus non esset, secum deliberavit, quomodo Pelias *puniretur*. Id difficile erat, quod interea imperium Peliae *munitum* erat.
Tum Medea irata erat et Peliam necare studuit. *Vestita* ut sacerdos filias Peliae adiit. Arietem vetulum[1] necavit et in agnum pulchrum mutavit. „Eodem
5 modo", inquit, „patrem vestrum in iuvenem mutabo, quod praeceptis deorum semper paruit. Necate patrem!" His verbis animos filiarum mollivit. Filiae patri persuaserunt, ut ad mortem paratus esset.
Cum autem eum necavissent, Medea promissum non praestitit[2]. Ita rex a Medea saeviente morte *punitus* est pro facinoribus.
10 Hoc modo Iason auxilio Medeae regnum patris occupavit.

---

[1] *vetulus, -a, -um* ziemlich alt   [2] *praestāre* hier: erfüllen

Ü a) *Überlege:* 1. Cur Iason a Chirone Centauro erudiebatur? 2. Cur Iason voluntati Peliae paruit? 3. Cur Iason a rege iussus est per mare vastum navigare? 4. Cur Pelias a Medea morte punitus est? 5. Cur Medea ut sacerdos vestita filias regis adierat?

b) *Übersetze:* 1. In alten Zeiten wurden die Menschen dazu° erzogen, daß sie den Göttern gehorchten und deren Willen dienten. 2. Stolz wurde von den Göttern bestraft. Deshalb dürstet noch heute Tantalus inmitten der Fluten (mitten in den Wogen) nach° Wasser (Akk.). 3. Nie werden dessen Qualen (Schmerzen) beendet werden. 4. Jupiter strafte auch Jason: Er wurde, wie manche erzählen, von den wütenden Gefährten getötet.

c) *Folgende Wortreihen hängen zusammen. Erkläre:*
   1. scire – scientia – nescire – nescius – inscius
   2. audire – Audienz – Auditorium
   3. servus – servire – servitus – servitium – servilis – Service (im Hotel) – Serviette – Dessert – Servus (als Gruß)!
   4. finis – finire – finitimus – Finale – infinitus – Infinitiv – definire – definieren – Definition
   5. punire – poena – Pein – verpönt – penibel
   6. rudis – erudire
   7. custos – Küster – custodire
   8. mollis – mollire – mollig (Wie müßte ein Hund namens ‚Molli' aussehen?)
   9. vestis – vestire – vestimentum – Weste
   10. sitis – sitire
   11. moenia – munire – Munition

d) *Bilde zu folgenden aktiven Verbalformen die jeweils entsprechenden Passivformen:*
   1. finit 2. molliunt 3. muniant 4. erudient 5. erudivero 6. vestis 7. vestitis 8. custodiverunt 9. custodivisti 10. punivissem 11. erudies 12. erudires 13. munivit 14. audit

e) *Bilde die Tempusreihe*
   1. zu eruditur *im Indikativ*
   2. zu vestiuntur *im Konjunktiv*
   3. zu monentur *im Indikativ und Konjunktiv*
   4. zu laudantur *im Indikativ und Konjunktiv!*

▶ **Wiederholungsstück und Test W 3, S. 143**

16 i-Konjugation: u-Perfekt, s-Perfekt
Gr. 91. 2–8

H 1. Diogenēs opīniōnī hominum numquam **servīvit**.
2. Hominēs dīvitēs Diogenī portās nōn **aperuērunt**.
3. Saepe inopiam **sēnsit**.

L Verrückt und weise

Diogenes ab reliquorum hominum moribus valde *dissentiebat*. Cum olim in urbe Athenis esset, medio in foro sedebat et homines ad convivia properantes observabat. Tum famem et inopiam suam *sensit*, nam portae divitum ei non *aperiebantur*. Subito clamavit: „Non sum pauper. Etiam me conviva visitat."
5 Musculus[1] enim de muro *saluerat* et reliquias panis devoravit. Tum pane sicco et luce solis contentus erat.
Aliquando ad fontem sedit et aquam ex alto *desilientem* poculo *hausit*. Poculum cum *exhauriret*[2], vidit haec: Puer manibus aquam e fonte *hausit*. Tum Diogenes: „Dedecore *opertus* sum. Puer me parsimonia[3] superavit." Statim poculum in
10 fontem iactavit.
Aliquando ad Olympia[4] properavit. Ibi corona victoriae ornatus per vias ambulavit, quamquam certaminibus non interfuerat. Rogatus, quomodo illud praemium meruisset, respondit: „Etiam ego victor sum: iram domui, voluptates coercui, luxuriae non indulsi. Itaque me ipse coronavi[5]."

---

[1] *mūsculus, -ī* die kleine Maus [2] *exhaurīre* schöpfen, leeren [3] *parsimōnia, -ae* die Sparsamkeit
[4] *Olympia, -ōrum* die Olympischen Spiele [5] *corōnāre* bekränzen

Ü a) *Gib die Geschichte von Diogenes und der Maus (1. Abschnitt) in der 1. Person wieder!*
Diogenes erzählt: . . .

b) *Übersetze:* 1. In vielen Dingen (bl.Abl.) stimmte Diogenes nicht mit den anderen Menschen überein. 2. Weil er einmal auf dem Marktplatz aus einem Becher Wasser trank (schöpfte) und Brot verzehrte, verlachten ihn Vorbeigehende[1]: „Du bist nicht einem Menschen ähnlich, sondern einem Hund." 3. Diogenes bedeckte mit der Hand seine° Augen und überlegte. 4. Dann eröffnete er den Lachenden: „Nicht ich, sondern ihr seid Hunde; denn Hunde bedrängen meist einen essenden (Speise verzehrenden) Menschen."

c) *Vergleiche:* custos – custodis – virtus – virtutis – rideo – risi – sentio – sensi – consentio – consensi
Suche die Lautregel in der Grammatik S. 10/11

d) *Auf welche Verbalformen der 4. Konjugation lassen folgende Ausgänge schließen?*
-emini, -s, -ebat, -ar, -unto, -rem, -at, -et, -ris, -te, -tur, -am

e) *Hänge die 12 Ausgänge aus Übung d) in der vorgegebenen Reihenfolge an den Präsensstamm folgender 12 Verben und übersetze sie:*
operire, salire, haurire, vincire, consentire, dissentire, sancire, desilire, vincire, aperire, munire, sentire

f) *Übersetze folgende Formen! Die Anfangsbuchstaben der lateinischen Wörter ergeben ein lateinisches Sprichwort. Erkläre es!*
1. wir werden beenden 2. es wurde geöffnet 3. sie befestigen 4. du wirst gehört 5. ihr würdet bekleiden 6. er hätte bedeckt 7. sie haben getrauert 8. du hast geöffnet 9. sie hatten gefoltert

S Diogenes lebte von 412–323 v.Chr. Er zog umher und lehrte, daß man am glücklichsten in Armut und Ungebundenheit lebe. So verachtete er Besitz und Würden. Diogenes brauchte keine Geräte zum Essen, trank aus der hohlen Hand und war mit einem einzigen Kleidungsstück zufrieden. Er begnügte sich damit, in einem Faß zu wohnen. Als ihn einmal Alexander der Große, der König von Mazedonien, der von ihm gehört hatte, aufsuchte und nach einem Wunsch fragte, erwiderte ihm Diogenes: „Geh mir aus der Sonne!"
Den einen erscheint er als weise, den anderen als Kauz.

---

[1] Part. Präs. von *praeterire: praeteriens, praetereuntis*

17 i-Konjugation: Reduplikations- und Dehnungsperfekt
Gr. 91. 10–12

H 1. Mox **reperiētis,** quis Archimēdēs fuerit.
2. Archimēdēs causās multārum rērum **repperit.**
3. Laus Archimēdis etiam ad aurēs imperātōris Rōmānī **pervēnerat.**

L Der Mathematiker läßt sich nicht stören

Anno a. Chr. n. ducentesimo duodecimo exercitus Romanus in Siciliam *venerat*; Syracusae *circumventae* sunt. Syracusani machinationibus[1] Archimedis, mathematici clari, diu copias hostium ab urbe arcuerunt. Ab Archimede multae leges naturae *repertae* sunt et magnam laudem apud incolas *invenerat*.
5 Cum urbs ab exercitu Romano expugnaretur, Marcellus, imperator Romanorum, haec omnia *comperit*. Itaque edicto sanxerat, ne quis Archimedi noceret. Quamquam ceteri cives metu permoti fugae se dabant, Archimedes in horto suo sedebat et geometricis formis intentus erat.
Subito miles Romanus praedae causa[2] in hortum *venit* et Archimedem vidit.
10 Interrogavit eum, quis esset. Is autem, quod nimio sapientiae studio arsit et nondum ad finem laboris *pervenerat*, hoc solum respondit: „Noli[3] turbare circulos[4] meos!". Tum a milite necatus est, nam Archimedem nescivit.

Ü a) *Verfasse um folgende vier Begriffe eine kurze lateinische Inhaltsangabe zu dem Lesestück:*
Syracusae – Archimedes – hortus – miles Romanus

b) *Übersetze:* 1. Haec per certos nuntios comperi. 2. Ad certum diem in oppidum convenient. 3. Verba cum factis non conveniebant. 4. Incolae flamma circumventi sunt. 5. Nuntii venerunt. 6. Consilia ad regis aures pervenerunt. 7. Sententiam meam aperui. 8. Foedus sanguine sanctum est. 9. Latro vinctus erat. 10. Inter se dissentiunt.

---

[1] *māchinātiō, -ōnis* die Verteidigungsmaschine   [2] *causā* (nachgest.) wegen
[3] *nōlī* du sollst nicht   [4] *circulus, -i* der Kreis

Die Ermordung des Archimedes. Mosaik

c) reperire *bildet das Perfekt mit Reduplikation. Wie müßte es eigentlich heißen?* reperire *ist ein Kompositum. Vergleiche seine Perfektbildung mit der von* respondere!

d) *Übersetze alle Formen und suche die heraus, die auf Grund ihres Ausgangs doppeldeutig sind:*

1. reperi 2. repperi 3. comperistis 4. circumvenirentur 5. conveneramus 6. inveniatur 7. pervenies 8. veni 9. venissem 10. senserit 11. vinciris 12. sanctum est 13. saliam 14. operietur

e) *Vergleiche* habere – habitus *(Haltung),* censere – census *(Abschätzung)! Erschließe aus folgenden Substantiven die zugrundeliegenden Verben und die Bedeutung:*

haustus, sensus, conventus, consensus, dissensus, auditus, vestitus

f) *Nenne die Bedeutung folgender Wörter und gib an, welche Verben der i-Konjugation zu ihnen gehören:* sententia, vinculum, sacer, peritus

g) *Fremdwörter:* Konvention, Salto, Sensation, Resultat *(salire!),* Briefkuvert *(co-operire)*

S Archimedes wurde 285 v. Chr. in Syrakus geboren und lebte bis 212. Er war der berühmteste Mathematiker seiner Zeit. So berechnete er als erster Kreisfläche und Kreisumfang bis auf Bruchteile genau. Er gilt auch als Erfinder der Hebelgesetze und des zusammengesetzten Flaschenzugs. Erst im 19. Jahrhundert wurde diese Erfindung verbessert. Archimedes entwickelte auch verschiedene Arten von Verteidigungsmaschinen. Es wird berichtet, daß z. B. die Schiffe der feindlichen Belagerer der Stadt Syrakus von seinen Maschinen hochgehoben wurden.

18 Akkusativ mit Infinitiv (AcI)
Gr. 158 und 160.1.1

H 1. Perīculum appropinquat.

Tyrannus sentit — 1. perīculum
— 2. appropinquāre

Tyrannus **perīculum appropinquāre** sentit.

2. Hominēs violātī clāmābant.

Incolae audiēbant — 1. hominēs violātōs
— 2. clāmāre

Incolae **hominēs violātōs clāmāre** audiēbant.

3. Scīmus **tyrannum** cīvēs **vexāre**.

4. Scīmus **cīvēs** ā tyrannō **vexārī**.

5. Scīmus **tyrannōs** cīvēs **vexāvisse**.

6. Scīmus **cīvēs** ā tyrannīs **vexātōs** esse.

7. Cīvēs tyrannum timēbant. Nam sciēbant **eum crūdēlem esse**.

8. Tyrannus negābat **sē crūdēlem esse**.

L Freundestreue

Constat *Dionysium* undequadraginta annos *tyrannum* Syracusanorum *fuisse*. Fortasse audivistis *cives* ab eo saepe *vexatos esse*. Itaque aliquando Moero cuidam placuit Dionysium necare. Sed a custodibus tyranni captatus et interrogatus est Moerus. Respondit *se optavisse*, ut Syracusani a tyranno crudeli
5 liberarentur. Dionysius statim iussit *Moerum necari*. Moerus autem ab eo rogavit commeatum triduī[1], ut sororem suam in matrimonium daret. Confirmavit *Selinuntium, amicum suum*, tyranno *obsidem esse*. Rex dedit commeatum. „Nisi ad diem redieris", inquit, „amicus tuus morte punietur."

Moerus cum sororem in matrimonium dedisset, vidit *se* a reditu *prohiberi*,
10 quod flumen propter imbres tam rapidum erat, ut transiri non posset.

Iam novem horae tertii diei praeterierant neque[2] Moerus redierat. Tum Dionysius iussit *Selinuntium* ad supplicium *dari*. Subito Moerus venit. Statim Dionysio nuntiatum est *Moerum redisse*. Tyrannus sensit *fidem* eorum *magnam esse* et Moero vitam dedit et rogavit, ut ipse in amicitia cum iis esset.

---

[1] *commeātus triduī* hier: Urlaub für drei Tage   [2] *neque* und nicht

Ü a) *Vereinige die durch Doppelpunkt getrennten Sätze mit Hilfe einer AcI-Konstruktion zu jeweils einem Satz:*
1. Scimus: Dionysius tyrannus crudelis erat. 2. Custodes viderunt: Moerus Dionysium necare studuit. 3. Tyrannus iussit: Moerus necatur. 4. Moerus vidit: Altitudine fluminis a reditu prohibeor. 5. Scitis: Amicus Moeri servatus est. 6. Cives clamant: Tyrannus necatus est.

b) *Schreibe aus dem Lesestück die Verben heraus, die den AcI zur Folge haben, und ordne sie nach ihrer Bedeutung!*

c) *Bilde alle dir bekannten lateinischen Infinitive zu:* abwesend sein, verbieten, können, vermehren, finden

d) *Mache von* narravisti *abhängig:* 1. Aqua fluminis frigida est. 2. Porta villae patet. 3. Multae gentes a Graecis superatae sunt. 4. Homerus poeta clarus fuit. 5. Domus deleta est. 6. Discipuli a magistro erudiuntur. 7. Oppidum diu obsessum est. 8. Tum Graeci dolum adhibuerunt.

e) *Fidus sum – Scio me fidum esse. Laß die folgenden Sätzchen ebenso von* scio *abhängen:* 1. Mortales sumus. 2. Discipulus es. 3. Puniti sunt. 4. Consensistis. 5. Laudata est. 6. Nihil scio. 7. Ingrata fuisti.

f) *Übersetze:* 1. Dionysius meinte, daß(!)[1] er gerecht sei. Ihr wißt aber, daß(!) er oft grausam war. 2. Archimedes wußte nicht, daß(!) er in Gefahr war. Ihr habt gehört, daß(!) er von einem römischen Soldaten getötet wurde. 3. Medea wußte, daß(!) sie dem Jason helfen konnte. Es ist bekannt, daß(!) sie dem Drachen Gift gab. 4. Jasons Gefährten wissen, daß(!) sie viele Gefahren auf sich nehmen.

S Friedrich Schiller griff die Erzählung von Dionysius und den beiden Freunden in seiner Ballade ‚Die Bürgschaft' wieder auf. Es ging ihm darum, die Macht der Freundestreue aufzuzeigen. Die Reaktion des Dionysius bei der Rückkehr des Mörus schildert er folgendermaßen:

> Und Erstaunen ergreift das Volk umher,
> In den Armen liegen sich beide
> Und weinen vor Schmerzen und Freude.
> Da sieht man kein Auge tränenleer,
> Und zum Könige bringt man die Wundermär';
> Der fühlt ein menschliches Rühren,
> Läßt schnell vor den Thron sie führen.
>
> Und blicket sie lange verwundert an;
> Drauf spricht er: „Es ist euch gelungen,
> Ihr habt das Herz mir bezwungen,
> Und die Treue, sie ist doch kein leerer Wahn –
> So nehmet auch mich zum Genossen an.
> Ich sei, gewährt mir die Bitte,
> In eurem Bunde der dritte."

---

[1] daß(!): AcI

19 Partizip und Infinitiv Futur

H 1. Poēta in Graeciam nāvigāre parat.
2. Poēta in Graeciam **nāvigātūrus** nāvem exspectat.
3. Poēta in Graeciam **nāvigātūrus est.**
4. Nautae sciēbant poētam in Graeciam **nāvigātūrum esse.**
5. Homō malum **futūrum** nōn prōvīdit.
6. Scīmus nōs mox in magnō perīculō **futūrōs esse (fore).**

L Rettung aus höchster Not

Quis nescit Arionem poetam clarum fuisse? Italiam et Siciliam peragravit¹ divitias sibi *paraturus*. Ubique incolae urbium exspectabant Arionem *venturum* et omnes arte sua praeclara *delectaturum* esse. Cum magnis opibus donatus esset, in Graeciam *rediturus erat*. Putabat se nave divitias suas domum *reportaturum*
5 *esse*.
Sed frustra speraverat se post reditum divitem *fore*. Nautae enim divitias *raptaturi* erant. Itaque coniuraverunt se poetam in alto *necaturos* esse. Arion sensit sibi² mortem instare. Itaque carmen cantavit et se in mare praecipitavit. Subito delphinus³ ex undis apparuit et poetam dorso suo in Graeciam portavit.
10 Ibi Arion ad Periandrum regem, amicum suum, properavit eique narravit nautas divitias suas raptavisse. Nuntiavit mox eos *affuturos* esse. Periander iis insidias parari iussit. Nautae captati sunt et magno terrore permoti sunt, cum Arionem vivum viderent. Morte puniti sunt.

---

¹ *peragrāre* durchziehen   ² *sibi* ihm   ³ *delphīnus, -ī* der Delphin

Ritt auf einem Delphin. Griechische Münze
Die Vorstellung, daß Delphine Menschen aus Seenot erretten können, war in der Antike weit verbreitet.

Ü a) *Fülle die Lücken mit einem passenden Verbum im Infinitiv bzw. Partizip Futur:*
1. Arion sperabat se in Italia magnas divitias ... 2. Nautis placuit Arionem divitias domum ... necare. 3. Sperabant enim eum divitem ... 4. Cum eum ... essent, carmen cantavit et se in mare praecipitavit. 5. Cum delphinus Arionem servavisset, Periander confirmavit se nautis insidias ...

b) *Übersetze:* 1. Der Schriftsteller Plinius erzählt von einem Delphin. 2. Ein Knabe, der° seine Kräfte erproben wollte (prüfen wollend), schwamm ins Meer hinaus°. 3. Als er müde war, näherte sich ihm plötzlich ein Delphin und trug (brachte) ihn an die Küste zurück. 4. Am nächsten Tag *(postero die)* kamen viele Leute an die Küste, weil sie hofften, daß(!) sie den Delphin sehen werden. 5. Der Delphin erschien nun täglich und trug die Kinder auf (bl.Abl.) seinem Rücken. 6. Die Behörden (Ämter) fürchteten die Gefahr; daher befahlen *(iubere)* sie, daß(!) der Delphin getötet werde.

c) *Übersetze die Formen und bilde jeweils das Partizip Futur im Singular Maskulinum dazu:*
eritis, increpas, adiuva, prohibent, torquebat, manebimus, respondete, aperuerunt, eruditis, consentiet, inveniant.

d) *Bilde sämtliche Infinitive zu:* domo, misceo, augeo, vincio, reperio, sum.

e) *Mache von* spero *abhängig:* 1. Amici nos visitabunt. 2. Puella sana erit. 3. Mox conveniemus. 4. Non dissenties. 5. Mater tecum consentiet. 6. Liberi dormient. 7. Convivae aderunt. 8. In regionem calidam perveniam. 9. Domi eritis. 10. Frigus tolerabitis.

▶ Wiederholungsstück **W 4, S. 145**

S Die Erzählung von Arion und dem Delphin hat bereits der griechische Geschichtsschreiber Herodot (484–425) niedergeschrieben. Der Delphin wurde ursprünglich als ein göttliches Wesen angesehen, an das sich Schiffbrüchige wandten. Herodot will mit dieser Geschichte zeigen, daß die verbrecherische Handlungsweise der Matrosen das Eingreifen der Götter hervorruft. Daß Arion gerettet wurde, kann auch so erklärt werden, daß Dichter und Sänger unter dem besonderen Schutz der Götter standen.
Sänger wurden auch vom Volk sehr geachtet. Sie zogen von Stadt zu Stadt. Die Art ihres Vortrages war kein Singen, sondern rhythmisches Sprechen. Der Sänger sollte so vortragen, daß ihm bei traurigen Stellen Tränen in den Augen standen, bei grausigen sich die Haare sträubten. Als besonders gut galt ein Sänger, wenn er dieselbe Wirkung auch bei seinen Zuhörern hervorrief.

20 3. Konjugation: Präsensstamm Aktiv
Gr. 80

H 1. Audīmus rēgem populum summā iūstitiā **reg-e-re**.
2. „Populum", inquit rēx, „summā iūstitiā **reg-ō**."
3. Rēx populum summā iūstitiā **reg-i-t**.
4. Rēgēs populōs summā iūstitiā **reg-u-nt**.
5. Rēx populum summā iūstitiā **reg-a-t**.
6. Rēx populum summā iūstitiā **reg-ēba-t**.
7. Rēx cum populum summā iūstitiā **reg-e-re-t**, ab omnibus laudābātur.
8. Rēgēs populōs nōn semper summā iūstitiā **reg-e-nt**.
9. Rēgēs populōs summā iūstitiā **reg-e-ntēs** laudantur.
10. **Reg-e** populum summā iūstitiā, rēx!
11. **Reg-i-te** populōs summā iūstitiā, rēgēs!

L Ein verhängnisvoller Wunsch

Cum Bacchus Indiam peragraret[1], Silenus, comes eius, a via erravit. Midas eo tempore Phryges *regebat*. Erranti viam monstravit. Itaque Silenus gratus Midam rogavit, quid optaret. Midas divitias sibi paraturus erat. Itaque respondit: „Opto haec: Cum manus ad aliquam rem ad-movero, statim in aurum mutetur."
5 Silenus confirmavit se ei hoc donum daturum esse. Cum deinde Midas manus lavabat, aqua aurea erat. Cum vinum hausturus aut cenaturus erat, potus[2] et cibus in aurum mutabantur. Omnia auro splendebant.
Nunc dives miserque Midas optavit, ut his divitiis liberaretur. Dies noctesque in continuis precibus *terebat*. Flevit: „Ne di *sinant* me perire." Incolae iam rumo-
10 rem *serebant* regi mortem instare. Nam cibum et potum[2] *spernebat*. Bacchus cum *cerneret* Midam fame et siti laborare, eum iussit: „Lava te in flumine quodam!" Cum Midas his verbis pareret, subito aquae color aureus erat. Midas autem dono pernicioso liberatus est.

---

[1] *peragrāre* durchwandern   [2] *pōtus, -ūs* Trank

Ü a) *Beantworte lateinisch:* 1. Quis Midas erat? 2. Cur Silenus ei gratus erat? 3. Cur Midas dono non delectabatur? 4. Quid Midas deinde optavit? 5. Quomodo Midas servatus est?

b) *Übersetze:* 1. Wie Midas verschmähte auch der arme Psaphon *(Psapho, -onis)* den Reichtum nicht. 2. „Mögen die Götter nicht zulassen", sagte er, „daß(!) ich immer arm bin!" 3. Er fand eine List: Er fing Vögel und lehrte sie: Psaphon ist ein großer Gott. 4. Als sie diese Worte nachsprechen (vortragen) konnten, gab er ihnen die Freiheit. 5. Nun säten sie das Gerücht aus°, daß(!) ein neuer Gott im Lande wohne. 6. In der Tat kamen viele Leute und beschenkten Psaphon mit wertvollen Gaben.

c) *Übersetze:* sin-i-t, ter-u-nt, ser-e-re, cern-e-re-t, spern-i-mus, ser-e-re-nt, cern-o, spern-u-nt, sin-i-te, reg-u-nto, ter-e-ns, reg-e

d) *1. Stelle an den Formen von c) fest, welche drei Erweiterungsvokale („Bindevokale') bei der 3. Konjugation vorkommen!*

2. Wann wird ein Erweiterungsvokal nur nötig?

3. Vor welchen Lauten stehen die Erweiterungsvokale e und u?

e) *Übersetze:* reg-eba-nt, ter-a-mus, cern-e-s, spern-e-re-m, ser-a-s, ter-e-nt, sin-a-m (2), spern-eba-s, ter-e-re-nt

f) *In welchen anderen Konjugationen findest du die hier vorkommenden Modus- bzw. Tempuszeichen auch: -a- für den Konj. Praes., -eba- für den Ind. Impf., -re- für den Konj. Impf., -e- (bzw. -a-) für den Ind. Futur?*

g) *Übersetze:* ihr laßt zu, er möge herrschen, sie werden säen, du würdest sehen, sie reiben, ich werde verschmähen, seht, herrschend, er rieb

S Die Wertschätzung des Goldes reicht in die frühesten Zeiten der Geschichte zurück. Deshalb wurde auch immer wieder versucht, Gold herzustellen. ‚Alchimisten' des Mittelalters suchten nach einer Pflanze, die sie ‚Kraut der Unsterblichkeit' nannten. Dem Saft dieser Pflanze wurde die Kraft nachgesagt, Metall in Gold zu verwandeln. Auf der Suche nach Gold wurde das Porzellan entdeckt. Deshalb nennt man es auch weißes Gold. Heute ist man in der Lage, z.B. aus Blei Gold herzustellen, doch sind die Herstellungskosten höher als der Wert des Goldes.

21 3. Konjugation: Präsensstamm Passiv
Gr. 81

H 1. Putāmus populum summā iūstitiā **reg-ī.**
2. Populus summā iūstitiā **reg-i-tur.**
3. Populī summā iūstitiā **reg-u-ntur.**
4. Populus summā iūstitiā **reg-ā-tur.**
5. A Midā populus summā iūstitiā **reg-ēbā-tur.**
6. Populus cum ā Midā summā iūstitiā **reg-e-rē-tur,** eum laudābat.
7. Populus summā iūstitiā **reg-ē-tur.**

L Das Schwert im Nacken

Dionysius tyrannus ipse sciebat, quam beatus esset. Aliquando Damocles quidam ad Dionysium venit. Ab eo pecuniam *petebat*; itaque eum valde laudavit. „Magna", inquit „est potentia tua; si iniuria *lacesseris*, inimici tui caede *sternuntur*. A te dignitas et honores *quaeruntur*. Divitiis abundas. Beatus es."
5 Tum Dionysius respondit: „Quia te haec vita delectat, eam gustare potes." Et Damocles laetus: „Paratus sum!"
Tum Dionysius imperavit, ut Damocles in lecto aureo *sterneretur*. Servi *arcessebantur*. Mensae argento et auro ornatae erant; multis cibis onerabantur. Damocles beatus erat. Sed subito Damocles vidit gladium saeta equina aptum[1]
10 e lacunari[2] pendere. Capiti Damoclis impendebat. Tum Damocles neque auro neque cibis delectabatur; semper gladium spectabat. „Sine me abire!" inquit. „Nam isto modo beatus non sum." Et statim domum suam *petebat*.

Ü a) *Verwandle die Verben des 1. Abschnitts von L – soweit möglich – ins Aktiv bzw. Passiv!*

b) *Übersetze:* 1. Obwohl die Syrakusaner durch die Ungerechtigkeiten des Dionysius oft gereizt wurden, suchte eine (gewisse) Frau täglich durch Bitten von den Göttern zu erreichen, daß Dionysius gesund sein möge (Impf.). 2. Die Frau wurde von Dionysius herbeigeholt. 3. Der Tyrann fragte die Frau, warum sie das erstrebe (Konj. Impf.). 4. Sie antwortete: „Von früheren *(prior, -oris)* Tyrannen wurden wir nicht mit solcher Grausamkeit beherrscht (gelenkt). Daher fürchte ich, daß der nächste *(posterior)* die Grausamkeit noch° vermehrt."

---

[1] *saetā equīnā aptus* an einem Pferdehaar hängend   [2] *lacūnar, -āris* die Zimmerdecke

c) *Wie lauten die Endungen im Passiv? Wann brauchst du die Erweiterungsvokale i, e, u? Auf welches Tempus bzw. welchen Modus kannst du aus den Zeichen -e, -re, -a, -eba schließen?*

d) *Übersetze und bilde die entsprechende Form im Passiv:*
regunt, seret, cerneretis, spernebat, sinere, terit, sternant, petit, quaerimus, lacessam (2), arcesso, capessebant

e) *Bilde parallel eine Tempusreihe in der 2. Person Singular Aktiv und Passiv, im Präsensstamm von* iuvare, movere, vincire, lacessere!

f) *Was wollte Dionysius dem Damokles mit dem Schwert deutlich machen? Was besagt demnach unsere Redewendung: Etwas hängt wie ein Damoklesschwert über einem?*

g) *Gib kurz den Inhalt des früheren Lesestückes wieder, in dem uns Dionysius bereits begegnete!*

S Als Tyrannen bezeichnete man ursprünglich einen Herrscher, der gewaltsam an die Macht gekommen war. Er wurde auch so genannt, selbst wenn er milde und ganz im Sinne des Volkes regierte. Erst später verstand man unter einem Tyrannen einen grausamen Gewaltherrscher. Dionysius hatte als Feldherr die Herrschaft über die Stadt Syrakus auf Sizilien errungen. Er lebte in ständiger Angst vor einem Aufstand gegen sich und suchte deshalb immer zu erfahren, was andere über ihn redeten und dachten. So erzählt man, daß er Verdächtige gefangennehmen ließ, in einer großen Grotte unterbrachte und deren Gespräche an der oberen Öffnung belauschte; denn die gute Akustik verstärkte das leiseste Geräusch.

An die griechische Besiedlung Siziliens erinnern noch heute zahlreiche Reste griechischer Bauwerke. Der abgebildete Tempel von Agrigent gehört zu den besterhaltenen Beispielen griechischer Baukunst.

22 3. Konjugation: v-Perfekt
Gr. 92. 1–4

H 1. Vēre agricolae frūmentum **serunt**.
2. Deī Graecōrum saepe discordiam **sēverant**.
3. Saepe deī proelia **dēcernēbant**.
4. Sīlēnus Midae praemium **dēcrēvit**.

L Gyges und sein Ring

Gyges olim regi Lydorum serviebat. Frumentum *serebat* et pastor[1] gregum regis erat. Multos annos in opere rustico *triverat*, pecunia non abundabat; vestis eius *trita erat*. Aliquando, cum *secretus* a pastoribus *esset*, medio in agro hiatum[2] *cernit*. Videt in illo hiatu equum aeneum[3]. Statim equo appropinquat.
5 In latere equi porta est. Eam Gyges aperit et corpus hominis mortui magnitudine ingenti videt. Anulum[4] pretiosum in digito eius *cernit*. Eum ipse induit[5]. Tum ad pastores rediit. Cum forte anulum ad palmam movisset, subito a pastoribus non iam visus est, ipse autem eos vidit. Sed rursus *cernebatur*, cum anulum in priorem[6] locum movisset. Tum Gyges *decrevit* munus servile *desi-*
10 *nere*. Sciebat enim se nunc potentem esse. Sed fas et nefas *discernere* non potuit. Auxilio anuli uxorem regis sibi conciliavit et Candaulem regem necavit. Postea Lydi a Gyge regebantur.

Ü a) *Benutze folgende Substantive zu einer kurzen Inhaltsangabe des Lesestücks:* Gyges, pastor, rex, in hiatu, equus, corpus, homo, in digito, anulus, a pastoribus, auxilium, Lydi

b) *Übersetze:* 1. Die Götter ließen nicht zu, daß(!) das Verbrechen des Gyges nicht bestraft wurde. 2. Nach vielen Jahren regierte ein anderer König die Lyder: er wurde Krösus genannt. 3. Er hörte nicht auf, seine Macht zu vergrößern (vermehren), und hatte vor, die Perser zu überwinden. 4. Der Gott in Delphi *(Deus Delphicus)* hatte den Boten des Krösus geantwortet: Wenn Krösus den Fluß Halys (Akk. *Halyn*) überschreiten wird (Fut. II), wird er ein großes Reich zerstören. 5. Dieser Fluß trennte Lydien vom Reich der Perser. 6. Als Krösus den Fluß überschritt, wurde sein eigenes° Reich zerstört.

---

[1] *pāstor, -ōris* der Hirte   [2] *hiātus, -ūs* die Kluft, der Spalt   [3] *aēneus, -a, -um* ehern
[4] *ānulus, -ī* der Ring   [5] *induit* er zieht an   [6] *prior, -ōris* früher

König Krösus auf dem Scheiterhaufen. Auf einer Vase aus der Etruskerstadt Vulci

c) *Zähle die fünf Möglichkeiten auf, nach denen der Perfektstamm gebildet werden kann. Welche findest du bei den Verben dieser Lektion?*

d) *Übersetze und verwandle das Präsens in das entsprechende Perfekt, Imperfekt in Plusquamperfekt, Futur in Futur II:* desinas, terebamus, seritur, sinerent, secernebantur, desinetis, sinis, tereretur, decernetur, secerni

e) *Übersetze folgende Formen: Die jeweils drittletzten Buchstaben dieser lateinischen Verben ergeben aneinandergereiht die letzte Verbalform, die du übersetzen sollst.*
du hast zugelassen, ihr werdet gesehen, sie werden aufhören, du hättest getrennt, sie unterschieden, sie hätten aufgebraucht, es wird gesät, ich werde aufgehört haben, du beschließt

f) *Fremdwörter:* Dekret, indiskret, Diskretion, Sekret, Sekretär

S Herodot berichtet, ein Orakel habe den Lydern geweissagt, daß die Götter die Tat des Gyges an seinem fünften Nachfolger rächen würden. Dieser hieß Krösus. Er war berühmt wegen seines unermeßlichen Reichtums. Auch heute noch nennt man jemanden, der sehr viel Geld hat, einen Krösus. Das Glück verließ den Krösus bald. Der Perserkönig Kyrus besiegte ihn und ließ ihn zur Hinrichtung auf einen Scheiterhaufen bringen. Als dieser schon brannte, kam plötzlich starker Regen auf und löschte das Feuer. Kyrus sah darin ein Zeichen der Götter und begnadigte den Krösus.

23 3. Konjugation: v-Perfekt
Gr. 92. 5–7

H 1. Homō aeger cibōs **spernit**.

2. Ab homine aegro cibī **sprētī sunt**.

3. Cum cibī nōn **suppeterent**, miserī auxilium ā deīs **petīvērunt**.

4. Miserī interdum mortem **appetunt**.

L Orpheus in der Unterwelt

Orpheus tam pulchra voce cantabat, ut omnia animalia eas regiones *peterent*, ubi Orpheus erat, ut eum audire possent. Aliquando Eurydica, uxor eius, morsu[1] serpentis[2] necata est. Cuncta animalia cum Orpheo mortem Eurydicae lugebant. Sed Orpheus solacium invenire non potuit. Cibum *sprevit*. Humi *stratus* a deis
5 auxilium *expetivit*. Postremo Tartarum adiit, ut ibi cantaret et vitam uxoris suae *repeteret*.
Cantu miro et misericordia commotus Pluto: „Precibus tuis", inquit, „indulgemus; sed cave, ne uxorem oculis tuis spectes, priusquam ad portam Tartari veneris!"
10 Eurydica arcessitur. Taciti Orpheus et Eurydica ad portam Tartari ibant. Sed Orpheus, cum gradus uxoris non audiret, de fide Plutonis dubitans ad Eurydicam re-spectavit. Statim Eurydica a Mercurio in Tartarum reportata est.

Ü a) *Fasse den Inhalt der drei Abschnitte des Lesestückes in jeweils einem Satz zusammen!*

b) *Übersetze:* 1. Nach dem Tode seiner Gattin verschmähte Orpheus die Liebe der Frauen. 2. Deshalb waren ihm die Dienerinnen des Gottes Bacchus feindlich gesinnt°. 3. Als sie ihn einmal trafen, gingen sie mit Steinen auf ihn los (*appetere* mit Akk.) 4. Gegen diese Menge reichten die Kräfte des Orpheus nicht aus; er wurde tödlich° getroffen (getötet). 5. Nun ging (wiederholte) er denselben Weg wieder° in die Unterwelt und traf dort Eurydike.

---

[1] *morsus, -ūs* der Biß   [2] *serpēns, -entis* die Schlange

c) *Übersetze und verwandle in die entsprechende Person des Plurals:* sprevisti, petivero, stratum est, appetivisses, suppetivit, repetiverim, expetiveras, trivi, desiit, satum erat, sivi, decreverit, secretum sit

d) *Bilde die dir bekannten fünf Infinitive zu:* spernere, sternere, petere

e) *Bilde die drei Partizipien zu:* sinere, terere, serere, decernere, appetere, spernere, sternere

f) *Erkläre:* Appetit, repetieren, Petition, Straße (aus *via strata*)

S Nach dem Glauben der alten Griechen kamen die Menschen nach dem Tod in die Unterwelt. Dort hausten sie als Schatten und gingen denselben Beschäftigungen nach wie im Leben. Eine Rückkehr zur Oberwelt war nicht möglich; denn ein dreiköpfiges Ungeheuer, der Höllenhund Zerberus, hielt an der Pforte Wache. Freundlich umwedelte er alle, die hineingingen, aber mitleidlos ließ er niemanden zurück. Lediglich bei Eurydike machte er eine Ausnahme. Durch die Weisen des Orpheus wurde sogar er so bezaubert, daß er sich friedlich vor seiner Höhle niederlegte. Viele Dichter und Musiker haben das Thema von Orpheus und Eurydike bearbeitet. Am bekanntesten wurden die Oper ‚Orpheus und Eurydike' von Ch.W. Gluck und die Operette ‚Orpheus in der Unterwelt' von J. Offenbach. Auch in der Malerei wurde das Thema ‚Orpheus und Eurydike' immer wieder behandelt. Ein modernes Beispiel ist die unten abgebildete Grafik von Gerhard Marcks.

24 3. Konjugation: v-Perfekt
Gr. 92.8–11

H 1. Multī hominēs magnam pecūniam **quaerunt.**
2. Polycratēs tyrannus magnam glōriam et honōrēs **quaesīvit.**
3. Dīvitiīs Polycratis invidia deōrum **lacessīta est.**

L Der Ring des Polykrates

Polycrates, rex Sami insulae, magnas divitias *conquisiverat*. Saepe arma *capessiverat* et bello gloriam *quaesiverat*. Aliquando Amasis, rex Aegypti, ad Polycratem venit, quod nuntio *arcessitus erat*. Polycrates enim societatem eius appetivit. Amasis cum cerneret fortunam amico nimis favere, timuit, ne invidia
5 deorum *lacesseretur*. Itaque Polycrates ex eo *quaesivit*, quid suaderet. Tum Amasis: „Immola deis rem pretiosam!" Ille paruit et anulum[1] aureum ex divitiis suis *exquisivit* et in mare iactavit.
Paulo post piscator[2] ad Polycratem venit et piscem apportavit; eum propter magnitudinem regi donavit. In ventre piscis autem ministri regis anulum aureum
10 reppererunt. Piscis enim cibum *requirens* anulum devoraverat. Nunc Polycrates sciebat sibi[3] perniciem instare; nam dei donum eius spreverant. Profecto brevi tempore fortuna eius mutata est. A rege Persarum *lacessitus* et proelio superatus est.

---

[1] *ānulus, -ī* der Ring   [2] *piscātor, -ōris* der Fischer   [3] *sibi* ihm

Ü a) *Beantworte lateinisch:* 1. Quis Polycrates erat? 2. Cur Amasis timuit, ne invidia deorum lacesseretur? 3. Quid Polycrati suasit? 4. Quomodo Polycrates huic consilio paruit? 5. Cur Polycrates timuit, ne sibi pernicies immineret? 6. Cur Polycrates iure perniciem timuerat?

b) *Übersetze:* 1. In alten Zeiten säten Tyrannen oft Zwietracht unter den Völkern. 2. Gegen (bl. Abl.) Lohn holten sie Soldaten benachbarter Stämme herbei. 3. Wenn die Streitkräfte ausreichten, ergriffen sie die Waffen und reizten andere Völker zum (durch) Krieg. 4. Durch Kriege suchten sie für° sich (Dat.) Ruhm und Ehren. 5. Mit großer Leidenschaft erstrebten sie Macht und Reichtum. 6. Viele Bürger suchten ihr° Heil in der Flucht.

c) *Ergänze den Erweiterungsvokal (,Bindevokal') und übersetze:*

quaer–s, conquir–ntur, access–ris, requir–te, lacess–remur, exquir–nto, capess–rent, cern–mini, ser–tur.

d) *Übersetze und bilde zu jeder Form des Präsensstammes den (im Genus) entsprechenden Infinitiv Präsens, zu jeder Form des Perfektstammes den entsprechenden Infinitiv Perfekt:*

lacessebantur, requiramus, exquireretur, capessiverunt, conquisitum est, arcesses, suppeterent, desierant, tritum est, spernentur, stravero.

▶ Wiederholungsstück **W 5, S. 146**

S Über das Schicksal des Polykrates berichtet uns auch Herodot. Wir erfahren, daß Polykrates einst von einem Statthalter des Perserkönigs Kyros unter einem Vorwand eingeladen wurde. Die Tochter des Polykrates hatte aber einen schrecklichen Traum, in dem sie sah, wie ihr Vater in der Luft schwebend von Zeus gewaschen und von Helios, dem Sonnengott, gesalbt wurde. Daher warnte sie ihren Vater, die Einladung anzunehmen. Dieser hörte aber nicht auf sie, ging hin und wurde von dem Statthalter ermordet. Sein Leichnam wurde ans Kreuz geschlagen. So erfüllte sich der Traum. Polykrates wurde von Zeus gewaschen, nämlich wenn es regnete, und von Helios gesalbt, nämlich wenn die Hitze den Schweiß aus seinem Körper trieb. Friedrich Schiller dichtete eine Ballade ‚Der Ring des Polykrates'. Herodot und Schiller bringen den Glauben jener alten Zeiten zum Ausdruck, daß die Götter neidisch sind und den vernichten, der zuviel Glück hat.

25 3. Konjugation: u-Perfekt
Gr. 92. 12

H 1. Graecī virīs clārīs statuās **pōnēbant.**
2. Statuae in forō **dispositae erant.**
3. A Spartiātīs puerī īnfirmī **exponebantur.**
4. Scrīptōrēs fābulās dē vītā Sīsyphī **composuērunt.**
5. Sīsyphus vītam mortī **anteposuit.**

L Der Tod war doch stärker

Sisyphus superbia deos lacessiverat. Ergo Iuppiter Mortem iussit Sisyphum ad Tartarum deportare. Sisyphus autem perterritus non est, sed Mortem vinxit. Itaque homines hoc tempore non obibant.
Postremo Mars Mortem adiuvit et vinculis liberavit. Sisyphus autem ad inferos
5 deportatus est. Sed ne ibi quidem spem salutis[1] *deposuit*. Sibi *proposuerat*, ut ad terram rediret. Itaque coniugem rogaverat, ne inferias[2] daret. Tum Plutonem precibus adiit: „Sine me ad coniugem redire eamque admonere, ut inferias det! Timeo enim, ne eas ex memoria *deposuerit*[3]." Profecto Pluto precibus eius indulsit.
10 Sisyphus autem non rediit. Itaque Mors iterum Sisypho appropinquavit et eum in Tartarum deportavit. Ibi Iuppiter ei hunc laborem *imposuit:* Eum iussit saxum ingens in cacumen[4] collis volvere[5]. Sed frustra laborat: Cum ad cacumen pervenit, saxum rursus devolvitur[6].
Numquam ei licet laborare desinere.

Ü a) *Fülle die Lücken zwischen Subjekt und Prädikat so aus, daß die Sätze eine kurze Inhaltsangabe des Lesestückes ergeben:*
1. Dei... lacessiti sunt. 2. Mors... deportatura erat. 3. Sisyphus... vinxit. 4. Mars... liberavit. 5. Pluto... sivit. 6. Sisyphus... deportatus est. 7. Iuppiter... iussit.

---

[1] *spēs salūtis* Hoffnung auf Rettung   [2] *īnferiae, -ārum* das Opfer
[3] *ex memoriā dēpōnere* vergessen   [4] *cacūmen, -inis* der Gipfel   [5] *volvere* wälzen
[6] *devolvitur:* er rollt herab

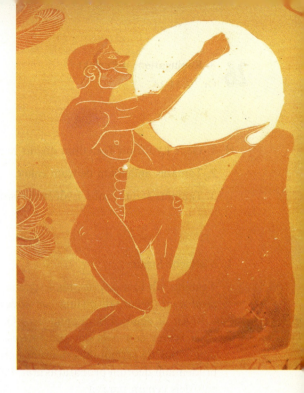

„Sisyphusarbeit".
Auf einer griechischen Vase aus dem 6. Jh. v. Chr.

b) *Übersetze:* 1. Eine harte Arbeit bürdeten die Götter den Töchtern des Danaus auf. 2. Einst hatten die Söhne des Ägyptus dem Danaus erklärt (dargelegt), daß(!) sie dessen Töchter liebten. 3. Danaus aber glaubte, daß(!) sie ihre° Hoffnung nur° auf (*in* mit Abl.) seinen Reichtum setzten. 4. Deshalb stellte er seinen Töchtern Belohnungen in Aussicht, wenn sie die jungen Männer töteten. 5. Die Töchter gehorchten dem Vater. 6. Die Götter aber straften sie: Sie stellten ein durchlöchertes Faß *(dolium perforatum)* auf° und beauftragten die Töchter, es immer wieder mit Wasser zu füllen (anzufüllen).

c) *Übersetze:* ponit, disponet, deponat, exposuerim, componere, proposuerat, posuistis, imposuissent, exponeremus, deponebat

d) *Verwandle die Formen von c) in das entsprechende Passiv!*

e) *Laß folgende Sätze von* constat *abhängen und setze sie in den AcI:*
  1. Viris claris statuae positae sunt. 2. Sisyphus numquam spem deposuit. 3. Iudices controversiam non composuerunt. 4. Rex vigilias per urbem disponet. 5. Scriptores mores Graecorum exponunt. 6. Omnibus mors proponitur.

f) *Erkläre:* Pose, komponieren, Kompott, deponieren, Depot, imponieren, exponiert, disponieren, Propst.

26   3. Konjugation: u-Perfekt
Gr. 92. 13–18

H 1. Gēns Lȳdōrum Tantalum dīvīnīs honōribus **colēbat**.

2. Tantalus amīcitiam deōrum **coluit**.

3. Tantalus salūtī gentis Lȳdōrum **cōnsuluit**.

L Vielfache Strafe

Tantalus, ab Iove *genitus*, rex Lydorum erat et omni studio ad salutem civitatis *incubuerat*. Securitati civium *consulebat* et ita civitatem *alebat*. Homines eum colebant ut deum. Etiam apud deos Olympum *incolentes* in tanto honore erat, ut ei liceret conviviis deorum interesse. Sed Tantalus a mente desertus est;
5 hominibus de sermonibus deorum narravit, cibos deorum raptavit. Postremo prudentiam deorum probaturus erat. Pelopem, filium suum, necavit et ex carne[1] eius deis cenam paravit.

Dei autem carne abstinuerunt praeter Cererem. Pelopem in vitam revocaverunt. Tum *disseruerunt*, quomodo Tantalus puniri posset. Poenam ex poena[2]
10 *seruerunt:* Tantalus in Tartarum iactatus est. Ibi medio in lacu stans sitim deponere non potest; nam aqua semper recedit[3]. Simili modo fame laborat. Poma enim ei super caput pendent, sed rami vento moti recedunt[3], cum Tantalus manus admovet. Praeterea saxum ingens super caput eius pendet, et Tantalus semper timet, ne necetur.

---

[1] *carō, carnis* das Fleisch   [2] *poena ex poenā* eine Strafe an die andere
[3] *recedere* zurückweichen

Ü a) *Ergänze den Hauptsatz:* 1. Quod Tantalus securitati consulebat, ... 2. Quod prudentiam deorum probaturus erat, ... 3. Cum deis ex carne filii cenam pararet, ... 4. Postquam dei disseruerunt, quomodo Tantalus puniri posset, ... 5. Tantalus quamquam medio in lacu stabat, ...

b) *Übersetze:* 1. Als Tantalus den Göttern das Fleisch *(caro, carnis)* seines Sohnes vorsetzte (setzte), aß (verschlang) nur (allein) die Göttin Demeter *(Ceres)* einen Teil der Schulter *(umerus, -i)*. 2. Sie sprach nämlich mit den Göttern immer über ihre° geraubte Tochter und war geistesabwesend (mit dem Geiste abwesend). 3. Die übrigen Götter sorgten sogleich für° das Wohl (Dat.) des Pelops. 4. Pelops verließ dann seine Heimat Lydien; er kam nach Elis *(Elis, -idis)* und bebaute dort die Felder. 5. Jenes Land wurde nach (*a* mit Abl.) dem Namen des Pelops Peloponnes *(Peloponnesus)* genannt.

c) *Übersetze und ersetze die Formen von* disputare *durch die entsprechenden von* disserere: disputemus, disputavistis, disputatur, disputabo, disputa, disputabuntur, disputari, disputans

d) *Bestimme und übersetze:* ali, alii, alui, incolite, incola, consilii, consului, consulam, consulem, consultum, consulum, geniti, genti, gigni, seret, serit, serui, servi, teram, terram, terret, teret, tritus, territus, conserent

e) *Unterscheide:* Homo aeger medicum consulit. – Medicus valetudini hominis aegri consulit.

f) *Ergänze den sinngemäß notwendigen Ausgang:*
   1. Deus salut- hominum consulit. 2. Nuntii regis oracul- Delphic- consulebant.
   3. Graeci de pugna de- consulebant.   4. Tantalus civ- consulebat. 5. Rex securitat- urbis consuluit.

g) *Erkläre:* Koalition, kultivieren, Kult, Kultur, Kolonie, konsultieren, Konsul, Serie, Deserteur, Dissertation, Inserat

h) *Was verstehen wir unter Tantalusqualen, Sisyphusarbeit und Danaidenfaß?*

▶ Wiederholungsstück und Test **W 6, S. 147**

S Schon in den ältesten Zeiten glaubte man, daß nach dem Tode darüber geurteilt werde, wie der einzelne gelebt habe. Nach den Vorstellungen der Griechen saßen in der Unterwelt auf einem Platz, wo drei Straßen zusammentrafen, drei Totenrichter über die neuangekommenen Toten zu Gericht. Die Toten, die fromm und gut gewesen sind, werden in das Elysium, den Ort der Seligen, geschickt, wo immer die Sonne scheint und Musik und Feste nie enden. Große Frevler, wie Tantalus, Sisyphus oder die Danaiden kommen in den von einer dreifachen Mauer umgebenen eigentlichen Tartarus und büßen dort ihre Vergehen. Merkmal der schweren Strafen ist, daß sie in einer völlig sinnlosen Tätigkeit bestehen, die nie ein Ende finden kann. Gerade darin liegt die Qual für den Büßenden. Wer weder gut noch schlecht war, wird in einen dritten Bereich gewiesen, wo es zwar ziemlich trostlos ist, den einzelnen aber keine besonderen Qualen erwarten.

27 3. Konjugation: p- und b-Stämme
Gr. 92. 20–22

H 1. Decimō ante Christum nātum saeculō hominēs **scrībere** iam poterant.
2. Homērus opera praeclāra **scrīpsit**.
3. Liber dē bellō Trōiānō ‚Ilias' **īnscrībitur**.
4. In hōc librō facta Achillis et aliōrum virōrum fortium versibus **dēscrīpta sunt**.
5. Graecī hominēs improbōs **prōscrībēbant**.

L Schönheitswettbewerb unter Göttinnen

Cum Thetis[1] Peleō[1], regi insulae Aeginae, *nūberet*, Iuppiter omnes deos deasque ad epulas invitavit praeter Discordiam. Ira permota mālum[2] ab ianua medium in concilium iactavit et deas ad controversiam lacessivit: „Pulcherrima"[3], inquit, „mālum capessat!"
5 Tres deae, Iuno et Venus et Minerva, inter se de praemio pulchritudinis certabant. Omnes mālum a Discordia *carptum* capessere studuerunt. Itaque Iuppiter imperat Mercurio, ut eas ad Paridem[4] deportet et iubeat eum arbitrum esse.
Paris praemia ab Iunone et Minerva exposita sprevit. Venerem pulcherrimam esse iudicavit. Ea enim spoponderat se Paridi Helenam, pulcherrimam omnium
10 mulierum, daturam esse.
Paris igitur iussu Veneris Helenam, uxorem Menelai, regis Lacedaemoniorum, raptavit et in urbem Troiam deportavit. Menelaus, cum Helena Paridi, filio regis Troianorum, *nupsisset*, copias *conscripsit*, auxilia arcessivit, denique bellum paravit.

Ü a) *Überlege:* 1. Cur Discordia ad epulas invitata non erat? 2. Quid deas ad controversiam lacessivit? 3. Cur Paris nomen Veneris appellavit? 4. Quis causa belli fuit? 5. A quo bellum Troianum descriptum est?

b) *Übersetze:* 1. Als Paris *(Paris, Paridis)* geboren war, wurde er auf einem hohen Berge ausgesetzt, damit er an (durch) Hunger zugrunde gehe (Impf.). 2. Ein Priester hatte nämlich vorausgesehen, daß(!) Paris Troja Verderben bereiten werde. 3. Viele Dichter haben den Streit der Göttinnen und das Urteil des Paris beschrieben.

---

[1] Göttin Thetis und König Peleus: Eltern Achills   [2] *mālum, -ī* Apfel
[3] *pulcherrimus, a, um* der, die, das Schönste   [4] *Paris, -idis* Sohn des Königs Priamus von Troja

4. Die von Homer verfaßten Verse beziehen sich auf *(ad)* den trojanischen Krieg selbst und den Groll (Zorn) des Achill. 5. Achill ließ die Griechen lange Zeit im Stich; Agamemnon nämlich hatte ihn herausgefordert.

c) *Übersetze:* 1. Dea mālum *(Apfel)* de arbore carpsit. 2. Femina viro nubit. 3. Iunonem Iovi nuptam esse scimus. 4. Librum ‚Ilias' inscriptum ab Homero poeta conscriptum esse putamus.

d) *Bilde zu folgenden Formen von* laudare *jeweils die entsprechenden von* monere, scribere, audire
1. laudas, 2. laudabitur, 3. laudemus, 4. laudate, 5. laudaverunt, 6. laudata sunt

e) *Übersetze:* 1. er hat den Krieg beschrieben 2. sie hatten Truppen ausgehoben 3. wir werden pflücken 4. das Buch wird betitelt werden 5. er sorgte für die Mutter 6. die Belohnung war in Aussicht gestellt

f) *Suche auf der Karte 1. Troia, die Heimat des Paris (Kleinasien!) 2. Sparta, die Heimat des Menelaos und der Helena (Peloponnes – Griechenland) 3. Mykene, die Stadt des Agamemnon!*

S Bei Ausgrabungen von Städten, die bei Homer erwähnt sind, hat sich Heinrich Schliemann besonders verdient gemacht. Als er sieben Jahre alt war, erzählte ihm sein Vater von Troja und den Kämpfen um diese Stadt. Der kleine Schliemann konnte nicht glauben, daß diese Stadt restlos zerstört sei und niemand wisse, wo sie stand. Seinem lächelnden Vater erklärte er: „Wenn ich groß bin, werde ich Troja finden." Fast 40 Jahre später begab sich Schliemann, inzwischen reich geworden, in die Türkei, um Troja zu suchen. Immer wieder las er die Ilias und suchte nach Hinweisen, wo Troja gelegen sein könnte. Er durchzog die ganze Gegend, die in Frage kam. Da stieß er auf einen Hügel und war überzeugt, Troja darunter zu finden. Mit etwa 100 Arbeitern fing er an zu graben. Jeder Tag brachte eine neue Überraschung. Zunächst fand Schliemann Waffen, Schmuck, Hausrat und Vasen. Dann entdeckte er, daß unter den ausgegrabenen Ruinen andere waren, unter diesen wieder neue. So fanden er und seine Mitarbeiter im Laufe der Jahre neun versunkene Städte. Erst nach seinem Tod erwies sich, daß die siebte von unten das von ihm gesuchte Troja war.

Schnitt durch den Hügel von Troja mit den verschiedenen übereinanderliegenden Schichten. Die Zeichnung versucht das Ergebnis der Grabungen aufzuzeigen.

28 3. Konjugation: s-Perfekt (c-Auslaut)
Gr. 92. 23–24

H 1. Scrīptōrēs quīdam **dīcunt** Homērum in Asiā nātum esse.
2. Venus **dīxerat** sē Paridī Helenam in mātrimōnium datūram esse.
3. Paris Helenam sēcum **dūxit**.
4. A Graecīs Trōiānīs bellum **indictum est**.
5. Graecī Agamemnonem rogāvērunt, ut exercitum in Asiam **trādūceret**.
6. Agamemnō cōpiās Graecōrum in aciem **prōdūxit**.

L Eine Göttin ist beleidigt

Reges et principes Graeciae *adductī sunt*, ut bello Troiano interessent. Cum copias unum in locum *condūxissent*, naves a Diana dea ventis adversis retinebantur. Agamemno, dux Graecorum, enim cervam[1] Dianae sacram violaverat, quamquam id *interdictum erat*.
5 Itaque Agamemno sacerdotes advocavit et consuluit, quomodo dea placaretur. Calchas[2] respondit deam placari non posse, nisi Iphigenia, filia Agamemnonis, immolata esset.
Sed pater se numquam filiam immolaturum esse primo *dīxit*; postea per Ulixem *inductus est*, ut Iphigeniam e domo matris *subduceret*.
10 Filiam, cum pater immolaturus esset, Diana dea per nubes in terram alienam *deduxit*. Ibi sacerdos Dianae erat.
Nunc Dianae deae placuit, ut Agamemno omnes naves Graecorum in Asiam *perduceret*.
Sed Clytaemnestra, uxor eius, irata erat, quod filiam necare paratus fuerat.

Ü a) *Beantworte lateinisch:* 1. Cur reges Graeciae copias unum in locum conduxerant? 2. Quis naves retinuit? 3. Cur Iphigenia immolata non est? 4. Cur Clytaemnestra irata erat?
b) *Übersetze:* 1. Da Menelaos abwesend war, konnte Paris dessen Gemahlin entführen (wegbringen). 2. Viele Schriftsteller sagen, daß(!) Helena mit ihrer Einwilligung *(sua sponte)* nach Asien hinübergebracht (hinübergeführt) worden sei. 3. Sie vermählte sich mit° Paris (Dat.) auf dem Schiff. 4. Als sich der Meeresgott Nereus

---
[1] *cerva Dianae sacra* eine der Diana heilige Hirschkuh
[2] *Calchās, -antis* ein Seher aus Mykene, der die Griechen nach Troia begleitete

Die sogenannte Maske des Agamemnon. Diese Totenmaske aus massivem Gold wurde im 14. Jh. v.Chr. für die Bestattung eines Adligen in Mykene hergestellt. Die Augen sind geschlossen, der Mund mit den schmalen Lippen fest zusammengepreßt, aber der Ausdruck ist doch lebendig.

aus den Wogen erhoben und Verderben angekündigt hatte, waren sie anfangs erschrocken (erschreckt werden). 5. Doch *(at)* dann gelangten sie ohne Gefahren in die Stadt des Priamos.

c) *Beachte Wortbildung und Bedeutung:* 1. dicere – dictator – Diktatur – diktieren – Diktat 2. indicere – indicare 3. interdicere – Interdikt 4. dicere – condicio 5. dicere – dedicare 6. ducere – dux – Duce – Doge 7. producere – Produkt – Produktion

d) *Übersetze:* 1. adductus sum 2. interdixi 3. inducti sunt 4. conduxerat 5. deduxi 6. traduxisset

e) *Unterscheide bei der Übersetzung die Komposita genau:*
1. Agamemno Iphigeniam ad mortem duxerat, sed Diana eam secum in terram alienam deduxit. 2. Diana ad misericordiam adducta est. 3. Agamemno naves et copias conduxerat. 4. Mālum *(Apfel)* discordiam in concilium deorum et dearum induxit. 5. Ulixes Agamemnonem ad suam sententiam perduxit.

f) *Lies in der Schul-Bibel (1 Mos. 22.1–19) die Geschichte von Abraham und Isaak nach und untersuche, aus welchem Grund Gott ein ähnliches Opfer von Abraham forderte wie Diana von Agamemnon! Vergleiche die Rettung Iphigeniens und Isaaks!*

29 3. Konjugation: s-Perfekt (h- und g-Auslaut)
Gr. 92. 25–27

H 1. Hector et Achillēs currū in pūgnam **vehēbantur**.
2. Equī currūs Hectŏris et Achillis **vēxērunt**.
3. Achillēs Hectorem necāvit et corpus dē currū **dētrāxit**.
4. Trōiānōs post decem annōs **afflictōs esse** scīmus.

L Göttinnen und Götter greifen in den Kampf ein

Novem annos Graeci cum Troianis iam frustra pugnaverant. Tum Achilles copias *contraxit*, ut omnium animos firmaret. Hector autem, princeps Troianorum, suos admonuit, ut cum Graecis pugnarent. Iuppiter ipse, rex deorum et hominum, deos deasque proelio non iam arcuit. Itaque dei et
5 deae pugnae intererant: Venus, Diana, Apollo, Mars socii Troianorum erant; Iuno, Minerva, Neptunus, Mercurius Graecos adiuvabant. Iuppiter ex Olympo pugnam observabat.
Quamquam Achilles Troianos *afflixerat*, Hectorem necaverat eiusque corpus circa moenia *traxerat*, expugnare Troiam eum dei vetabant. Apollo ipse eum
10 sagitta necavit.
Ulixes denique dolum adhibuit: Iussu Minervae in equo ligneo viros fortes occultavit. Equo inscripsit: „DANAI[1] MINERVAE DONO DANT." Profecto Priamus equum in arcem Minervae duci iussit, cum putaret Graecos in patriam abisse.
15 Cum Troiani noctu dormirent, milites ex equo exierunt, portarum custodes necaverunt, socios in urbem arcessiverunt. Sic Troia expugnata est.

Ü a) *Beantworte lateinisch:* 1. Cur Venus Troianos adiuvit? 2. Cur Iuno et Minerva Graecos adiuverunt? 3. Quis Hectorem, quis Achillem necavit? 4. Quis denique Troiam expugnavit?

---

[1] *Danaī, -ōrum* Danaer (andere Bezeichnung für Griechen)

Das trojanische Pferd: eine lebhaft bewegte Szene auf einem griechischen Vasenbild. Die Griechen verlassen das hölzerne Pferd innerhalb der Stadtmauern von Troja, teils springen sie, teils klettern sie auf Leitern zu Boden, während die Trojaner zu Fuß und zu Pferd den eingedrungenen Feind bekämpfen.

Mit den Besiegten verfuhr man damals sehr grausam: Alle Männer, die den Kampf um Troja überlebten und in die Hände der Sieger fielen, wurden getötet, Frauen und Kinder als Sklaven weggeführt.

b) *Übersetze:* 1. Als die Griechen die Trojaner im zehnten Jahre noch nicht bezwungen (niedergeschlagen) hatten, verlangten sie von Agamemnon die Heimkehr (Rückkehr). 2. Doch *(at)* Odysseus wurde von Athene beauftragt, die Truppen zusammenzuführen und an (*de* mit Abl.) ihre° Tapferkeit zu erinnern. 3. Mit List veranlaßte er die Feldherrn, daß sie ihre° Soldaten in den Kampf führten. 4. An diesem Tage kämpfte Menelaos mit Paris um (*de* mit Abl.) Helena und deren Reichtum. 5. Als Paris von Menelaos niedergeschlagen worden war, entzog ihn die Göttin Venus der Gefahr.

c) *Setze folgende Sätze ins Perfekt und übersetze sie:*

1. Currus per urbem vehitur. 2. Fames copias affligit. 3. Clade animi militum affliguntur. 4. Civitas metu affligitur. 5. Miles hosti scutum detrahit. 6. Dux magnam classem contrahit.

d) *Setze alle Sätze der Übung c) – im Präsens und Perfekt – in eine AcI-Konstruktion, abhängig von* constat!

e) *Übertrage folgende Zahlen in römische Ziffern:*

tres, septem, undecim, undeviginti, duodetriginta, quadraginta, sexaginta, centum, mille, duo milia

f) *Bilde die Tempusreihe mit deutscher Übersetzung zu:* 1. trahis 2. vehimur

30 3. Konjugation: s-Perfekt (g-Auslaut)
Gr .92. 28–29

H 1. Quis mundum **regit, rēxit, reget?**
2. Graecī mundum ā deīs **regī** putābant.
3. Deōs et hominēs ab Iove **rēctōs esse** Homērus nārrat.
4. Hominēs ā deīs admonitī cōnsuētūdinēs saepe **corrigēbant**.
5. Scrīptōrēs expōnunt mōrēs hominum dīvīnō auxiliō **corrēctōs esse**.

L Jeder Gott herrscht in einem bestimmten Bereich

Iuppiter, summus deorum, rex caeli et terrae, deus fulminum et tempestatis erat. Pluto, frater eius, inferos *regebat*. Neptunus, tertius fratrum, tridente[1] maria turbabat; raro e fluctibus *surgebat*. Iuno, soror et uxor fida Iovis, feminas *protegit*: Matribus et coniugibus manus *porrigit* et earum animos ad spem
5 *erigit*. Familias domosque *tegit*. Fraudes et insidias Iovis mariti saepe detexisse[2] Iunonem scimus.
Venus amica Paridis et Helenae erat. Eam a Troianis valde cultam esse constat.
Minervam, deam litterarum et artium, e capite Iovis patris *surrexisse* fabula est.
10 Cum olim cum Neptuno de Attica certaret, Iuppiter regionem illam Minervae dedit, quod in ea terra primam oleam[3] severat.
Minerva ibi urbem aedificavit et ex suo nomine Graeco ‚Athenas' appellavit.
Athenienses Minervam per multa saecula summis honoribus colere *perrexerunt*.

Ü a) *Übersetze:* 1. Nachdem die Menschen hervorgebracht waren, sorgten Prometheus und Athene für° sie (Dat.). 2. Sie lehrten die Menschen, Pferde zu lenken, Wunden zu heilen, die Lebensweise *(mores)* zu verbessern. 3. Von Jupiter erbat Prometheus das Feuer, damit er die Menschen ermutige (Impf.). Jupiter aber verweigerte es°.
4. Da brachte Prometheus das Feuer heimlich aus dem Olymp weg und reichte es den Menschen (dar). 5. Jupiter bestrafte den Prometheus schwer (mit einer schweren Strafe), als er den Betrug aufgedeckt hatte.

---

[1] *tridēns, -entis* der Dreizack   [2] *detegere* aufdecken   [3] *olea, -ae* der Ölbaum

Zur Strafe für seinen Ungehorsam wurde Prometheus an eine Säule gefesselt, und täglich fraß ein Adler von seiner immer wieder nachwachsenden Leber. Prometheus gegenüber steht sein Bruder Atlas, der auf seinen Schultern das Himmelsgewölbe trägt. Griechische Schale aus dem 6. Jh. v. Chr.

b) *Übersetze:* 1. Res publicae imperio populi regantur. 2. Homines probi bonis moribus reguntur. 3. Deus homines miseros erigit. 4. Homo ille impius in me maledicta (malus – dicere) dicere pergit. 5. Corpora nostra veste tegimus. 6. Mane e lecto surreximus et iter perreximus.

c) *Erkläre:* 1. regere – regieren – Regent – Regiment – Regime – Regie – Regisseur. 2. regere – direkt – Direktor – Direktion. 3. regere – rectus – recht. 4. regere – Region – regional – Regel. 5. corrigere – korrekt – Korrektor – Korrektur. 6. tegere – Decke – Deck – Ziegel – Toga. 7. detegere – Detektiv – Lügendetektor. 8. protegere – Protektion.

d) *Erstelle eine Tabelle, in die du jeweils den lateinischen und griechischen Götternamen und den Zuständigkeitsbereich einträgst! Nimm zunächst die Götter und Göttinnen des Lesestückes auf!*

Die Tabelle sieht so aus:

Lateinischer Name	Griechischer Name	Zuständigkeit
1. Iuppiter 2. ...	Zeus	Himmel/Erde/ Blitz/Donner

Ergänze die Tabelle durch Götter, die bisher vorgekommen sind! Führe die Tabelle auch in den folgenden Lektionen fort!

e) *Zeus bestraft den Frevel gegen Götter und deren Gebot unerbittlich hart. Du hast bereits viele Beispiele kennengelernt. Überlege, warum Tantalus, Sisyphus und die Danaiden bestraft wurden und worin die Strafen einander ähnlich sind!*

31 3. Konjugation: s-Perfekt (g-Auslaut)
Gr. 92. 30–34

H 1. Poētae fābulās **fingunt**.
2. Poētae multās dē Minervā fābulās **fīnxērunt**.
3. A poētīs multae dē Minervā fābulae **fictae sunt**.
4. Nārrant Minervam armīs **cīnctam** ē capite Iovis patris surrēxisse.
5. Athēniēnsēs multa simulācra Minervae **pīnxērunt**.
6. Tabulīs **pictīs** templa ōrnābant.

L Götter, die wie Menschen handeln

Dei Graecorum, ut iam scitis, *strictis* gladiis in proelium eunt. Deae de praemio pulchritudinis certant, amicitiam cum Paride adulescente *iungunt* eumque donis *obstringunt*. Venus et Thetis cum mortalibus viris matrimonio *coniunctae* filios mortales genuerunt. Iuppiter Herculem socium[1] sibi *adiunxit* et hoc modo
5 inimicos ingentes[2] afflixit.

Homines veteres, ut multi dicunt, metu et spe inducti deos sibi *finxerunt*. Itaque hostiis[3] deos placare studebant. A Neptuno petebant, ut tempestates maris arceret, a Plutone, ut mortuis propitius[4] esset, ab Iove, ut fulmina a domibus prohiberet.

10 Veteres deos hominibus similes, sed immortales, potentes, etiam crudeles esse putabant. Non amore, sed metu deos colebant.

Exemplum crudelitatis deorum hoc est: Prometheus homines ex humo *finxerat*. Tunc ignem e caelo subduxit et hominibus porrexit. Ab Iove maxima crudelitate punitus est.

---

[1] übersetze: als Bundesgenossen [2] die Giganten
[3] *hostia, -ae* das Opfer(tier) [4] *propitius, -a, -um* gnädig

Ü a) *Überlege:* 1. Cur homines veteres deos fingebant et colebant? 2. Cur deos hominibus similes esse putabant? 3. Qua re *(wodurch)* dei hominibus praestabant? 4. Quid interest *(Was ist für ein Unterschied)* inter deos veteres et deum Christianorum?

b) *Übersetze:* 1. Die alten Römer glaubten, daß(!) Jupiter alle Sterblichen durch Gesetze verpflichtet habe, ihm *(sibi)* zu dienen. 2. Jupiter war Schutzherr und Wächter des Rechts: In° dessen Namen (Abl.) schlossen (verbanden) sie Freundschaften, Ehen und Bündnisse. 3. Sie umgaben ihre Städte mit Mauern und hofften, daß(!) Jupiter selbst das Schwert gegen die Feinde ziehen werde. 4. Die Römer opferten den Göttern, damit diese wiederum etwas° gaben: „Ich gebe, damit du gibst."

c) *Übersetze:* 1. Natura fingit homines. 2. Regio mari cincta est. 3. Asia et Europa inter se iunctae sunt. 4. Amicitia coniungamur! 5. Illud adiunxi. 6. Beneficio obstringeris. 7. Gladius ne stringatur. 8. Artifex simulacrum Helenae pinxerat.

d) *Auf Deckengemälden in Kirchen findest du gelegentlich neben dem Namen des Künstlers und einer Jahreszahl die lateinische Form:* Pinxit,

z.B. Pinxit Udalricus anno post Christum natum millesimo septingentesimo duodenonagesimo in honorem Sanctorum Angelorum.

▶ **Wiederholungsstück W 7, S. 150**

S Die alten Völker hatten Angst, einen Gott bei der Verehrung zu vergessen; sie fürchteten nämlich, er werde sich rächen und ihnen Schaden zufügen. Wenn sie daher in die Fremde kamen und neue Götter vorfanden, erbauten sie auch diesem neuen Gott einen Tempel. Diesen Brauch pflegten vor allem die Römer. Auf ihren Eroberungszügen trafen sie immer wieder auf unbekannte Götter. Aus dieser Haltung heraus ist es auch erklärlich, daß die Römer ihre Götter denen der Griechen anglichen. So nannten sie z.B. Zeus Jupiter, Hera Juno, Athene Minerva, Poseidon Neptun, Ares Mars.

Die Göttin Minerva. Etruskische Bronzestatuette

32 3. Konjugation: s-Perfekt
Gr. 92. 35–41

H 1. Hominēs circā septuāgintā annōs **vīvunt**.
2. Ulixēs vīgintī annōs vītam miseram **vīxit**.
3. Rēs magnās **gessit**.
4. Glōria eius adhūc **exstīncta** nōn est, numquam **exstinguētur**.

L Odysseus in Todesgefahr

Graeci cum domos Troianorum *ussissent* et turres *exstructas* delevissent, in patriam redire decreverunt.
Classis Ulixis omnibus rebus *instructa erat*, cum in insulam Ithacam navigaret. Ulixes autem non in patriam venit, sed tempestatibus iactatus est. Tandem ad
5 Polyphemum Cyclopem[1], Neptuni filium, pervenit. Huic a sacerdote responsum erat, ut caveret, ne ab Ulixe caecaretur[2].
Polyphemus media in fronte unum oculum habebat et lacte carneque[3] *vivebat*. Etiam Ulixem eiusque socios devoraturus erat. Sed Ulixes eum vino complevit et se NEMINEM[4] vocari dixit. Deinde trunco[5] ardenti lumen oculi Polyphemi
10 *exstinxit*.
Sanguis lacrimis mixtus ex oculo *exstincto fluxit*. Dolore tortus Polyphemus ceteros Cyclopes arcessivit: „Venite, amici", inquit, „NEMO me necat."
Illi autem clamorem Polyphemi *contempserunt* inter se dicentes: „Cavete a Polyphemo! Amicos ab inimicis *distinguere* non potest. Saepe dolum in nos
15 *struxit*."

Ü a) *Beantworte lateinisch:* 1. Cur Ulixes viginti annos a patria aberat? 2. Quomodo Ulixes Troiam expugnavit? 3. Quomodo Ulixes Polyphemum punivit? 4. Cur Ulixes filium Neptuni ita vexavit? 5. Cur amici Polyphemum non adiuverunt?
b) *Unterscheide zwischen* urere – ardere *und übersetze:*
1. Ignis urit domos. Sol ussit herbas. Hostes naves usserunt. 2. Tecta ardebunt. Comites Ulixis desiderio ardebant.

---

[1] *Cyclōps, -ōpis* („Ringauge") einäugiger Riese   [2] *caecāre* (*caecus* blind) blenden
[3] *carō, carnis* das Fleisch   [4] *nēmō* niemand, Akkusativ: *nēminem*
[5] *truncus, -ī* der Stamm (eines Baumes)

Die Blendung Polyphems.
Griechische Vase aus Caere

c) *Übersetze und setze ins Perfekt:* 1. Polyphemus deos et homines contemnit. 2. Vera a falsis non distinguit. 3. Ulixes Polyphemo insidias (in-)struit. 4. Lacrimae ex oculis sociorum fluunt. 5. Quis gloriam Ulixis exstinguet?

d) *Übersetze:* 1. Odysseus hatte zehn Jahre Krieg geführt und Troja durch eine List erobert und (nieder)gebrannt. 2. Als er seine mit Beute ausgestatteten Schiffe ins Wasser gelassen (hinabgeführt) hatte, brannten die Gefährten vor° Sehnsucht (Abl.) nach° der Heimat (Gen.). 3. Sie wußten nicht, daß(!) sie niemals nach Hause zurückkehren würden. 4. Odysseus hatte den Gefährten oft befohlen *(imperare)*, daß sie dem Gott Neptun Altäre bauen sollten° (Impf.). 5. Aber Neptun beachtete ihre (deren) Bitten nicht.

e) *Übersetze und deute den Inhalt:* 1. Amore, more, ore, re iunguntur amicitae. 2. Qui *(wer)* pingit florem, non pingit odorem *(Geruch)*. 3. Sí rota *(Rad)* défueri̇́t, tú pede cárpe viám! 4. Littera scripta manet. 5. Verba docent, exempla trahunt. 6. Vitám regít fortúna, nón patiéntia. 7. Carpe diem!

f) *Erkläre:* 1. vivere – conviva – convivium – Konvikt 2. gerere – Geste – Register – agger 3. struere – Instruktion – Konstruktion – destruktiv

g) *Bilde Tempusreihen zu* 1. vivis 2. exstinguitur

S Mit Odysseus und Polyphem stehen sich Vertreter zweier ganz verschiedener Bereiche gegenüber. Der Kyklope Polyphem ist unkultiviert und menschenscheu und verläßt sich auf seine außergewöhnliche Kraft (,zyklopisch' bedeutet nach unserem Sprachgebrauch riesenhaft). Odysseus dagegen kommt auf die Insel der Kyklopen, weil er sie kennenlernen will. Als er die Gefahr von seiten des Polyphem erkennt, verläßt er sich ganz auf seine Schlauheit. Daß er den Polyphem überwindet, ist schließlich ein Sieg des Geistes über rohe Kraft.

33 3. Konjugation: s-Perfekt
Gr. 92. 42

H 1. Ad Ulixem saepe nūntius deōrum **mittēbatur**.
2. Ulixēs sociōs ē manibus Polyphēmī servātōs ad nāvem **mīsit**.
3. Facinus in Polyphēmum **commissum** ā Neptūnō pūnītum est.
4. Itaque iter Ulixis saepe **intermissum est**.

L Götter, Hexen und Nymphen

Ulixes in errore suo ad Circem, filiam Solis, pervenit. Haec viginti tres socios Ulixis in domum suam *admisit* et in sues¹ mutavit. Is socios *amissos* servare studuit; Mercurius de Olympo *demissus* ei auxilium *promisit* et monstravit, quomodo a Circe caveret. Gladio stricto Ulixes eam terruit et postulavit, ut
5 socios rursus in homines mutaret et *dimitteret*. Haec profecto verbis eius indulsit; compererat enim Ulixi a deis magnam potestatem *permissam* esse.
Sed Neptunus poenam Ulixi decretam nondum *remisit*. Nam cum post multas tempestates venti tandem *remisissent*, Ulixes vidit se navem omnesque amicos *amisisse*. Denique, ut alia *omittam*, solus in insulam Ogygiam navit. Ibi
10 nympham² convenit: Calypso amore commota Ulixem apud se retinebat. Ab illa amatus septem annos ibi mansit. Sed cum patriam desideraret, ratem paravit et iter periculosum perrexit³.

Ü a) *Überlege:* 1. Welche Beispiele von ‚Verwandlungen' sind dir bekannt? 2. Bei welcher Art von ‚Erzählungen' kommen diese ‚Verwandlungen' vor? 3. Warum überwindet Odysseus den Zauber? 4. Was ist deiner Meinung nach der Grund dafür, daß Menschen an Zauber glauben?

---

[1] *sūs, suis* das Schwein   [2] *nympha, -ae* Nymphe   [3] *pergere* hier: fortsetzen

Odysseus und die Sirenen. Griechische Vase aus der Etruskerstadt Vulci
Auf seinen Irrfahrten kam Odysseus an der Insel der Sirenen vorbei. Wer den Gesang dieser geflügelten Wesen hörte, wurde verzaubert. Um sicher an der Insel vorbeisegeln, den Gesang aber trotzdem hören zu können, verstopfte Odysseus die Ohren seiner Gefährten mit Wachs und ließ sich am Mast festbinden.

b) *Übersetze:* 1. Ulixes comites ad Circem misit, ut consilia eius explorarent. 2. Ulixi vitam suam commiserant. Numquam spem omiserunt. 3. Comites potestati Neptuni permissi patriam vitamque amiserunt. 4. Graeci oppugnationem Troiae numquam dimiserant. Nonnullae autem occasiones dimissae sunt. 5. Pugna saepe intermissa est. 6. Proelium ante Troiam commissum a multis scriptoribus antiquis describitur. 7. Praestato promissa! 8. Remitte poenam! 9. Admitte amicos ad consilium!

c) *Übersetze:* 1. Er wird schicken. 2. Führe die Tat aus! 3. Überlaß ihm die Macht! 4. Er hat die Soldaten entlassen. 5. Er unterbrach die Studien. 6. Wir hatten die Hoffnung aufgegeben. 7. Die Schmerzen hatten nachgelassen. 8. Der Mord ist begangen (ausgeführt) worden. 9. Er wird sein Leben verlieren.

d) *Bilde eine Tempusreihe: 1. von* studemus *und* mittimus 2. *von* monemini *und* mittimini 3. *von* delet *und* mittit.

e) *Erkläre:* Mission – Messe – Kommiß – Kommissar – Prämisse – Kompromiß

34 3. Konjugation: s-Perfekt
Gr. 92. 43

H 1. Ulixēs precibus nymphae **cēdēns** in īnsula mānsit.
2. Posteā Ulixēs ab īnsulā **cessit.**
3. Numquam ex animō nymphae **discēdet** memoria.

L Heimkehr – trotz Poseidons Groll

Ulixes postquam de insula nymphae *decessit*, vitam in fluctibus amisisset, nisi a dea quadam adiutus esset. Nudus et fessus postremo ad insulam Phaeacum[1] pervenit.
Nausicaa, regis filia, cum ancillis ab urbe *secesserat* et in ripa fluminis vestem
5 lavabat. Subito vir, foliis tantum tectus, e silva *processit* et auxilium ab ea petivit. Nausicaa primo perterrita est. Tum *concessit*, ut Ulixes *accederet*, et veste eum operuit.
Ulixes cum inter puellas usque ad portas urbis *incessisset*, domum regiam vidit. Nausicaa, ut quidam putant, hospitem adamavit et ad regem adduxit. Apud
10 eum Ulixes omnes errores suos exposuit. Rex eum multis donis instruxit et in patriam deduci iussit. Profecto nautae eum dormientem in insula Ithaca deposuerunt.
Ulixes cum in domo sua esset, multis cum periculis Penelopam, coniugem fidam, e manibus procorum[2] liberavit.
15 Cum Ulixes post multos annos de vita *decessisset*, Telemachus filius in locum patris *successit*.

Ü a) *Suche geeignete deutsche Märchen und überlege folgende Fragen:*
1. Welche Rolle spielt in anderen Märchen ‚die strahlende Königstochter'? 2. Vergleiche das ‚Paar' Nausikaa-Odysseus mit anderen vergleichbaren ‚Märchenpaaren'! Wie enden sonst Märchen? 3. Welches ‚glückliche Ende' nimmt dagegen das Schicksal des Odysseus? 4. Wer spielt hier in der griechischen Sage die Rolle der ‚guten Fee', die alles zum besten lenkt?

---

[1] *Phaeāces, -um* ein Märchenvolk auf der Insel Scheria   [2] *procus, -ī* der Freier, Bewerber

b) *Übersetze:* 1. Die Freier *(procus, -i)* schritten mit großem Stolz einher und hofften, daß(!) sie auf den Platz des Königs nachrücken würden. 2. Aber Penelope ging immer in einen abgelegenen *(abditus)* Teil des Hauses weg, um (damit sie) den Freiern nicht die Königsherrschaft in Ithaka zuzugestehen (Impf.). 3. Immer befahl *(iubere)* sie den Freiern (Akk.) wegzugehen, diese aber benahmen sich *(se gerere)* wie Herren. 4. Auch als Odysseus zurückkehrte (Plusqupf.), waren sie nicht bereit wegzugehen.

c) *Erkläre in einer Tabelle bei sämtlichen Komposita von* mittere *und* cedere *die Präfixe* a-, com-, di(s)-, inter-, per-, pro-, re-, ac-, de-, in-, se-, suc-

	von den Präpositionen	bedeutet als Präfix bei Verben
a	*a, ab* mit Ablativ	‚von-weg': amittere ‚weglassen' = verlieren
com(n)	von *cum* ...	‚mit'-,zusammen': committere
di(s)		

d) *Suche eine treffende Übersetzung:* 1. Senex non libenter a consuetudine discessit. 2. Numquam ex animo discessit illius viri memoria 3. Pauci ad summos honores processerunt. 4. Tempestate naves cursu decesserunt. 5. Imperator militibus praedam concesserat. 6. Horae cesserant et dies.

e) *Erkläre:* necesse, necessitas, Necessaire, Prozession, Konzession

S Einen Fremden als Gastfreund aufzunehmen galt im Altertum als selbstverständlich. Die gastliche Aufnahme bedeutete außerdem Schutz in einem fremden Land. Man schützte den Fremden, um gegebenenfalls einmal den gleichen Schutz zu erfahren. Wenn ein Fremder kam, wurde er in den Ehrensaal geführt. Man ließ ihn die Hände waschen und bewirtete ihn. Erst danach wurde er nach Namen, Herkunft und Zweck seiner Reise gefragt. Bei der Abreise beschenkte man ihn seinem Rang entsprechend.

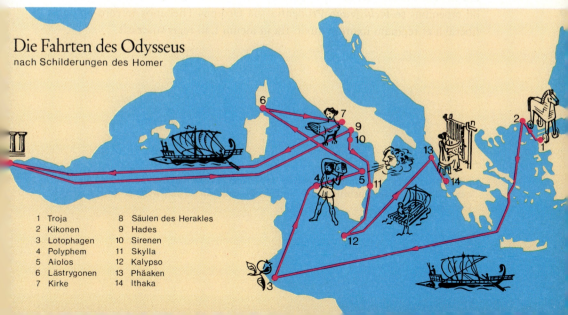

Die Fahrten des Odysseus
nach Schilderungen des Homer

1 Troja
2 Kikonen
3 Lotophagen
4 Polyphem
5 Aiolos
6 Lästrygonen
7 Kirke
8 Säulen des Herakles
9 Hades
10 Sirenen
11 Skylla
12 Kalypso
13 Phäaken
14 Ithaka

35 3. Konjugation: s-Perfekt
Gr. 92. 44–48

H 1. Scrīptōrēs veterēs docent: Fātō hominēs in miserōs et beātōs **dīviduntur**.

2. Fātō hominēs in miserōs et beātōs **dīvīsōs esse** scrīptōrēs veterēs putant.

3. Superbōs ē manibus deōrum numquam **ēvāsisse** audīmus.

L Ödipus – vom Schicksal verfolgt

Laios, der König von Theben, war mit Iokaste vermählt. Wegen eines Orakelspruches wollten beide ihren Sohn töten lassen. Der mit dieser Aufgabe betraute Diener aber hatte Mitleid mit dem kleinen Kind und übergab es einem Hirten aus Korinth. Dieser wiederum brachte es seinem kinderlosen König Polybos. Dort wuchs Ödipus heran, immer in der festen Überzeugung, Sohn des Königs von Korinth zu sein.

Oedipus adulescens cum inter ceteros fortitudine emineret, invidiam multorum excitabat. Unus ex iis, cum Oedipus inter epulas cenaret et potaret et *luderet*, bonam famam eius *laesit*: „Tu", inquit, „Polybi filius non es."
Adulescentem metus *invasit*, ne verba illa vera essent. Itaque oraculum Delphi-
5 cum consuluit. A deo comperit: „Patrem necabis, matrem uxorem duces." Cum timeret, ne Polybum necaret et matrem in matrimonium duceret, reditum in patriam sibi[1] *interclusum* esse putabat.
Cum ab oraculo discederet, ei senex in curru sedens obviam venit. Comites senis adulescentem de via decedere iusserunt. Quia Oedipus eorum verba
10 contempsit, viam *claudebant*. At Oedipus comites afflixit; senem de curru detraxit et necavit.
Ad urbem Thebas deinde venit. Ibi Sphinx[2] quaedam incolas terrebat. Itaque illi moenibus se *incluserant*. Prudentia sua Oedipus Thebanos terrore Sphingis liberavit et reginam uxorem duxit. Ita in locum Laii regis successit.

---

[1] *sibi* ihm [2] *Sphinx, Sphingis* Ungeheuer mit Mädchenkopf und Drachen- oder Löwenleib, quälte die Einwohner Thebens: Jeden Vorbeigehenden fraß sie auf, wenn er ihr Rätsel nicht lösen konnte.

Ödipus und die Sphinx.
Griechische Schale aus dem 5. Jh. v. Chr.

Ü a) *Beantworte lateinisch:* 1. Cur Oedipus ex urbe Corintho discessit? 2. Quid timuit? 3. Cur patrem necavit? 4. Quis erat regina Thebarum? 5. Cur Oedipus tanta scelera commisit?

b) *Übersetze:* 1. Die Sphinx war aus Ägypten in die Gegend Thebens eingedrungen und sperrte allen Leuten den Zugang in die Stadt ab. 2. Die Thebaner hatten das Tor geschlossen und beobachteten mit Schrecken und Angst, wer die Stadt befreie (Konj. Impf.) und als° erster dem Tod (Akk.) entkomme (Konj. Impf.). 3. Ödipus hatte von dem Elend der Thebaner gehört. Er glaubte, daß(!) er von den Göttern beauftragt sei, eine so große Tat auszuführen. 4. Er hoffte, daß(!) er die in Aussicht gestellte Belohnung gewinnen werde. 5. Die Schuld des Ödipus *(Oedipus, Oedipodis)* war damals noch° verborgen.

c) *Folgendes Rätsel gab die Sphinx dem Ödipus auf:*
Animal quoddam mane quattuor pedibus incedit, meridie duobus, vespere tribus.

d) *Übersetze:* 1. Sphinx Oedipodi viam interclusit. 2. Oedipus iniuria laesus est. 3. Regina claudi omnes portas iusserat. 4. Morbus incolas invadit. 5. Timore perterriti moenibus se includebant. 6. Fatum ludum insolentem *(übermütig)* ludit. 7. Regnum in duas partes dividitur. 8. Homines damnati in cruce pendebant.

e) *Übersetze und überlege den Sinn:*
1. Lúdit in húmanís divína poténtia rébus. 2. Divide et impera! *(röm. Spruch)*

f) *Erkläre:*
1. *dividere:* dividieren – Division – Individuum
2. *ludere:* Präludium – Illusion – illusorisch
3. *vadere:* Invasion – Vademecum
4. *laedere:* Kollision
5. *claudere:* Klause – Klausur – Kloster – Klosett – exklusiv – Klausel

36 3. Konjugation: s-Perfekt
Gr. 92. 49–54

H 1. Temporibus antīquīs hominēs damnati in crucem **fīgēbantur.**
2. Hominēs in crucem **fīxī** mox obībant.
3. Fātum animum Oedipŏdis **flexit.**
4. Necessitās Oedipodem **pressit.**

L Der König wird gestürzt

Oedipus in locum Laii regis successerat. Uxor ei quattuor liberos genuit. Civibus consulebat eorumque curas levabat. Quamquam omnes optabant, ut illud regnum maneret, Oedipus semper in timore erat, ne responsa Apollinis vera essent et tempore quodam implerentur.
5 Subito Thebanos morbus gravis invasit, mors multos incolas *oppressit*. Incolae hoc malo perterriti et iram deorum timentes hunc rumorem *dispergebant:* „Causa perniciei nostrae est nex regis inulta[1]."
Oedipus iterum oraculum consuluit et paulatim veritatem exploravit. Postremo repperit se ipsum patrem suum necavisse, suam matrem uxorem duxisse, Thebas
10 patriam servavisse, rexisse, afflixisse. Se omnibus deis invisum et infestum esse putavit.
Vi doloris et maeroris *oppressus* oculis se privavit[2], ne umquam scelera sua turpia spectaret.
Nomen Oedipodis in toto orbe terrarum *sparsum* est. Nam is hominibus
15 exemplum sortis humanae est:
Fata hominum in caligine[3] *mersa* sunt.

---

[1] *inultus, -a, -um* ungerächt, ungesühnt
[2] *prīvare aliquem aliquā rē* jemanden einer Sache berauben
[3] *cālīgō, -inis* der Nebel, die Nacht, das Dunkel

Ü a) *Beantworte lateinisch:* 1. Cur Thebani Oedipodem colebant? 2. Cur Oedipus oraculum iterum consuluit? 3. Cur Thebanos, ut putabant, morbus gravis invasit? 4. Quid sors Oedipodis homines docet?

b) *Übersetze:* 1. Die Alten glaubten, daß(!) sogar die Götter und Göttinnen von Schicksal und Notwendigkeit beherrscht (gedrückt) werden. 2. Herodot legt dar, daß(!) der Sinn (Gesinnung – Plural) stolzer Menschen oft durch Unglück und Leid gebeugt worden sei. 3. Manche Dichter schreiben: Ödipus war stolz, weil er die Sphinx, *(Sphinx, Sphingis)* überwältigt (unterdrückt) hatte. 4. Er brachte (streute aus) Glück und Unglück.

c) *Bilde Tempusreihen zu folgenden Formen und füge immer die deutsche Übersetzung bei:* 1. mitto 2. contemneris 3. instruitur

d) *Übersetze:* cedat, ussi, pinxisset, incedemus, laesi sumus, vivamus, affligeretur, ducentur, vecti erant, carpserim, surgent, contraxerat

e) *Übersetze:* 1. ich habe aufgedeckt 2. die Stadt wird umgeben 3. Freundschaften sind geknüpft (gebunden) worden 4. er wird beschreiben 5. laßt uns fortfahren 6. sie sind ermutigt worden 7. sie hätten befragt 8. der Hund ist gereizt worden

▶ **Wiederholungsstück und Test W 8, S. 151**

S Wie wir bereits erfahren haben, glaubten die Griechen, daß sie dem Schicksal und der Macht der Götter ohnmächtig ausgeliefert seien. Eine Bestätigung dieses Glaubens war für sie das Los des Ödipus. Die Dichter befaßten und befassen sich immer wieder mit Ödipus und stellen einmal eher die Allgewalt des Schicksals, einmal eher das Leid der Menschen, einmal die Schuld des Ödipus, einmal sein reines Wollen in den Vordergrund. Das bekannteste Drama über Ödipus schrieb der griechische Dichter Sophokles im 5. Jahrhundert vor Christus. Man findet es heute noch auf den Theaterspielplänen in aller Welt.

37 Relativpronomen
Gr. 58. 1

H 1. Animālia lupum timent; lupus ea urget.
Animālia lupum timent, **quī** ea urget.

2. Magister dē Phaedrō nārrat; ā Phaedrō multae fābulae fingēbantur.
Magister dē Phaedrō nārrat, **ā quō** multae fābulae fingēbantur.

3. Etiam Aesōpus fābulās nārrat; fābulīs dēlectāmur.
Etiam Aesōpus fābulās nārrat, **quibus** dēlectāmur.

4. Is, **quī** fābulās fingit, hominēs dēlectat.
Quī fābulās fingit, hominēs dēlectat.

5. Ea, **quae** nocent, docent.
Quae nocent, docent.

L Der Wolf und der Hund

Aliquando lupus, *qui* fame vexabatur, cani obviam venit. Canis pinguis[1], *cui* pellis decora erat, invidiam lupi excitavit. Canis autem, *quem* lupus ad misericordiam adducere studebat, primo ab eo decedebat. Lupus enim, *cuius* vitia canis non ignorabat, bestiis saepe nocuerat. Cum autem videret lupum viribus desertum
5 esse, ei appropinquavit.
Lupus rogat: ,,Quomodo aleris?" Tum canis cibos bonos enumerat, *quibus* a domino alitur. At lupus: ,,Ego, *qui* sum fortis, fame pereo. Mihi ades! Libera me illo malo, *quo* vexor." Atque canis: ,,Etiam venter tuus implebitur. Tibi eadem vita erit, si domino idem officium praestabis, *quod* ego praesto." ,,Quod[2]
10 officium?" inquit ille. ,,Custos esto domus, *quam* dominus meus possidet."
,,Ego sum paratus."
Lupus autem cum in itinere videret collum canis catena[3] detritum[4] esse, ex eo quaesivit: ,,Unde hoc, amice?" ,,Interdiu alligor", inquit canis. Ac lupus: ,,Tu iis rebus, *quas* laudas, delecteris; ego libertatem servituti antepono. Vale!"
15 Haec fabula docet, quam dulcis sit libertas.

---

[1] *pinguis, -e* fett   [2] *quod* hier: welche   [3] *catēna, -ae* die Kette   [4] *dētrītus* aufgerieben

Ü a) *Ergänze die entsprechende Form des Relativpronomens und übersetze:*

1. Canis, ... lupus obviam iit, invidiam eius excitavit. 2. Lupus, ... viribus desertus erat, canem imploravit, ut sibi (ihm) adesset. 3. Canis lupum fame, ... vexabatur, liberare paratus erat. 4. Lupus eadem officia, ... canis praestabat, explere paratus non erat. 5. Lupus vitam bonam, ... canis promisit, contempsit.

b) *Übersetze:* 1. Phädrus, der die Fabel über den Hund und den Wolf gedichtet (erdichtet) hat, erzählt auch folgendes (dieses): 2. Jupiter, den die Menschen und die Götter (ver)ehren, gab uns zwei Ranzen *(pera, -ae)*. 3. Denjenigen Ranzen, den er mit unseren eigenen° Fehlern anfüllte, tragen wir hinter dem Rücken. 4. Jener Ranzen, der mit fremden Fehlern angefüllt ist, hängt vor der Brust. 5. Deshalb sehen wir kaum die Fehler, die wir selbst (Nom. Pl.) haben.

c) *Ergänze das Relativpronomen*

1. Lupus adest, ... ovem devoraturus est. 2. Lupus adest, ... ovis timet. 3. Lupus ovi appropinquat, ... eum timet. 4. Lupus ovi appropinquat, ... devoraturus est. 5. Ovis, ... appropinquat, terretur.

d) *Setze* lupus *und* ovis *in der Übung c) in den Plural!*
Wie lauten jetzt die Relativsätze?

e) 1. *Woran erkennt man einen deutschen Relativsatz?*

2. *Wonach richtet sich das Relativpronomen in Numerus und Genus, wonach im Kasus?*

S Phädrus ist der bekannteste Fabeldichter der Römer. Er war Sklave des Kaisers Augustus und wurde dann von diesem freigelassen. Sein Geburtsdatum ist nicht bekannt. Er starb ungefähr um 60 n. Chr. Zum Teil übernahm er den Stoff für seine Fabeln von Äsop, einem Sklaven aus Phrygien, der in griechischer Sprache schrieb. Äsop lebte im 6. Jahrhundert v. Chr. Viele Fabeln des Phädrus sind auch heute noch sehr bekannt, so z. B. „Der Wolf und das Lamm", „Der Rabe und der Fuchs", „Der Wolf und der Hund", „Der Fuchs und die Trauben", „Der Fuchs und der Ziegenbock."

Der Dichter Äsop, umgeben von Gegenständen und Szenen aus seinem Leben und seinen Fabeln. Titelholzschnitt der sog. Ulmer Äsop-Ausgabe, die um 1476 erschien.

38 nemo – nullus – alter
Gr. 60. 4; 60. 4.1

H 1. **Nūlla** bēstia totiēns fābulīs dēscrībitur quotiēns lupus aut vulpēs.
2. **Alter** rapāx[1], **altera** callida est.
3. **Alter alterīus** auxiliō eget.
4. **Alter alterī** invidet.
5. Agnus **nūllī** bēstiae inimīcus est.

6. **Nēmō (nēmō sapiēns)** fābulās Phaedrī īgnōrat.
7. **Nūllīus** (poētae) fābulae mihi adeō placent.
8. **Nēminī** fābulae displicent.
9. **Nēminem** Phaedrus sine causā rīdet.
10. **A nūllō** fābulae Phaedrī vituperantur.

L Der Wolf und das Lamm

Temporibus antiquis *nemo* poeta erat, qui tot fabulas finxit, quot Aesopus aut Phaedrus. Iam scitis *alterum* lingua Graeca, *alterum* lingua Latina scripsisse. Phaedrus, *alter* ex iis poetis claris, hanc fabulam narravit:
Ad eundem rivum lupus et agnus venerant siti vexati. Superior[2] stabat lupus,
5 inferior[3] agnus. Praesentia[4] eius iram lupi excitavit. „Cur", inquit, „mihi potanti aquam turbavisti?" Agnus timens respondit: „*Nullo* modo tibi aquam turbare possum, nam aqua a te venit ad me!" At ille: „Ante sex menses", inquit, „me violavisti." Respondit agnus: „Illo tempore *nullae* controversiae inter nos esse poterant, nam nondum natus eram." „Sed pater tuus", ille inquit, „me violavit."
10 Deinde agnum, qui *neminem* umquam violaverat, captavit et devoravit.
Haec fabula propter illos homines scripta est, qui fictis causis innocentes opprimunt.

---

[1] *rapāx, -ācis* räuberisch [2] *superior, -ōres* hier: weiter oben [3] *inferior, -ōris* hier: weiter unten
[4] *praesentia, -ae* die Anwesenheit

Ü a) *Setze in die Lücke die jeweils passende Form von* nemo, nullus *oder* alter:

1. Phaedrus et Aesopus fabulas finxerunt; ... lingua Latina, ... lingua Graeca narrabat. 2. Lupus et agnus ad rivum venerant; scitis ... superiorem, ... inferiorem stetisse. 3. Agno ... controversia cum lupo fuerat. 4. ... violaverat. 5. ... re lupus prohiberi potuit, ne agnum devoraret.

b) *Dekliniere im Singular:*

1. nemo poeta. 2. nulla controversia. 3. alter pes.

c) *Übersetze folgende Wendungen:* 1. altera ex duabus causis 2. me ut alterum patrem amat 3. alter Mars 4. alter ego 5. altero aut tertio die 6. sine alterius auxilio 7. nemo alter 8. nemo ex tanto numero 9. nullo ordine incedere

d) *Nenne Pronomina, die wie* nullus *und* alter *den Genitiv auf* -ius *und den Dativ auf* -i *bilden!*

e) *Übersetze:* 1. Nicht allen gefallen die nämlichen Geschichten. 2. Ihr habt die Fabel vom Wolf und dem Lamm gehört; das eine Tier ist groß und stark, das andere klein und zart. 3. Gewisse Tiere sind sich feindlich (gesinnt). 4. Viele Tiere haben irgendwelche Waffen, mit denen sie andere abwehren können. 5. Derjenige, der niemandem schadet, ist unschuldig. 6. Wenn jemand irrt, belehre ihn!

39 3. Konjugation: Reduplikationsperfekt
Gr. 92. 56–57

H 1. Poētae laudēs et virtūtēs virōrum clārōrum **canunt**.
2. Aesōpus poēta laudem amīcī fīdī **cecinit**.
3. Mīles arcum **tetendit**.
4. Frūstrā contrā bēstiam feram **contendit**.

L Der Löwe und die Maus

Aliquando mures[1] ludentes forte leoni dormienti appropinquaverunt. Subito perterriti steterunt et oculos in eum *intenderunt*. At unus ex iis tam audax erat, ut ad caput leonis accederet. Leo, qui e somno excitatus erat, murem captavit; ceteri autem fuga salutem petiverunt. Mus miser, quamquam omnes vires
5 *contendit*, evadere non potuit. Tum mus leoni saevo dixit: „Aliquando etiam tu ope aliena egebis. Promitto me semper te adiuturum esse. Omnes curas in te *intendam*. Dimitte me!" Postquam mus hanc sententiam *ostendit*, leo risit, sed misericordia adductus ei vitam concessit.

Leo paulo post laqueo[2], quem venator nexerat, captatus est. Magna vi se
10 liberare *contendit*, sed frustra. Itaque leo amicos suos in auxilium advocavit; at nemo venit. Solus mus vocantem audivit eique affuit. Dentibus acribus laqueum perrosit[3].
Hac fabula *ostenditur* firmos quoque auxilio alterius egere.

Ü a) *Ordne die Satzhälften von I und II so zusammen, daß eine kurze Inhaltsangabe des Lesestückes entsteht:*

I

1. Mures postquam leonem e somno excitaverunt, 2. Leo autem eum murem captavit, 3. Mus promisit, 4. Leo quamquam promissis muris fidem non habuit, 5. Cum leo laqueo venatoris captatus esset.

II

a) qui ad caput eius accesserat. b) mus eum liberavit.
c) ei vitam concessit. d) fuga salutem petere contenderunt.
e) se omnes curas in leonem intenturum esse.

---

[1] *mūs, mūris* m. die Maus   [2] *laqueus, -ī* die Schlinge   [3] *perrōdere* zernagen

b) *Übersetze:* 1. Ein Fuchs, der an Hunger litt, richtete seine Augen auf vortreffliche Trauben *(uva, -ae)*. 2. Obwohl er sich mit allen Kräften anstrengte, konnte er die süße Speise nicht pflücken. 3. Die Vögel, die auf den Bäumen saßen, beobachteten den Fuchs und verlachten ihn°. 4. Da hörte er auf, um *(de)* diese Beute zu kämpfen. 5. Weggehend sagte er: „Saure (bittere) Trauben mag ich nicht (verschmähe ich)."

c) *Übersetze:* 1. Manum ad caelum tetendit. 2. Summa contentione ad finem laborum pervenies. 3. Contra vim morbi contende! 4. Mentem in fugam intendet. 5. Dentem medico ostendisti. 6. Poeta carmen cecinit. 7. Imperator se populo suo ostenderat.

d) *Setze die Wendungen von c) in den Plural!*

e) *Ersetze die Partizipien durch einen Relativsatz:*
 1. Oves in prato cibum quaerentes a lupo perterritae sunt. 2. Venator lupum cibum quaerentem necat. 3. Fabulis a Phaedro narratis delectati sumus. 4. A poetis fabulas fingentibus saepe de lupo narratur. 5. Nominate alia animalia fabulis descripta!

f) *Setze zum Substantiv die entsprechende Form von* nullus:
 1. ... vulpis 2. ... vi 3. ... arbori 4. ... periculum 5. ... modo 6. ... re

40 3. Konjugation: Reduplikationsperfekt
Gr. 92. 58–59

H 1. Avis cibum rōstrō **tangit.**
2. Avis cibum rōstrō **tetigit.**
3. Agrīcola fessus sub arbore **sistit.**
4. Agricola fessus sub arbore **stetit.**
5. Homo numquam spērāre **dēsistit.**
6. Hominēs numquam spērāre **dēstitērunt.**

L Der Frosch und die Maus

Mus[1] in prato habitabat, quod *attingebat* flumen. Victus eius in granis[2] *consistebat*. Cum aliquando nulla iam inveniret, e latebra[3] exiit et consilium iniit in altera ripa fluminis victum quaerere. Sed cum transire non posset, *institit* et opem a rana[4] petivit. Illa auxilium promisit et murem ad pedem sibi alligavit.
5 Mus autem, cum corpore undas *tangeret*, timore adductus ranam imploravit, ut ad ripam redire contenderet. Ea autem ab incepto non iam *destitit*. Medio in flumine rana promissum non servavit, sed murem in aquam mergere paravit. Lacrimis et precibus muris *restitit*; timore eius *tacta non* est.
Sed etiam ranae non *contigit*, quod optaverat. Dum enim mus omnes vires
10 contendit, ut ranae persuaderet, milvus[5] appropinquavit. Ita non solum mus praeda avis fuit, sed etiam rana in-fida.
Cum bellum *exsistit* inter duos, tertius delectatur.

---

[1] *mūs, mūris* m. die Maus   [2] *grānum, -ī* das Korn   [3] *látebra, -ae* der Schlupfwinkel
[4] *rāna, -ae* der Frosch   [5] *milvus, -i* der Falke

Ü a) *Beantworte lateinisch:* 1. Cur mus e latebra exiit? 2. Ubi institit? 3. A quo opem petivit? 4. Quid rana temptavit? 5. Cur ranae non contigit, quod optaverat? 6. Quid haec fabula docet?

b) *Ergänze das passende Verbum im Plusquamperfekt:*

1. Pratum fluvium . . . 2. Mus e latebra . . . 3. Cum ad ripam . . ., ranam spectavit. 4. Corpore aquam . . . 5. Rana ab incepto non . . . 6. Medio in fluvio rana . . .

c) *Übersetze:* 1. Im Winter trat (stellte sich) einmal eine Grille *(cicada, -ae)* neben eine Ameise *(formica, -ae)*. 2. Sie sagte: „Dein Lebensunterhalt besteht aus (*in* m. Abl.) guten Speisen, ich aber leide an (durch) Hunger. 3. Erlaube mir°, daß(!) auch ich deine Speisen berühre!" 4. Die Grille hörte nicht auf, die Ameise zu bitten; dennoch gelang es ihr nicht, sie (Dat.) zu überreden (daß sie überredete). 5. Die Ameise antwortete: „Wenn du im Sommer gesungen hast, tanze im Winter!"

d) sistere *kommt von* stare. *Bilde nebeneinander von beiden Verben jeweils die 2. Person Singular Aktiv des Präsensstammes!*

e) *Übersetze:* ihr habt berührt, mir war es gelungen, es war berührt worden, stelle dich hin, wir widerstanden, es möge entstehen, ich werde aufhören, du hast gespannt, sie hätten gesungen, laßt uns zeigen, ihr eilt.

f) *Setze jeweils das Demonstrativpronomen und das Relativpronomen ein und achte darauf, daß beide im selben Fall wie das Substantiv stehen, z. B.* eae fabulae, quae

1. . . . fabulas, . . . narro 2. in . . . flumine, . . . 3. ad . . . ripam, . . . 4. . . . auxilium, . . . 5. . . . pedis, . . . 6. . . . virium, . . . 7. . . . dolori, . . . 8. . . . prata, . . .

41 3. Konjugation: Reduplikationsperfekt
Gr. 92. 60–62

H 1. Agricola arborem **caedit.**
2. Agricola arborem **cecĭdit.**
3. Arbor **caesa** in terram **cadit.**
4. Arbor **caesa** in terram **cécĭdit.**

L Pferd und Esel

Asinus[1] et equus in potestatem agricolae duri *ceciderant*. Aliquando agricola eos, qui saccis[2] gravibus onerati erant, in forum longinquum agitabat. Onus equi autem non tam grave erat quam onus asini.
Cum aestus intolerabilis[3] exsisteret, asinus fatigatus constitit et equum oravit,
5 ut partem oneris sui portaret. Equus autem respondit: ,,Tibi non adero! Nullum umquam laborem, nullam operam in me *impendisti*. In morbum *incidam*, si tantum onus portabo."
De hac sententia equus non destitit et ostendit se paratum non esse comitem adiuvare. Iter perrexerunt[4], alter onere gravi exhaustus, alter commodo suo
10 laetus. Subito asinus *concidit*. Postquam *occidit*, agricola omnibus saccis, qui ab asino portati erant, equum oneravit. Et ille lugens: ,,Nunc poenas pro stultitia[5] *pendo*. Nam mea culpa comes *occisus est*. Nunc onus duplex porto."

---

[1] *asinus, -ī* der Esel   [2] *saccus, -ī* der Sack   [3] *intolerābilis, -e* unerträglich
[4] *pergere* hier: fortsetzen   [5] *stultitia, -ae* die Dummheit

Ü a) *Suche lateinische Adjektive, die die Eigenschaften und die jeweilige Lage des Esels und des Pferdes zum Ausdruck bringen!*

b) *Übersetze:* 1. Als Schnee *(nix, nivis)* gefallen war, suchte der Wolf Nahrung im Dorf. 2. Ein Lamm fürchtete, daß es in den Hinterhalt des Wolfes gerate (Impf.). 3. Deshalb wandte es alle Kräfte auf für *(in mit Akk.)* die Flucht. 4. Schließlich eilte es in einen Tempel. 5. Der Wolf stellte sich vor dem Zugang hin und rief: „Du wirst sicher *(certe)* getötet werden (3. Konj.); denn hier werden sie dich den Göttern schlachten (fällen)." 6. Das Lamm entgegnete: „Ich ziehe diesen Tod jenem vor."

c) *Vergleiche den Bedeutungsunterschied von* pendēre *und* pendĕre *und bilde von den beiden Verben nebeneinander die Formen der 3. Person Plural des Aktivs im Präsensstamm!*

d) *Bilde nebeneinander die 2. Person Singular Aktiv des Perfektstammes von* cedo *und* caedo!

e) *Beachte die Betonung und übersetze:* 1. Nix *(Schnee)* cecidit. 2. Sol occidit. 3. Veteres hominem improbum lapidibus ceciderunt. 4. Miles hostem sua manu occidit. 5. Miles in bello occidit. 6. De equo cecidi.

f) *Auf welche Zahlen kannst du bei folgenden Ausgängen schließen?*
-gesimus (-cesimus), -centesimus (-gentesimus), -centi (-genti), -ginta (-ginti), -ies.

▶ **Wiederholungsstück W 9, S. 154**

42 3. Konjugation: Reduplikationsperfekt
Gr. 92. 63–66

H 1. Mīlitēs per viās urbis expūgnātae **cucurrērunt.**

2. Hostēs incolās ē domibus **pepulērunt.**

3. Cīvēs ex urbe **dēpulsī** sunt.

L Äneas auf der Flucht

Cum Troia arderet, Aeneas media nocte hoc somnium[1] vidit: Hector occisus ei apparuit, metum *depulit:* „Propera", inquit, „ad litus et porta penates Troiae in terram alienam!" Subito clamore militum pugnantium somnus *expulsus* est.
Cum vidisset Graecos nemini *parcere*, cum patre, coniuge filioque fuga salutem
5 petivit. Custodes *fefellerunt* et ad litus pervenerunt.
Subito Aeneas Creusam uxorem ex-clamare audivit: „*Succurre* mihi!" Sed miseriam ab ea *repellere* non potuit, nam coniugem ex oculis amiserat. Per campos *cucurrit*, sed Creusam uxorem frustra quaerebat. Subito ei imago Creusae *occurrit* et dixit: „Di hic me retinent. Tu post multos errores[2] in Italiam
10 pervenies et alteram mulierem in matrimonium duces."
Paulo post ad Aeneam tristem multi *concurrerunt*, qui a Graecis occisi non erant. Eos Aeneas *impulit*, ut arbores caederent et naves aedificarent. Tum e patria *pulsi* nova domicilia quaerebant.

Ü a) *Verwende folgende Verben zu einer kurzen Inhaltsangabe des Lesestückes:*
apparere, currere, fuga salutem petere, videre, occurrere, dicere, retinere, pervenire, quaerere

b) *Übersetze:* 1. Nachdem Äneas und dessen Gefährten aus der Heimat vertrieben worden waren (Perf.), gelangten sie nach langen Irrfahrten (Irrtümern) nach Sizilien. 2. Sie suchten Nahrung, um (damit sie) den Hunger zu vertreiben (Impf.). 3. Da begegnete ihnen ein alter Mann (Greis), den einst Odysseus im Stich gelassen hatte, und rief: 4. „Lauft zur Küste! Denn hier wohnt Polyphem. Er wird niemandem Schonung gewähren." 5. Als sie Polyphem schon schreien hörten, ruderten sie (stießen sie) die Schiffe sogleich aufs hohe Meer hinaus.

---

[1] *somnium, -ī* der Traum   [2] *error, -ōris* hier: Irrfahrt

Äneas trägt seinen Vater Anchises aus dem brennenden Troja. Terracotta-Statuette aus Veji

c) *Die Verbformen sind zusammengesetzt aus Stamm, Tempus- bzw. Moduszeichen und Endung. Bei bestimmten Formen ist auch ein Erweiterungsvokal vorhanden. Zerlege folgende Formen in diese Bestandteile und übersetze sie:*
concurrunt, pellamus, expellemini, parcerem, succurrite, depellebaris, fallitur, repelles, occurrebant, currens

d) *Übersetze:* oppido succurramus, incolae e patria pulsi sunt, vim vi repellimus, ad res iniustas impelleris (2), undique ex agris concurrunt, hostes templis parcebant, este parci, spem patris fallet

e) *Setze die Formen von d) in den Indikativ Perfekt!*

f) *Erkläre:* Kurier, Kurs, Exkursion, Konkurs, Konkurrenz, Puls, pulsieren, Impuls, Propeller, falsch

S Aus dem Lesestück könnt ihr entnehmen, daß dem Traum im Altertum besondere Bedeutung beigemessen wurde. Man glaubte in den frühesten Zeiten, daß eine Gottheit durch den Traum dem Menschen eine Botschaft überbringe. So erschien die Göttin Athene vielfach dem Odysseus im Traum und gab ihm Weisungen, wie er sich künftig verhalten solle. Wenn die Menschen nicht in der Lage waren, sich den Inhalt eines Traumes zu erklären, gingen sie zu Traumdeutern. Diese versuchten vielfach, aus den Träumen die Zukunft vorauszusagen.

In unserer Zeit ist man der Ansicht, daß Träume hauptsächlich unsere Wünsche und Ängste bildhaft zum Ausdruck bringen. Die Deutung der Träume kann zur Heilung seelisch kranker Menschen beitragen.

43 3. Konjugation: Reduplikationsperfekt
Gr. 92. 67

H 1. Iuppiter ōrāculum **ēdidit** Aenēam in Italiā urbem **conditūrum** esse.
2. Trōiānī verbīs Iovis **crēdēbant**.
3. Aenēae patria numquam **reddetur**.
4. Aenēās Polyphēmō occurrit, quem Ulixēs miserum **reddiderat**.

L Äneas gelangt nach Karthago

Cum Aeneas comitesque eius iam sperarent se mox in Italiam perventuros esse, Iuno, inimica Troianorum, Aeolum oravit, ut Aeneam *perderet*. Neptunus autem Troianis fluctibus oppressis succurrit. Mare statim placidum *reddidit*.
Tum Troiani ad litus Africae navigabant. Cum timerent, ne incolae eius orae
5 vim adhiberent, in silvas se *abdiderunt*. Ibi Venus in virginem mutata eis occurrit et narravit incolas hanc regionem Didoni reginae *vendidisse*. Addidit Didonem ibi urbem Carthaginem *condidisse*; eam erga hospites benignam esse dixit.
Troiani his verbis *crediderunt* et in urbem Carthaginem ierunt. Ibi se suaque
10 omnia Didoni *tradiderunt*. Mox Venus Amorem, filium suum, ad Didonem misit; optavit enim, ut in amorem Aeneae[1] incideret. Cum etiam Aeneas Didonem amaret, Iuppiter Mercurium misit, ut Aeneam de oraculo admoneret. Maestus Aeneas Didonem deseruit et ex urbe Carthagine cessit. Dido se tristitiae et doloribus *dedidit*. Vergilius poeta *prodit* eam gladio Aeneae se occidisse.

[1] *Aenēae* hier: zu Äneas

Ü a) *Beantworte lateinisch:* 1. Quis Aeneam perdere in animo habebat? 2. Quomodo Neptunus Troianis succurrit? 3. Quo Troiani pervenerunt? 4. Quis Carthaginem condidit? 5. Cur Aeneas Didonem deseruit?

b) *Übersetze:* 1. Durch einen Sturm wurden die Schiffe der Trojaner wieder° nach Sizilien getrieben (zurückgestoßen). 2. Die Männer gaben sich dort dem Vergnügen (Pl.) der Wettkämpfe hin°. 3. Die Frauen aber waren traurig; denn sie glaubten, daß(!) eine Irrfahrt (Irrtum) an die andere gereiht (eine Irrfahrt der Irrfahrt hinzugefügt) werde. 4. Da riet ihnen Juno: „Vernichtet die Schiffe durch Brand, bleibt hier und gründet eine Stadt!" 5. Die Frauen gehorchten, Jupiter aber löschte das Feuer durch Regenschauer aus. 6. Er wünschte, daß Äneas in Latium eine neue Heimat gründe (Impf.).

c) *Welche Besonderheit fällt dir bei der Perfektbildung der Komposita von* dare *im Gegensatz zu der bei den Komposita von* currere *und* pellere *auf?*

d) *Gib die Bedeutung des Präfixes an bei:*
condere, concurrere, dedere, depellere, edere, expellere, reddere, repellere, addere, tradere

e) *Übersetze und verwende dann statt des Relativsatzes ein lateinisches Partizip:*
1. captivi, qui dediti sunt 2. poetae, qui libros edunt 3. rex, qui urbem condet 4. servus, qui pecuniam reddit 5. civitas, quae perdita est 6. homines, qui famae credunt 7. homo caecus, qui a comite ductus est

f) *Erkläre:* Tradition, addieren, Credo, Kredit

g) *Suche Karthago auf der Karte und berechne die Länge der Strecke, die Aeneas auf seinen Fahrten von Sizilien dorthin und wieder nach Sizilien zurückgelegt hat!*

h) *Warum haßte Juno die Trojaner?*

44 3. Konjugation: Perfekt mit abgefallener Reduplikation
Gr. 92. 68–71

H 1. Glōria Aenēae numquam **tollētur**.
2. Tempestāte perterritus Aenēās manūs ad deōs **sustulit**.
3. Voluntāte Iovis amor Aenēae et Dīdōnis **sublātus est**.

L Äneas wagt sich in die Unterwelt

Aeneas comitibus imperavit, ut ancoras[1] *tollerent*; mox naves aquas *scindebant*. Cum ad urbem Cumas[2] pervenirent, Aeneas antrum[3] Sibyllae vatis iniit. Oravit, ut a Sibylla ad inferos deduceretur.
Cum Tartarum inirent, umbrae terribiles eis occurrerunt: Luctus, Curae, Morbi,
5 Senectus, Fames, Metus, Egestas. Aeneas timore permotus gladium strinxit, sed frustra, quod eae formae sine corpore erant.
Tum flumini Acheronti[4] appropinquaverunt; Charon[5] eos traduxit. Ibi Didonem viderunt; vestis eius *scissa* et vulnus adhuc recens erat. Dolore *perculsa* aspectum Aeneae vitavit. Postremo Anchises, pater Aeneae, eis apparuit, sed
10 secedebat, cum Aeneas eum manu attingere temptaret. Interea Aeneas amnem vidit, circa quem innumerabiles homines erant. Anchises filio dixit: „Animae eorum sunt, qui ad vitam novam in corpora redibunt. Ex amne oblivionem *bibunt*, ut memoria vitae pristinae *tollatur*." Tum Anchises Aeneam et Sibyllam ad exitum deduxit.

---

[1] *ancora, -ae* der Anker   [2] *Cūmae, -ārum* Stadt bei Neapel   [3] *antrum, -ī* Höhle
[4] *Acherōn, -ontis* Fluß in der Unterwelt   [5] *Charōn, -ontis* Fährmann über den Acheron

Ü a) *Ordne die passenden Begriffe zusammen:*

1. Anchises   a) Fährmann in der Unterwelt
2. Tartarus   b) Vater des Äneas
3. Acheron   c) Stadt am Eingang zur Unterwelt
4. Sibylla   d) Unterwelt
5. Charon   e) Fluß in der Unterwelt
6. Cumae   f) Seherin

b) *Übersetze:* 1. Erschüttert sah Äneas, daß(!) unzählige Menschen beim Acheron *(ad Acheronta)* zusammenliefen. 2. Sie erhoben (hoben auf) die Hände und baten den Charon *(Charon, -ontis)*, dessen Kleidung schmutzig *(sordidus)* und zerrissen war, daß er sie (Refl.) hinüberführe (Impf.). 3. Charon wies alle ab, die nicht bestattet *(humare)* worden waren; diese mußten 100 Jahre an den Ufern (umher)irren. 4. Die Alten glaubten, daß(!) die Schatten in das Leben zurückkehren, wenn sie Blut trinken (Konj. Impf.).

c) *Übersetze: (Die Anfangsbuchstaben der lateinischen Verben ergeben die Bezeichnung für die Unterwelt)*
sie werden aufheben, wir hatten hinzugefügt, es wird eingerissen, beseitige, es ist verborgen worden, ihr hättet abgewiesen, ich würde verbrennen, du hast zerrissen.

d) *Bilde sämtliche bisher gelernten lat. Infinitive zu:*
erschüttern, beseitigen, einreißen, gründen, vertreiben

e) *Übersetze:* 1. Troiani vi bellorum perculsi sunt. 2. Troiani e patria expulsi sunt. 3. Dei spem Troianorum fefellerunt. 4. A Troianis urbs conditur. 5. Animae mortuorum ex Acheronte oblivionem bibunt. 6. Aeneas numquam sibi pepercit. 7. Romani Aeneam honoribus sustulerunt.

f) *Laß die Sätze aus e) abhängen von:* poetae tradunt

▶ **Wiederholungsstück und Test W 10, S. 155**

S   Da die Römer über die älteste Geschichte Roms keinerlei Überlieferungen besaßen, brachten sie später die graue Vorzeit ihrer Stadt mit der Zerstörung Trojas (1080 v. Chr.) in Verbindung, indem sie Äneas auch nach Italien gelangen ließen. Hier stieß er auf König Latinus, der ihm Wohnsitze in Latium zuwies und ihm seine Tochter Lavinia zur Frau gab. Sein Sohn und Nachfolger Iulus gründete dann in den Albanerbergen Alba Longa, die spätere Hauptstadt Latiums. Die beiden letzten Könige aus dem Geschlecht des Äneas hießen Numitor und Amulius (S. 98). Mit ihnen beginnt die eigentliche Gründungssage Roms.

45 Komparativ
Gr. 45; 46; 47

H 1. Italia **longior** est quam Graecia.
2. Caelum Germāniae **asperius** est quam caelum Italiae.
3. Vīta Rōmānōrum **pulchrior** erat quam vīta Germānōrum.
4. Germānī exercitū **celeriōre** Rōmānōs interdum superābant.
5. Hiemibus **ācriōribus** cōpiae Rōmānōrum valdē vexābantur.
6. Tacitus scrīptor vītam **fēlīciōrem** Germānōrum laudat.
7. Vīta Germānōrum **egentior** fuit quam vīta aliōrum populōrum.
8. Graecōs **doctiōrēs** fuisse quam Rōmānōs putāmus.
9. **Quō fortior** vir Rōmānus erat, **eō celebrior** erat.

L Italien, die Heimat des Romulus

Numitor[1], rex Albanorum, ab Amulio, fratre *audaciore* et *superbiore*, e regno expulsus erat. Ut ab omnibus insidiis caveret, Amulius etiam Romulum et Remum, nepotes Numitoris, modo[2] genitos, in Tiberi flumine exposuit. Aqua fluminis tunc *altior* erat et campos inundaverat[3]. Cum autem fluctus Tiberis
5 sedati essent, pueri in alveo[4] impositi in sicco remanebant.
Sed Mars pater pueris *tenerioribus* lupam[5] misit, ut eos aleret. Cum ea iterum atque iterum ad pueros veniret, Faustulus pastor pueros invenit et secum duxit.
Cum *firmiores* essent, crebris certaminibus vires auxerunt, ut cum pastoribus
10 bestias feras a gregibus arcerent. Remus *prudentior*, Romulus *fortior* et *acrior* erat quam aequales.

Ü a) *Beantworte lateinisch:* 1. Quis olim rex Albanorum fuit? 2. Cur Amulius nepotes Numitoris exposuit? 3. Quomodo pueri infirmi e periculo servati sunt? 4. Quis eos educavit?

---

[1] *Numitor, -ōris* Nachkomme des Äneas   [2] *modo* eben, erst   [3] *inundāre* überschwemmen
[4] *alveus, -ī* der Korb   [5] *lupa, -ae* die Wölfin

Drei Szenen der römischen Gründungssage auf einem Altarrelief.
Nachdem du im Lesestück die Sage kennengelernt hast, kannst du die Szenen beschreiben. Die liegende Figur in der mittleren Szene soll den Flußgott *Tiberis* darstellen.

b) 1. *Schreibe alle Komparative aus H und L heraus und bilde dazu Wortstock und Positiv!*
   2. *Welche Stellen werden im Deutschen im Komparativ wiedergegeben?*
   3. *Wo ist eine Übersetzung mit ‚zu', ‚ziemlich', ‚etwas', ‚ein wenig' vorzuziehen? Begründe das!*

c) *Bilde zu folgenden Adjektiven mündlich den Wortstock und schreibe dann den Komparativ im Nominativ Singular Maskulinum und Neutrum:*

   acerbus, praeclarus, paratus, creber, pulcher, liber, integer, celeber, brevis, gravis, constans, ingens, sapiens, doctus, dives, insignis

d) *Bilde zu folgenden Positiven die in Kasus, Genus und Numerus entsprechende Komparativform:*

   feroci (2), divite, utilium, audacis, fortibus, nobiles, celebris (Nom.), celeber, crebrarum, insigne, aspera (2), gratos, foedum (2)

e) *Übersetze:* 1. Remus war tapfer, Romulus war noch tapferer. 2. Nach den Regenschauern war der Fluß breiter als vorher. 3. Je länger die Flüsse sind, desto breiter sind sie meist. 4. Rom war schöner als viele andere Städte. 5. Lange waren die Römer mächtiger als die übrigen Völker. 6. Die Herrschaft war oft zu grausam. 7. Ohne Freunde ist das Leben ziemlich traurig.

f) *Die Albaner waren Bewohner der Stadt Alba Longa, der ältesten latinischen Stadt, in den Albanerbergen gelegen. Suche auf der Italienkarte die Landschaft ‚Latium' und die Stadt Alba Longa! Stelle fest, wie weit sie von Rom entfernt war!*

46 Superlativ
Gr. 48 und 49

H 1. Alba Longa **antīquissima** urbs Latiī erat.
2. Urbs **brevissimō** tempore ab Ascaniō aedificāta est.
3. Rōmulus **celeberrimus** rēx Rōmānōrum erat.
4. **Difficillimum** est rēs antīquās dēscrībere.
5. Nē **doctissimī** quidem omnia possunt scīre.
6. **Permultī** sē omnia scīre putant.
7. Vel **sapientissimus** interdum errat.
8. Rēgēs **quam lātissimōs** fīnēs regere student.
9. Romulus et Remus **longe firmissimī** erant.

L Numitor wird wieder König

Romulus et Remus adulescentes *acerrimī* erant. Viribus corporis et acie animi ita ceteris praestabant, ut omnes pastores libenter illis parerent.
Aliquando latrones *atrocissimī* in greges Faustuli invaserunt. Fratres *ferocissimī* eos fugaverunt et in agros Numitoris venerunt. Remus ab eius pastoribus
5 vinctus eique ad supplicium traditus est. Numitor avus Remi et Romuli erat, sed ignorabat.
Statim Romulus cum *fortissimīs* comitibus fratri *carissimō* succurrebat. Sed interea Numitor, cum Remum in custodia haberet, compererat geminos fratres suos nepotes esse. Remum matri *simillimum* esse invenit. Hoc modo Remus e
10 periculo servatus est.
Tum Romulus cum manu iuvenum ad Amulium contendit, a quo Numitor e regno expulsus erat. Ille a Romulo precibus *humillimīs* petebat, ut sibi[1] parceret. Sed is Amulium occidit et regnum Numitori, viro *iustissimō*, reddidit.

[1] *sibi* ihm

Ü a) *Überlege:* 1. Cur Remus Numitori traditus est? 2. Cur Romulus et Faustulus timuerunt, ne Remus supplicio gravissimo puniretur? 3. Cur Romulus et Remus Amulium occiderunt?
b) *Ordne folgende Adjektive nach ihrer Superlativbildung in drei Gruppen:*
   1. *Bildung des Superlativs vom* **Wortstock** *aus mit dem Suffix* -issimus, a, um
   2. *Bildung des Superlativs vom* **Nominativ Singular Maskulinum** *mit dem Suffix* -rimus, a, um

3. *Bildung des Superlativs vom **Wortstock** aus mit dem Suffix* -limus, a, um
facilis, egens, acerbus, piger, foedus, improbus, certus, pulcher, levis, celeber, durus, celer, humilis, gratus, nobilis, difficilis, atrox, similis, aeger, simplex, constans, dissimilis, potens, crudelis, dulcis, turpis, gravis, tristis, audax, pauper, acer, iustus

c) *Bilde von allen Adjektiven der Übung b) die Komparative und Superlative im Nominativ Plural Maskulinum!*

d) *Übersetze:* 1. In den ältesten Zeiten war das Leben der Bauern sehr hart. 2. Es konnte nur° aufrecht erhalten werden *(sustinere)*, wenn die Ungerechtesten und Trägsten nicht den Lohn der Arbeit anderer raubten. 3. Deshalb belegten (bestraften) die Alten diejenigen, die Feldfrüchte oder Tiere geraubt hatten, mit den härtesten Strafen. 4. Nicht einmal der Gerechteste kann in° Frieden (Abl.) leben, wenn der Nachbar böse ist. 5. Denn es ist schwer, Armut zu ertragen, es ist schwerer, Neid zu ertragen, es ist am schwersten, Ungerechtigkeit zu ertragen.

e) *Übersetze:* 1. Via brevissima non semper celerrima est. 2. Fortuna saepe sub tectis humillimis habitat. 3. Romulus, fortissimus omnium pastorum, Amulium occidit. 4. Tiberis flumen longissimum est. 5. Quis res celeberrimas gessit? 6. Templa pulcherrima spoliata sunt.

S Der hölzerne Pflug mit primitiver Pflugschar zeigt, daß die Bauern den Boden nur sehr oberflächlich bearbeiten konnten. Die Ernten waren daher nicht sehr groß, zumal häufig Dürre und Überschwemmung die Saaten vernichteten. So ist es auch erklärlich, daß der Diebstahl von Feldfrüchten hart bestraft wurde.

Die mitabgebildete Lanze macht deutlich, daß die römischen Bauern infolge der zahlreichen Eroberungsfeldzüge häufig gezwungen waren, ihr Ackergerät mit der Waffe zu vertauschen.

47 Besonderheiten der Komparation
Gr. 50. 1

H 1. Amūlius **minor**, Numitor **maior** frātrum erat.
2. Amūlius Numitōrem, virum **optimum**, ē rēgnō expulit.
3. Numitor ab Amūliō, frātre **peiōre**, ē rēgnō expulsus est.
4. Nēmō umquam facinora **pessima** rēgum probābit.
5. **Plūrimī** nesciunt Rōmulum et Remum ab Amūliō expositōs esse.
6. Numitor multum, Remus **plūs**, Rōmulus **plūrimum** apud populum valuit.

L Der Streit der Brüder

Romulus et Remus *maximo* cum gaudio ad pastores redierunt. Postea fratres in eo loco, ubi expositi educatique erant, urbem condiderunt.
Subito Romulus cum Remo *summo* studio de regno contendit. Romulus optavit, ut contentio armis finiretur et *melior* fratrum rex urbis novae esset. Sed Remus
5 fratri acriori persuasit, ut auspicia adhiberentur.
Postquam in colle constiterunt, caelum observaverunt. Romulus denique *plures* aves vidit quam Remus.
Sic Romulus, auspicio victor, urbem nominavit Romam et indixit, ne quis murum transsiliret[1], quem circum urbem duxerat. Sed ridens Remus murum
10 *minimum* transsiluit.
Ira commotus Romulus eum occidit his increpans verbis: „Sic omnes hostes Romae peribunt."
Tamen Romani Romulum virtutis exemplum dedisse putabant.

---

[1] aus *trans-salire*

Stadtgründungen wurden bei den Etruskern und Römern unter feierlichen Zeremonien vorgenommen. Das Relief zeigt diese heilige Handlung: Ein Priester zog mit einem mit einer Kuh und einem Stier (Symbole der Fruchtbarkeit und Abwehr) bespannten Pflug eine Furche und legte die Erdschollen nach der Stadtseite. Die Furche bezeichnete den Verlauf des Grabens, die Schollen den der künftigen Mauer. Dort, wo die Tore sein sollten, trug man den Pflug über die Torbreite.

Ü a) *Fasse den Inhalt des Lesestückes durch Ergänzung der folgenden Sätze zusammen:*
1. Fratres in eo loco, ubi ..., urbem Romam condiderunt. 2. Romulus optavit, ut contentio ... finiretur. 3. Remus optavit, ut ... sedaretur. 4. Romulus vetuit Remum ... 5. Remus occisus est, quod ... 6. Romani Romulum praedicabant, quod ...

b) *Ordne den Komparativ zum entsprechenden Positiv, ergänze den Superlativ und übersetze:*
1. multum 2. magnus 3. parvus 4. multi 5. bonus 6. malus
a) melior b) plures c) maior d) peior e) minor f) plus

c) *Übersetze:* 1. Romulus summus et primus omnium Romanorum erat. 2. Prioribus temporibus Romulus ut deus colebatur. 3. Fratres contentionem superiorem auspicio, contentionem supremam gladio finiverunt. 4. Hac de causa hora suprema Remi cito venit. 5. Ad ultimum diem vitae pervenit.

d) *Übersetze:* 1. Die alten Städte wurden meist in fruchtbaren *(frugifer, -era, -erum)* Ebenen *(ebenen Plätzen)* gegründet. 2. Die größeren Völker vertrieben die kleineren Stämme aus ihrer° Heimat und nahmen die besseren Felder in Besitz (besetzten). 3. Im Staat selbst besaßen wiederum° die besten und reichsten Bürger den fruchtbaren Boden; den Armen wurden die schlechteren und kleineren Felder überlassen. 4. Sehr viele Kriege verwüsteten das Land; sie schadeten den Bauern am meisten.

e) *Viele Orte haben auch wie Rom eine ‚Gründungssage'. Weißt du eine? Gibt es für deinen Heimatort eine Gründungssage?*

48 3. Konjugation: Dehnungsperfekt
Gr. 92. 73 und 74

H 1. Acerba fāta hominēs **agunt**.
2. Acerbum fātum etiam Rōmulum **ēgit**.
3. Rōmulus urbem novam in potestātem suam **redēgit**.
4. Multae gentēs ā Rōmānīs **subāctae** sunt.

L Eine Stadt ohne Frauen

Postquam Romulus Romam condidit, incolae pauci erant. Itaque etiam latrones et eos homines, qui in suis civitatibus leges contempserant, in urbem *coegit*. Cum autem viri uxores non haberent, legatos ad vicinas gentes misit et per eos societatem conubiumque *exegit*. Legati mandata *peregerunt*, sed nemo precibus
5 eorum paruit. Sabini dixerunt ridentes: „Cur non feminas in exsilium *actas* ex silvis et agris in urbem *cogitis*? Id enim par est conubium."
Romulus necessitate *coactus* decrevit, ut Romani dolo feminas in dicionem suam *redigerent*. Ludos paravit; indici deinde finitimis spectaculum iussit. Profecto multi Sabini convenerunt cum feminis et puellis.
10 Cum tempus spectaculi venisset, Sabini oculos animosque intendebant ad ludos. Tunc Romani subito in hospites invaserunt et virgines raptaverunt.
Sic necessitas Romanos *subegit* fidem *frangere*.

Ü a) *Überlege:* 1. Quales homines Romulus primo in urbem coegit? 2. Cur Sabini conubium non praebuerant? 3. Quomodo Romulus feminas in urbem arcessivit?

b) *Übersetze:* 1. Nachdem die Römer die sabinischen Mädchen in ihre Gewalt gebracht hatten, trieben sie deren Väter und Brüder aus der Stadt. 2. Die Mädchen aber heirateten dieselben Männer (Dat.), die die Treue gebrochen hatten. 3. Fern von *(procul a)* der Heimat vollendeten sie ihr Leben. 4. Von Furcht und Liebe gezwungen, gehorchten sie den Gesetzen und Sitten eines fremden Volkes. 5. Deren Söhne unterwarfen später mit Gewalt sehr mächtige und sehr große Völker.

c) *Übersetze:* 1. Romani multos annos in armis exegerunt. 2. Iuvenes annum duodevicesimum agentes ad arma vocabantur. 3. Victores gentes vi subactas in pacem coegerunt. 4. Milites aciem hostium frangere saepe coguntur. 5. Hostis audaciam Romanorum fregit.

d) *Bilde eine Tempusreihe zu* 1. agis 2. frangitur

e) *Übersetze:* bibisti, perculsus est, coacti sunt, pepercisset, expelles, fefellistis, fractum erat, dedideras, redacti sunt, subegerunt, venditum est, exegero, prodidisset.

f) *Suche auf der Landkarte das Gebiet der Latiner, Sabiner, Umbrer!*

S Die Etrusker bildeten keinen großräumigen Staat, sondern gründeten zahlreiche Stadtstaaten, die politisch selbständig blieben. Diese wurden von mächtigen Adelsgeschlechtern mit einem König an der Spitze regiert.

Später breiteten sich die Etrusker auch im Norden in der Poebene und im Süden in Latium und in Kampanien aus. Zur Sicherung der Herrschaft wurden überall neue Städte angelegt. So schlossen sie auch die von Latinern bewohnten Bauerndörfer auf den 7 Hügeln unweit der Tibermündung zu der Stadt Rom zusammen, umgaben sie mit Wall und Graben und errichteten eine Königsburg.

Auf die etruskischen Gründer weist noch heute der Name der Stadt hin. *Ruma* ist wohl der Ort der Rumilier, eines uralten, später ausgestorbenen etruskischen Adelsgeschlechts. Also hat der Gründer Roms *Romilius* oder *Romulius* geheißen; das ist natürlich der Romulus der Sage, nur daß dieser kein Latiner, sondern Etrusker war.

49 3. Konjugation: Dehnungsperfekt
Gr. 92. 75 und 76

H 1. Temporibus antīquīs adulēscentēs saepe virginēs ā patribus **ēmērunt**.
2. Sabīnae virginēs ā parentibus **dīremptae** uxōrēs Rōmānōrum erant.
3. Rōmānī ex virginibus Sabīnīs uxōrēs **sūmpsērunt**.
4. Apud Līvium scrīptōrem **lēgimus** virginēs Sabīnās ā Rōmānīs raptātās esse.
5. Rōmulus perīculum bellī **neglēxit**.
6. Quis nōn **intellegit** pācem magnum bonum esse?

L Die Sabiner schwören Rache

Virgines Sabinae senserunt se e manibus Romanorum evadere non posse. Sed patres et fratres earum bellum paraverunt. Censebant enim eas auro a Romanis *redimi* non posse. Praeterea sperabant se Romanis regnum *adempturos esse*.
Romani interea urbem muris firmis cinxerant et in id opus ingentem laborem
5 *consumpserant*.
Sabini cum viros *electos* armavissent, cum exercitu ad moenia urbis accesserunt. Tarpeia virgo quaedam Romana extra arcem aquam hauriens ab hostibus captata est. Dux Sabinorum anulum[1] aureum *prompsit* eique donavit et persuasit, ut exercitum in arcem Romae perduceret. Hoc modo urbs expugnata
10 est. Copiae Romanorum extra urbem fugae se dederunt. Iam Sabini clamaverunt: ,,Superavimus in-fidos hospites. *Demamus* virginibus nostris iugum servitutis!"
Sed a Romanis statim novus imperator *delectus* est pro rege Hostilio, qui in pugna ceciderat. Ille brevi tempore copias ex fuga *collegit*. Iam proelium
15 atrocissimum impendebat.
Sed mulieres maritos suos iam *dilexerunt*. Itaque Romanos et Sabinos rogaverunt, ut pacem iungerent. Sic inter eos pax convenit.

---

[1] *ānulus, -ī* der Ring

Ü a) *Ergänze folgende Sätze aus dem Inhalt des Lesestückes:*
1. Virgines a parentibus diremptae intellexerunt se ... 2. Sabini sperabant ...
3. Sabini decreverunt virginibus servitutem ... 4. Mulieres ... postremo dilexerunt et ...

b) *Übersetze:* 1. Tarpeia nahm von den Sabinern einen goldenen Ring *(anulus)* und führte deren ausgewählte Truppen auf die Burg der Römer. 2. Obwohl sie ihre Mitbürger schätzte, sah sie, durch das Geschenk verleitet, nicht ein, daß(!) sie eine große Gefahr übersehe (vernachlässige). 3. Als sie mit den Sabinern auf die Burg gelangt war, nahmen ihr die Römer das Geschenk weg, trennten sie von den Truppen der Feinde und töteten sie.

c) *Alle neuen Verba der Lektion 49 gehen auf zwei Verba simplicia zurück. Wähle aus den folgenden Verben die beiden simplicia und die Verben aus, die kein Dehnungsperfekt bilden!*
sumo, neglego, dirimo, eligo, diligo, adimo, colligo, lego, redimo, intellego, deligo, demo, consumo, emo

d) *Setze die ausgewählten Verben ins Perfekt und übersetze sie ins Deutsche!*

e) *Übersetze:* 1. Livius scriptor multum tempus in litteris consumpsit. 2. Romulus urbi sedem idoneam *(geeignet)* elegerat. 3. Romulus regium ornatum et nomen sumpsit. 4. Romani Tarpeiae vitam ademerunt. 5. E fortuna Tarpeiae intellegi potest proditorem *(Verräter)* a nullo diligi.

f) *Bilde zu folgenden Formen von* delere *die jeweils entsprechende von* 1. emere 2. sumere 3. diligere 4. colligere *und gib jeweils die deutsche Übersetzung an:*
deles, deleatur, deleremus, delebatur, delebuntur, delevero, deleverim, delevistis, deletum erat, deletum erit

g) *Übersetze:* er nahm weg, wir wurden getrennt, sie ist losgekauft worden, der Ring wird abgenutzt (verbraucht), ihr wart ausgewählt worden, die Worte werden vernachlässigt werden

50 3. Konjugation: Dehnungsperfekt
Gr. 92. 77–82

H 1. Iūs gentium nē **rumpātur**.
2. Rōmānī iūs gentium **rūpērunt**.
3. Sabīnī in urbem **irrūpērunt** et arcem **obsēdērunt**.
4. Rōmānī virginēs in urbe **relictās** nōn reddidērunt.
5. Mulierēs lacrimās **fundentēs** īram Rōmānōrum et Latīnōrum **vīcērunt**.
6. Laus Rōmulī per orbem terrārum **diffūsa** est.

L Romulus – Mensch oder Gott?

Postquam pax inter hostes convenit, Romulus Sabinos rogavit, ut in urbe nova *considerent*.
Centum ex senioribus[1] civibus elegit, ut eorum consilio urbem regeret. Concilium senum ,senatus' vocatum est.
5 Cum populus aliquando in foro *consedisset*, apud cives hanc fere orationem habuit rex: „Colite virtutem! Moribus vestris pessimis totam civitatem *corrumpetis*. Omnes cives, qui sceleris *convicti* erunt, supplicio gravissimo punientur.
Labore nostro ea, quae ad victum pertinent, parabimus. Sed non, ut *edamus*, vivimus, sed, ut vivamus, *edimus*.
10 Ne hostes campos nostros *obsidant*, exercitum fortissimum conscribemus. Copias gentium alienarum *fundemus* ac fugabimus. Qui foedera *ruperint*, bello vincemus."
Posteri semper memores erant horum verborum. Romulus ut deus cultus et Quirinus appellatus est.

---

[1] *senior, -ōris* älter

Ü a) *Überlege:* 1. Wer hat eigentlich den Frieden zwischen den Römern und Sabinern zustande gebracht? 2. Wodurch wurde die Versöhnung auf Dauer gesichert? 3. Wie erklärt sich die Entstehung des heute noch üblichen Begriffes „Senat"? 4. Was ist ursprünglich die Aufgabe eines Senats? 5. Warum hatte Romulus besonderen Grund, seine Bürger zu einer angemessenen Lebensführung anzuhalten? 6. Was bedeutet der Satz *Non, ut edamus, vivimus, sed, ut vivamus, edimus?*

b) *Übersetze:* 1. Als sich einmal die Römer vor Romulus (im Anblick des Romulus) niedergelassen hatten, entstand plötzlich ein ungeheurer Sturm. 2. Der erste König Roms entschwand (ging weg aus) den Augen der erschütterten Römer. 3. Alle glaubten, daß(!) er zu den Göttern entschwunden (weggegangen) sei, weil ihn nach jenem Tag niemand mehr° gesehen hat. 4. Er ließ die Erinnerung an° seine großen Taten (Gen.) zurück: Er hatte Rom gegründet und die verdorbenen Sitten der Einwohner gebessert (verbessert).

c) *Übersetze:* 1. Reus a iudicibus convictus est. 2. Multi ira aut voluptate victi leges ruperunt. 3. Ii, qui in aedes irruperant, secundum leges puniebantur. 4. Iudex bonus corrumpi non potest. 5. Vis mali diffunditur.

d) *Bilde zu folgenden Formen von* obsidēre *die entsprechenden von* obsīdĕre *und gib jeweils die deutsche Bedeutung beider Verba an!*

obsides, obsidebis, obsideas, obsidebatur, obsideretur, obsidebitur, obsedisti, obsederas, obsessum est.

e) *Bestimme und übersetze:* reliqueras, ruperunt, corrumpentur, irrumperent, vicissent, vixissent, vinxissent, convictus est, ederunt, ediderunt, funditur, (error) diffusus est, consederam, obsedisti

f) *Erkläre:* Reliquie, Relikt, Korruption, Konvikt, Fusion, diffus, Konsum, Lektion, Kollektion, Delegation, Elite, Intelligenz, Aktion, aktiv, Redaktion, Fraktion

▶ **Wiederholungsstück W 11, S. 159**

S Wer sich im Altertum sehr große Verdienste erworben hatte, galt vielfach als göttlich. Die Entrückung (Apotheose) schien eine Bestätigung der Götter dafür, daß jemand unter die Unsterblichen aufgenommen war. Welche Beispiele von Entrückung sind dir aus der Bibel bekannt?

51 3. Konjugation: Perfekt ohne erkennbare Stammveränderung
Gr. 92. 83–85

H 1. Horātius Cocles odium Etrūscōrum in Rōmānōs **incendit**.
2. Urbem ab Etrūscīs **dēfendit**.
3. Horātius ab Etrūscīs **prehēnsus** nōn est.
4. Quis umquam virtūtem Horātiī **reprehendet**?

L Eine mutige Tat

Cum primus impetus Etruscorum *defensus* esset, Porsenna rex urbem obsidebat. Romani summa frumenti inopia premebantur.
Tunc C. Mucius, adulescens nobilis amore patriae *incensus*, regem hostium *offendere* et necare et rem publicam ab omni periculo liberare studebat. Ferrum
5 sub veste abdidit et in hostium castra clam penetravit. Non timuit, ne ab Etruscis *comprehenderetur* et occideretur.
Cum Porsennam regem ignoraret, erravit et ministrum quendam pro rege necavit. A custodibus *deprehensus:* „Civis Romanus sum", inquit, „hostem rei publicae occisurus eram." Rex cum de fortitudine et constantia eius dubitaret,
10 ignem *accendi* iussit. Mucius sine timore manum dexteram ad flammas admovit, dolorem ingentem neglexit.
Rex virtute adulescentis perterritus de sede desiluit removerique ab igne iuvenem iussit. „Te", inquit, „liberum dimittam". At Mucius: „Trecenti coniuravimus, adulescentes nobilissimi, ut te occideremus. Ego primus ex eis fui; ceteri suo
15 tempore aderunt."
Hoc periculo perculsus rex pacem cum Romanis coniunxit. Mucio postea cognomen Scaevola[1] impositum est.

---

[1] *Scaevola* war von dieser Tat an ein ehrender Beiname des mucischen Geschlechtes. Die Bezeichnung ‚Linkshand' erinnerte daran, daß seine rechte Hand verbrannt war und er jetzt alles mit der linken ausführen mußte.

Ü a) *Beantworte lateinisch:* 1. Quis primum impetum Etruscorum defendit? 2. Cur Mucius in castra hostium penetravit? 3. Cur non regem occidit? 4. Cur rex adulescentem dimisit? 5. Cur rex cum Romanis pacem coniunxit?

b) *Übersetze:* 1. Mucius hatte anfangs den König Porsenna durch seine Worte so getroffen (angestoßen), daß er entschlossen (bereit) war, ihn dem Feuer zu übergeben. 2. Der König aber sah, daß(!) Mucius die Todesgefahr mißachtete (vernachlässigte), um das Vaterland zu verteidigen (damit er verteidigte). Da tadelte er den ungestümen *(ferox)* Mut des jungen Mannes nicht mehr. 3. Er ergriff dessen Hand und sprach: „Obwohl ich dich bei (*in* mit Abl.) einem Verbrechen ertappt habe, will (werde) ich dich entlassen. 4. Kehre zurück und melde den Deinen: Porsenna wird die Stadt Rom niemals wieder° belagern, wenn die Römer Frieden schließen (Fut. II)."

c) *Bilde eine Tempusreihe mit deutscher Übersetzung zu*
   1. offendis 2. deprehendimur

d) *Übersetze:* 1. Singulari quadam virtute Mucius rem gessit. 2. Minister quidam regis occisus est. 3. In facie vultuque adulescentis quiddam divinum inerat. 4. Quidam putabant neminem fortiorem esse quam Mucium. 5. Si cui tanta fortitudo est, ab omnibus laudatur. 6. Quidam hostem telis petebant.

S Römische Architekten übernahmen von den Etruskern auch die Technik des Gewölbebaus. Ursprünglich bestand die Wölbung aus Schichten, die aus stetig vorragenden Blöcken gebildet wurde und durch einen waagrecht liegenden Schlußstein abgedeckt wurde. Später wurde die Rundung durch einen Keilstein abgeschlossen. Zuletzt gelangten sie zu einem Keilsteinbogen, bei dem die Lagerfugen der Wölbungssteine genau nach dem Mittelpunkt des Bogens ausgerichtet sind.

52 3. Konjugation: Perfekt ohne erkennbare Stammveränderung
Gr. 92. 86–89 und excellere

H 1. Rōmānī Capitōlium **scandēbant,** ut Iovī grātiās agerent.
2. Rōmānī Rōmulum in caelum **ascendisse** putābant.
3. Veterēs **passīs** manibus deōs implōrābant.
4. Horātius Cocles et Mūcius Scaevola rem Rōmānam in bonum **vertērunt.**
5. Perīculum ab urbe **aversum** est.
6. Porsenna virtūte Mūciī ab errōre **āvulsus** est.

L Ein mutiges Mädchen

Porsenna cum exercitu de Ianiculo monte *descendit* et in ripa dextera Tiberis consedit.
Romani cum *animadvertissent* Etruscos ad pacem paratos esse, legatos ad regem miserunt. Ille: „Numquam", inquit, „urbem Romam *evertam*, si obsides
5 dederitis." Hac condicione pax coniuncta est.
Cloelia autem, quae inter obsides ad Porsennam venerat, ceteris virginibus persuasit, ut e manibus hostium evaderent. Custodes fefellerunt et inter tela hostium ad ripam alteram fluminis pervenerunt. Virgines cum in forum Romanum venissent, omnium oculos in se *converterunt*.
10 Rex Porsenna autem cum fugam earum *animadvertisset*, legatos misit, ut dicerent: „Nisi obsides reddMntur, foedus ruptum est. Militibus meis viam in urbem *pandam*." Profecto fides a Romanis servata est: Obsides reddiderunt.
At Porsenna fortitudine Cloeliae commotus: „Tibi", inquit, „libertatem dono."
15 Sic Cloelia inter omnes et prudentia et fortitudine *excellebat*.

Ü a) *Beantworte lateinisch:* 1. Quis impetum hostium ab urbe avertit? 2. Quid Cloelia virginibus suasit? 3. Quomodo Cloelia virgo e manibus hostium evasit? 4. Cur Romani Cloeliam reddiderunt?

b) *Übersetze:* 1. Cloelia hatte sich einen Weg durch die Wachen der Feinde gebahnt (geöffnet). 2. Doch weder die Eltern noch die römischen Bürger wurden durch die Flucht erfreut. 3. Sie schätzten sowohl den Mut der Mädchen als auch die Bündnistreue (Treue) hoch°. 4. Porsenna bemerkte, daß(!) Cloelia ohne Furcht in das Lager zurückgekehrt war. Daher änderte (wandte) der König seinen Sinn (Geist). 4. Er schritt gegen Cloelia nicht ein, sondern erlaubte ihr, daß sie in ihre° Vaterstadt (Heimat) zurückkehrte.

c) *Übersetze folgende Sätze und setze sie dann ins Perfekt:*

1. Virgines vallum castrorum transcendunt (trans+scandere) et iter ad urbem convertunt. 2. Virgines gaudium et metum civium animadvertunt. 3. Cloelia iram Porsennae a Romanis avertit. 4. Portae Romae non panduntur, urbs a Porsenna non evertitur. 5. Romani Cloeliae gratias non agunt.

d) *Mache die Sätze der Übung c) von* Livius tradit *abhängig (AcI im Perfekt)!*

e) *Bilde zu folgenden Formen von* augere *die entsprechenden Formen von* invenire *und* vertere:

auges, augeas, augebo, augebis, auxero, augebas, augeres, auxisti, auxeris, auxeras, auxisses, augetur, augeatur, augebitur, auctum erit, augebatur, augeretur, auctum est, auctum sit, auctum erat, auctum esset.

S Die Geschichte Cloelias zeigt, daß die Römer sogar ihre Kinder opferten, wenn es um Bündnistreue und Staatsinteresse ging. Selbst der Feind erkannte diese Haltung der Römer an. Die Frauen der Römer waren in der frühen Zeit Roms eng ans Haus gebunden. Sie spielten im öffentlichen und politischen Leben kaum eine Rolle. Aus diesen Jahrhunderten sind nur einige Frauengestalten bekannt.

Erst im zweiten Jahrhundert vor Christus nahmen Frauen über ihre Männer und Söhne Einfluß auf die Öffentlichkeit.

Groß war der Einfluß mancher Frauen später in der Kaiserzeit.

53 3. Konjugation: Verben mit Präsensstamm auf -*u*
Gr. 92. 91–94

H 1. Rōmānī statuam Cloeliae in Viā Sacrā **statuunt**.
2. Rōmānī laudem virtūtis numquam **minuērunt**.
3. Cloeliae virginī summa laus **tribūta est**.

L Ein Verräter?

Concordia inter patres et plebem olim a Menenio Agrippa *restituta* est. Cum enim illam fabulam de ventre et membris exposuisset, plebs in urbem redire *constituit*. Deinde patres et plebs legem communem *instituerunt*, qua plebi nova iura concessa sunt.

5 Cum urbs Roma aliquando magna fame premeretur, Marcius Coriolanus in senatu: „Causam inopiae", inquit, „non ignoro. Patres, qui saluti rei publicae semper consuluerant, nunc potestate priore *exuti* sunt. Itaque inopia non levabitur, pretium frumenti non *minuetur*, nisi ius pristinum *restitutum* erit."

Plebs autem his verbis inducta tantam iram in Marcium vertit, ut exilio puni-
10 retur. Is odio commotus ad Volscos, hostes Romanorum, contendit. Animos eorum in Romanos ita incendit, ut bellum pararent. Ipse Marcius Coriolanus arma patria[1] *induit* et hostes adversus patriam duxit.

Cum milites more[2] Romanorum in legiones *distribuisset*, in ripa Tiberis fluminis castra posuit et agrum Romanum vastavit.

---

[1] *patrius, -a, -um* heimisch   [2] nach Art

Ü a) *Beantworte lateinisch:* 1. Quomodo Menenius Agrippa concordiam inter cives Romanos restituit? 2. Quomodo concordia civium restituta est? 3. Cur Coriolanus pretium frumenti non minuit? 4. Cur Coriolanus exilio punitus est? 5. Cur Coriolanus agrum Romanum vastavit?

b) *Übersetze:* 1. Die Plebejer *(plebeii, -orum)* glaubten, daß(!) Coriolan die Rechte der Plebs mindere. 2. Daher beschlossen sie, Coriolan vor Gericht zu ziehen *(in ius vocare)* und wegen seiner Rede anzuklagen. 3. Die Senatoren, die die Gesetze zusammen° mit der Plebs eingerichtet hatten, konnten deren Wut (Zorn) nicht mehr widerstehen. 4. Obwohl Coriolan bis dahin kein Gesetz gebrochen hatte, wurde er verurteilt. 5. Viele glaubten damals, daß(!) die Stadt des Romulus nun° der Gerechtigkeit (Abl.) beraubt sei.

c) *Übersetze:* 1. Lege nova auctoritas patrum minuta erat. 2. Coriolanus autem a pueritia vitam ita instituerat, ut legibus patrum pareret. 3. Ius in antiquum statum restituere studuit. 4. Copiae in tres partes distributae erant. 5. Coriolanus bellum cum Romanis gerere constituit. 6. Togam exuit et arma induit.

d) *Übersetze folgende lateinische Wörter, die alle miteinander verwandt sind! Zwei Verbalformen können sowohl Präsens als auch Perfekt sein!*

stat, statim, status, statua, instas, obstamus, statuitur, constituimus, instituit, restituamus, sistimus, consistis, desistitis, exsisto, resistis

e) *Bilde eine Tempusreihe zu* 1. minuis 2. tribuitur

S Coriolans Leben fällt in die Zeit der beginnenden römischen Ständekämpfe (5. Jh.): Allein die bevorrechtigten Patrizier konnten Senatoren oder Beamte werden. Die Plebejer waren dagegen von allen Staatsämtern ausgeschlossen. Sie versuchten nun, die Vorrechte der Patrizier Schritt für Schritt abzubauen und ein Mitspracherecht in der Politik zu erlangen.

Coriolan, der zunächst durch den Sieg über die Volsker großes Ansehen errungen hatte, benutzte dagegen die Hungersnot und die Verteuerung des Getreidepreises, um frühere Zugeständnisse wieder rückgängig zu machen. Dadurch geriet er in Konflikt mit den Plebejern, die seine Verbannung erzwangen.

Erzürnt über die Verurteilung wurde Coriolan zum Vaterlandsverräter.

54 3. Konjugation: Verben mit Präsensstamm auf -u (-v)
Gr. 92. 95–99

H 1. Plēbs vinculum servitūtis **solvere** studēbat.
2. Coriolānus **metuit**, nē lēgēs et disciplīna **dissolverentur**.
3. Patrēs variās cūrās sēcum **volvērunt**.
4. Turba cīvium per viās **ruēbat**.
5. Rēs pūblica discordiā cīvium **ruitūra** erat.
6. Plēbs patrēs **arguit**; eōs nōn absolvit; patrēs crīminibus **obrutī** sunt.

L Coriolans Mutter schaltet sich ein

Romani cum impetum Coriolani *metuerent*, legatos ad eum de pace miserunt. His verbis eum *arguerunt:* „Civitatem, quam antea maxima virtute defendisti, perdes. Factis tuis leges *dissolventur*." Sed neque legati neque consules neque sacerdotes animum eius ferocem flexerunt.
5 In summo periculo mater eius et uxor cum duobus infantibus in castra venerunt. Mater ira incensa: „Ad hostem", inquit, „non ad filium venio. Tot et tantis malis *obruta* sum: Exul et hostis patriae es. Proditorem patriae genuisse a civibus *arguor*. In exitium *ruis*. Nisi te genuissem, Roma non opprimeretur; nisi filium haberem, in libera patria libera essem. Gladium potius in me quam
10 in patriam convertas!"
His verbis matris et lacrimis uxoris liberorumque postremo periculum ab urbe Roma aversum est.

Ü a) *Beantworte lateinisch:*
1. Cur Coriolanus a plebe criminibus obrutus est?
2. Quomodo Coriolanus punitus erat?
3. Quomodo Coriolanus ius pristinum restituere studuit?
4. Quis postremo animum eius ferocem fregit?

Porträt einer römischen Mutter

b) *Übersetze:* 1. Nachdem Coriolans Mutter bemerkt hatte, daß(!) ihr° Sohn durch seine Pläne die Gesetze auflöse, ging sie ins Lager. 2. Als Coriolanus der Mutter nachgegeben hatte, sagte er: ,,Ich werde das Heer von meiner Vaterstadt (Heimat) abziehen (wegführen). Rom hast du gerettet, aber deinen Sohn hast du verloren." 3. Als er in die Stadt der Volsker *(Volsci, -orum)* zurückgekehrt war, wurde er mit Vorwürfen überschüttet.

c) *Übersetze und verwandle ins Perfekt:*
 1. Discordia civitas dissolvitur. 2. Dei Coriolanum malis obruunt. 3. Coriolanus Romanos et Volscos prodidisse arguitur. 4. Nemo eum culpa absolvit. 5. Filius conspectum matris et uxoris metuit.

d) *Welche Präsensformen der Übung c) unterscheiden sich nicht von den entsprechenden Perfektformen?*

e) *Bilde zur Wiederholung der Komparation den Komparativ und Superlativ folgender Adjektiva in allen drei Geschlechtern des Nominativs Singular:*
 1. gratus, longus, asper, pulcher 2. celer, acer, gravis, facilis, humilis, ferox, vehemens, felix, dissimilis 3. bonus, malus, magnus, parvus, multi

55 Adverb

Gr. 52.1 und 53.1 (ohne libenter), 53.2 bis minime

H 1. Coriolānus miser exiliō pūnītus est.
2. Coriolānus in exiliō miser erat.
3. Coriolānus in exiliō **miserē** dē vītā dēcessit.
4. Scrīptor quīdam **pulchrē** dē mātre Coriolānī dīxit.
5. Multōs annōs **honestē** et **fēlīciter** vīvēbat.
6. **Celeriter** in iniūriam ceciderat.
7. Iūra patrum **cōnstanter** dēfendēbat.
8. Quis umquam **miserius** flēvit quam māter Coriolānī?
9. Māter fīlium **ācerrimē** vituperāvit.
10. Māter **(bene) optimē** patriae cōnsuluit.
11. Māter **magis** quam fīlius patriae cōnsuluit.

L Ein römisches Vorbild

Saepe Romani in summum periculum venerunt. *Aliquando* cum alter consul ab hostibus *infeliciter* circumventus esset, Romanis dictatorem *celeriter* creare placuit; nam *vehementer* timebant, ne urbs ipsa in potestatem hostium redigeretur.
5 Hac in necessitate *cito* Lucium Quinctium Cincinnatum, qui vir probus erat, omnium consensu elegerunt. Ei trans Tiberim parvum praedium[1] erat.
Cincinnatus terram arabat, cum[2] legati senatus ei *obviam* venerunt. *Statim* agrum deserit, sudorem[3] et pulverem[4] lavat, togam induit, *tum* legatos salutat. *Postea* legati nuntiant: „Senatus populusque Romanus Cincinnato dictatori
10 salutem dicit. Exercitus noster insidiis hostium *turpiter* circumventus auxilium tuum *valde* desiderat." Viro persuadent: Cincinnatus *celerrime* in urbem properat, mandata rei publicae peragit. Rem *bene* gerit.

---

[1] *praedium, -ī* das Landgut   [2] hier: als   [3] *sūdor, -ōris* der Schweiß
[4] *pulvis, pulveris* m. der Staub

Kopf eines Bauern aus der Umgebung von Rom. Auf dem Gesicht des Dargestellten haben die Strapazen seines Lebens ihre Spuren hinterlassen. Auch hat der Künstler die Schönheitsfehler des Mannes nicht korrigiert; er wollte ihn so darstellen, wie er wirklich aussah.

Ü a) *Überlege:* 1. Quando Romani dictatorem creabant? 2. Cur Cincinnatus dictator creatus est? 3. Quis Cincinnatus erat?

b) *Übersetze:* 1. Cincinnatus sorgte gut für den Staat. 2. Er griff tapfer die Feinde an und befreite schnell die Legionen des Konsuls, die sich ehrenhaft (anständig) verteidigt hatten. 3. Nach dem Sieg des Cincinnatus wurden die Feinde schändlich unters Joch geschickt. 4. Die Anführer (Führer) zeigte er stolz dem römischen Volk. 5. Am sechzehnten Tage legte er das Amt wieder° nieder und kehrte zu Acker und Stieren zurück.

c) *Suche aus H und L alle im Positiv gebrauchten Adverbien heraus, die aus Adjektiven nach den Regeln der Grammatik ohne Stammveränderung gebildet sind!*

d) *Bilde zu diesen Adverbien jeweils den Komparativ und Superlativ!*

e) *Bilde den Komparativ und Superlativ zu* male, facile, difficulter, valde, multum, paulum, bene

f) *Setze das Adverb bzw. das Adjektiv in der richtigen Form ein:*
1. Is, qui ... est, ... agit (honestus). 2. Cives ... sunt; itaque ... pugnant (constans). 3. Femina, quae ... est, non semper ... cantat (pulcher). 4. Proelium ... est; ... pugnatur (atrox). 5. Cincinnatus ... pugnavit (fortis).

g) *Übersetze und überlege den Inhalt:* 1. Festina lente *(langsam)*! 2. Fortiter in re, suaviter *(entgegenkommend)* in modo. 3. Plenus venter non studet libenter.

h) *Erkläre den Begriff Adverb!*

▶ **Wiederholungsstück und Test W 12, S. 160**

56 3. Konjugation: Verben mit Präsensstamm auf -i
Gr. 80 und 92. 101–102

H 1. Prīmo dēlīberō, deinde cōnsilium **capiō**.

2. Hominēs prūdentēs prīmo dēlīberant, deinde cōnsilium **capiunt**.

3. Prīmo dēlīberēmus, deinde cōnsilium **capiāmus**.

4. Prīmo dēlīberābimus, deinde cōnsilium **capiēmus**.

5. Cum dēlīberāverāmus, cōnsilium **capiēbāmus**.

6. Interdum cōnsilium **capere** difficile est.

7. Prīmo dēlīberā, deinde cōnsilium **cape**!

8. Nisi dēlīberās, errōre **caperis**.

9. Sī prudens esses, consilium **caperēs**.

10. Nisi dēlīberārēs, errōre **caperēris**.

L Legende von einer wunderbaren Begebenheit

In urbe quadam Germaniae vidua[1] erat, quae cerevisiam[2] vendebat; hac re victum tenuem sibi comparabat. Quia modesta erat, plus non *cupiebat*.
Aliquando hostes urbem invadunt. Quantum[3] *rapere* possunt, *rapiunt*. Domos *diripiunt*, incolis omnem pecuniam per vim *eripiunt*. Postremo urbem incen-
5 dunt. Magna pars domorum flammis *corripitur*.
Etiam domui, in qua vidua habitabat, periculum impendebat. Itaque vidua omnia vasa, quibus cerevisiam vendebat, ante portam domus posuit et manus ad caelum sustulit et oravit: „Domine, si umquam his vasis metiens[4] aliquem hominem fefelli, domus mea igne *corripiatur*. Sed si semper iuste egi, parce mihi
10 et domui meae!"
Deus viduae ea, quae *cupiverat*, concessit. Quamquam flammae materiam lambebant[5], domus usta non est. Omnes, qui id miraculum viderunt, deum praedicabant.

---

[1] *vidua, -ae* die Witwe [2] *cerevisia, -ae* das Bier [3] *quantum* hier: wieviel
[4] *mētiēns, -entis* messend [5] *lambere* belecken

Ü a) *Gib die inhaltlich wichtigsten Punkte des Lesestückes vom Standpunkt der Witwe aus kurz wieder! Verwende also, soweit es möglich ist, die erste Person!*

b) *Übersetze folgende Legende:* 1. Einst lief eine Frau weinend durch eine Stadt und begehrte den heiligen Blasius zu sehen. 2. Sie führte ihren Sohn mit sich, dem der Tod drohte (bevorstand), weil ihm die Gräte *(os, ossis)* eines Fisches im Schlund *(in faucibus)* steckengeblieben war. 3. Als sie dem Blasius begegnete, ergriff sie ihn mit beiden Händen und bat, daß er ihren Sohn rette (Impf.). 4. Obwohl der junge Mann gottlos war und geraubt hatte, berührte ihn Blasius mit seinen Händen und heilte ihn. 5. So entriß er ihn der (aus der) Gefahr.

c) *Bilde zu folgenden Formen von* regere *die entsprechenden Formen von* audire *und* capere *parallel nebeneinander:*

1. regis, regas, regebas, regeres, reges, rege, regito, regere

2. regeris, regaris, regebaris, regereris, regi

d) 1. *Suche aus dem Ergebnis der Übung c) diejenigen fünf Formen von* capere *aus, bei denen der Kennlaut* i *des Präsensstammes zu* e *geworden ist! Übersetze diese Formen ins Deutsche!*

2. *Überlege, wodurch sich die übrigen Formen von* capio *im Präsensstamm von den entsprechenden Formen von* audio *unterscheiden!*

e) *Übersetze:* 1. Qui multum habet, plus cupit. 2. Hostes domos incolarum diripiunt. 3. Domus urbis flammis correptae sunt. 4. Viduae vir fato ereptus est.

f) *Setze die in Übung e) verwendeten Verba in alle Tempora und gib dazu jeweils die deutsche Bedeutung an!*

g) *Übersetze:* du wirst gepackt werden, du wirst gepackt, du würdest gepackt, er wünschte, es würde geplündert, wir würden plündern, entreiße, sie werden geplündert, sie werden geplündert werden, das Geld war entrissen worden, er hatte ergriffen, sie wären geraubt worden.

S Die Bezeichnung Legende kommt von dem lat. Verbum *legere* und bedeutet eigentlich eine Geschichte, die „gelesen werden muß". Ursprünglich meinte man mit Legende einen kurzen Bericht aus dem Leben eines Heiligen oder Märtyrers, der im Gottesdienst jedes Jahr an dessen Todestag vorgelesen wurde. Heute versteht man darunter eine Geschichte, die sich um biblische Personen oder auch um besonders fromme Menschen späterer Zeit rankt. Im Mittelpunkt des Geschehens steht ein Wunder. Die Legende will nachahmenswerte Vorbilder aufzeigen und zum Glauben anspornen.

57 3. Konjugation: Verben mit Präsensstamm auf -i. s-Perfekt
Gr. 92. 103–105

H 1. Apostolī dīvitiās **dēspiciēbant**.

2. Iussū dominī regiōnēs adībant, quās numquam anteā **conspexerant**.

3. Spērābant dominum semper sibi **prōspectūrum** esse.

4. Timor mentem apostolī nōn **quatit**.

L Ein zweideutiges Versprechen

Thomas apostolus ad urbem Caesarēam pervenit. Hic ei dominus apparuit dicens: „Rex Indiae fabrum egregium desiderat, ut sibi[1] domum regiam aedificet, et magno praemio *illicit*. Te ad eum mittam, quod huius artis peritus es." Thomas metum *excussit* et in Indiam iit. Regi promisit se domum praeclarissi-
5 mam aedificaturum esse.

Rex ei magnam pecuniam dedit. Thomas autem, qui *perspexerat*, in quanta paupertate populus viveret, omnem pecuniam inter miseros divisit multosque ad fidem Christianam convertit.

Rex cum domum novam nusquam *aspexisset*, apostolum in carcere inclusit. In
10 animo habebat eum gladio *percutere*.

Eodem tempore frater regis subito obiit. Hoc casu acerbo *concussi* omnes maerebant. Quarto die autem frater regis resurrexit[2]. Is in caelum *suspiciens* regi dixit: „Ne *despicias* illius apostoli beneficia! Magis nobis *prospexit* quam tu: Angeli[3] me post mortem in paradisum[4] duxerunt. Ecce ibi domus regia, quam ille
15 nobis aedificaturus erat. Si ei parebimus, deus pietatem nostram *respiciet*."
Statim vincula apostoli soluta sunt.

Ü a) *Fasse den Inhalt eines jeden Abschnittes der Lesestückes mit jeweils einem Satz zusammen!*

b) *Übersetze folgende Legende:* 1. Als der Apostel Thomas in Indien war, wurde er einmal von lautem (großem) Gesang zu einem Palast gelockt. 2. Die Gäste erblickten ihn und luden ihn ein. 3. Als aber ein Diener sah, daß(!) er weder aß noch trank, beleidigte und schlug er ihn. 4. Thomas sagte: „Die Hand, die mich getroffen (erschüttert) hat, wird bestraft werden." Als der Diener hinausging, zerriß ihn ein Löwe, und ein Hund raubte die Hand.

---

[1] *sibi* ihm [2] *resurgere* auferstehen [3] *angelus, -ī* der Engel [4] *paradīsus, -ī* das Paradies

Apostel.
Elfenbeinplatte aus dem 5. Jh. n. Chr.

c) *Übersetze:* 1. Nihil aliud homines magis illicit quam pecunia. 2. Multi divites inopiam multitudinis foede despiciunt. 3. Thomas vultum regis Indiae fortiter aspexit. 4. Rex cum domum regiam nusquam conspexisset, Thomam in carcerem includi iussit. 5. Homines casus futuros numquam plane prospiciunt. 6. Quidquid (was auch) agis, prudénter agás et réspice fínem! 7. Terra interdum ingenti motu quatitur.

d) *Setze die Verba der Übung c) unter Beibehaltung des Modus und Genus in alle Tempora! Gib jeweils die deutsche Bedeutung an!*

e) *Schreibe aus der Übung c) alle Adverbien heraus und bilde, wenn möglich, Positiv, Komparativ und Superlativ!*

f) *Bilde eine Tempusreihe mit deutscher Übersetzung zu:*
   1. illicior 2. conspicis 3. concutitur

g) *Übersetze:* sie verdächtigen, wir sind verlockt worden, sieh an, ihr hättet verachtet, ich werde für die Eltern sorgen, laßt uns berücksichtigen, ihr würdet abschütteln, er wäre durchstoßen worden

h) *Suche stammverwandte lateinische Wörter zu* cupere, rapere, -spicere!

i) *Erkläre:* Inspektor, Respekt, Perspektive, Aspekt, Prospekt

58   3. Konjugation: Reduplikationsperfekt – Dehnungsperfekt
Gr. 92. 106–107

H   1. Mēns nostra nōn **capit,** quid deus in animō habeat.
2. Admīrātiō eōs **cēpit,** quī verba apostolōrum audīvērunt.
3. Sēmina ā terrā **concipiuntur.**
4. Terra frūgēs **parit.**
5. Terra plūrēs frūgēs **peperisset,** sī agrī melius cultī essent.

L   Eine unheilvolle Prophezeiung

Iulianus quidam aliquando cervum[1] *capturus* erat. Subito sonum *percepit*; nam cervus dicere *coepit*: „Patrem et matrem, qui te *pepererunt*, necabis." Tum cervus fugam *cepit* et silva *exceptus est.* Iulianus, ut scelus vitaret, statim parentes reliquit et terram remotam adiit. Ibi ad principem venit eique serviebat.
5 Bene gerebat omnia, quae a principe *praecipiebantur*. Itaque princeps ei mulierem divitissimam in matrimonium dedit.
Interea parentes filium ubique quaerere *coeperunt*. Denique etiam ad domum Iuliani venerunt. Is domi non erat, uxor autem eos benigne *recepit*. Mox illa perspexit eos Iuliani parentes esse. Fessis suum lectum concessit.
10 Iulianus cum domum redisset et homines alienos in lecto suo dormientes conspexisset, iratus gladium strinxit eosque necavit. Sero a coniuge comperit se parentes occidisse. Iterum atque iterum clamavit: „Cervus me non *decepit*."
Ab eo tempore Iulianus multos et magnos labores *suscepit*, ut iram dei placaret. Post multos annos angelus[2] apparuit dicens: „Veniam a deo *accepisti*."

---

[1] *cervus, -ī* der Hirsch   [2] *angelus, -ī* der Engel

Ü a) *Beantworte lateinisch:* 1. Quid cervus prospexit? 2. Cur Iulianus parentes reliquit? 3. Quid princeps Iuliano dedit? 4. Cur Iulianus parentes necavit? 5. Quomodo deum placabat?

b) *Übersetze:* 1. In Gallien lebte ein gewisser anderer° Julianus. 2. Er nahm viele Arme in sein Haus auf und sorgte für° (Dat.) sie. 3. Einst befahl *(iubere)* der Kaiser, daß(!) er getötet werde, weil er den falschen Gott verehrte (ehrte, Konj.); dennoch ergriff *(capere)* er nicht die Flucht, sondern nahm gerne den Tod für Christus auf sich°. 4. Nach einigen Jahrhunderten wurde das Grab des Julianus geöffnet; da wurden alle von Staunen (Bewunderung) erfaßt (gefaßt): Das Haupt des Julianus war unversehrt *(incolumis, -e)*.

c) *Suche eine treffende Übersetzung:* 1. Iulianus sibi maximam laudem peperit. 2. Miseri a Iuliano humanitate excepti sunt. 3. Miseri inanibus promissis ab eo decepti non sunt. 4. Ab imperatore duro iniuriam iniuste accepit.

d) *Erkläre Wortbildung und Bedeutung:*

1. **parere:** parentes, reperire, pauper (pauc *und* par: *wenig hervorbringend*), parare, com-parare, imperare

2. **capere:** captare, capessere, captivus, dis-cipulus *(eigtl. einer, der auseinandernimmt)*, praeceptor, praecipuus, princeps (primus *und* capere: *als erster die Beute ergreifend)*, principium; kapieren, Kapazität, Konzept, Rezept

e) *Übersetze und unterscheide dabei genau zwischen* parare, parēre *und* parere: pareres (2), pareretur (2), pare (2), paret (2), paretur (2), peperi, parui, paravi, parebit, parabit, pariet, pariturus

f) *Übersetze:* 1. decepisset, exceptus est, eripuit, prospiciat, quatitur, percutiet, suscipiamus, praeceptum est

2. wir hatten angenommen, er hat gefaßt, nimm auf, ich schrieb vor, ihr werdet berücksichtigen, sie würden zurücknehmen, laßt uns beginnen, ich hätte begonnen, es ist begonnen worden, entrissen zu haben

g) *1. An welche Gestalt aus der griechischen Sagenwelt erinnert das Schicksal des Julianus, das im Lesestück beschrieben ist? 2. Wiederhole die entsprechende Lektion in deinem Lateinbuch! 3. Welche Gemeinsamkeiten lassen sich finden?*

59 3. Konjugation: Dehnungsperfekt und Passiv von *facere*
Gr. 92. 108 und 97

H 1. Fīnem paupertātis **facere** studeāmus.

2. Chrīstiānī cum omnibus pācem **fēcerant**.

3. Rōmānī Pīlātum Iūdaeīs **praefēcērunt**.

4. Chrīstiānī saepe iniūriā **afficiēbantur**.

5. **Patefac** pauperibus portās; **effice**, ut adiuventur.

6. Nihil **fit** sine causā.

7. Omnibus temporibus inter gentēs bella **fīēbant**, semper **fīent**.

8. Optāmus, ut pāx **fīat**.

L Hieronymus und der Löwe

Quodam die cum sanctus Hieronymus cum sociis oraret, leo gravi vulnere *affectus* appropinquavit. Ceteri fugam ceperunt, Hieronymus autem leonem ut hospitem in aedes recepit et sanavit. Mox leo ex vulnere *refectus est*. Tum Hieronymus ei mandavit, ut asinum[1], qui sociis ligna e silva portabat, custodiret.
5 Leo iussa *perfecit*.
Aliquando mercatores iter per eam regionem *fecerunt*. Cum leo dormiret, asinum rapuerunt. Leo autem solus domum rediit. Hieronymus credebat pabulum[2] *defecisse* et leonem fame *confectum* asinum *interfecisse*. Tunc leonem iussit officium asini suscipere. Ita *factum est*.
10 Mercatores autem cum negotium *confecissent*, eadem via redierunt. Asinus praecessit[3]; nam asini camelis[4] praeeunt[5], ut directius[6] eant. Leo cum asinum videret, mercatores vehementer invasit. Perterriti Hieronymum adierunt. Verum *patefecerunt* et Hieronymo *satisfecerunt:* Promiserunt se quotannis Hieronymo sociisque oleum donaturos esse. Idem ab heredibus *fiebat*.

Ü a) *Setze in die Lücke die passende Form von* facere *bzw. einem Kompositum:*

1. Leo gravi vulnere ... 2. Leo ab Hieronymo sanus ... 3. A leone iussa ...
4. Hieronymus credebat asinum a leone ... 5. Mercatores verum ...

---

[1] *asinus, -ī* der Esel   [2] *pābulum, -ī* das Futter   [3] *praecēdere* vorangehen
[4] *camēlus, -ī* das Kamel   [5] *praeīre* vorangehen   [6] *dīrēctus* gerade

Der heilige Hieronymus.
Holzschnitt von Albrecht Dürer

b) *Übersetze:* 1. Hieronymus widmete sich (öffnete seine Ohren) gerne lateinischen und griechischen Schriftstellern. 2. Als er einmal von einer schweren Krankheit geschwächt (aufgerieben) war, hatte (sah) er einen Traum *(somnium, -i)*. 3. Er wurde geschlagen (mit Schlägen versehen), weil er oft heidnische *(paganus)* Bücher gelesen hatte. 4. Nach dem Traum war sein Körper in der Tat mit vielen Wunden bedeckt (versehen). 5. Deshalb gelobte er, daß(!) er heidnische Bücher nicht mehr lesen werde; was er versprochen hatte, hielt (vollendete) er.

c) *1. Übersetze folgende Formen:*

facit, reficiunt, afficerent, conficis, satisfacit, effecit, interficiebant, perficiat, praefecit, reficiam

2. Setze diese Formen ins Passiv!

d) *Übersetze:* 1. Hieronymus sociis praefectus erat. 2. Mercatores sibi viam per silvam patefaciebant. 3. Hieronymus cum munera suscepta optime confecisset, annis confectus de vita decessit. 4. Socii numquam ab amicitia Hieronymi magistri defecerunt. 5. Asinus a leone interfectus non est.

e) *Bilde die entsprechenden Formen des Aktivs:*

reficitur, fiunt, fiat, fieri, fies, fieret, fiebat, praefectus est, perficeretur, interfectus erat, efficiuntur, affici

f) *Bilde zu folgenden Adjektiven das Adverb im Positiv, Komparativ und Superlativ:*

iustus, miser, pulcher, bonus, malus, celer, acer, brevis, felix, constans, prudens

60 3. Konjugation: Dehnungsperfekt
Gr. 92. 109

H 1. Nē **iaciās** lapidēs in aliōs.
2. In apostolōs interdum lapidēs **iactī sunt**.
3. Imperātōrēs Rōmānī multōs Christiānōs in carcerem **coniciēbant**.
4. Christiānī in carcerem **coniectī sunt**.
5. Paulus apostolus ex Asiā in Graeciam **trāiectus** est.

L Diese Wunder überzeugten alle

Iohannes in urbibus Asiae praedicabat[1]. Nonnumquam pagani[2] lapides in eum *iaciebant*. Ex oppidis quibusdam *eiciebatur*. In urbe Epheso aliquando cives ad eum concurrerunt; pontifex[3] eorum Iohanni dixit: „Nisi Dianae deae sacrificium facies, te in carcerem *coniciemus* aut bestiis *obiciemus*." Iohannes autem
5 respondit: „Orate Dianam, ut templum Christi evertat. Si Dianae id contigerit, ei sacrificia faciam. Ego Christum orabo, ut templum Dianae evertat. Si id fecerit, in Christum credatis." Et statim templum Dianae corruit[4].
Iohannes autem pontifici nondum persuaserat. Nunc ille cupivit Iohannem venenum sumere. „Nisi", inquit, „tibi nocebit, credam deum tuum deum verum
10 esse." Antea autem duos latrones damnatos venenum bibere iussit. Statim interfecti sunt. Tum Iohannes venenum bibit. Sed nullum damnum cepit. Tunc omnes ad pedes eius se *proiecerunt* et imperio dei *subiecerunt*. Iohannes eos ad numerum Christianorum *adiecit*.

Ü a) *Erstelle eine kurze Inhaltsangabe des Lesestückes unter Verwendung folgender Formen:* 1. iacti sunt 2. eiecerunt 3. coniecturi erant 4. damnum non cepit 5. se proiecerunt

b) *Übersetze:* 1. Als Johannes ein andermal gepredigt hatte *(praedicare)*, wurde er ins Gefängnis geworfen, weil er falschen Göttern nicht opferte. 2. Trotzdem unterwarf er sich den Weisungen der Heiden *(pagani, -orum)* nicht. 3. Später wurde er vom Kaiser gerufen und nach Italien übergesetzt. 4. Dort ergriffen ihn dessen Gesandte und warfen ihn in heißes (warmes) Öl *(oleum)*. 5. Johannes aber fühlte keinen Schmerz und überlebte.

---

[1] *praedicāre* hier: predigen   [2] *pāgānus, -ī* hier: der Heide   [3] *pontifex, -icis* der Oberpriester
[4] *corruere* einstürzen

c) *Ergänze das passende Verbum im Indikativ Perfekt:*

1. Iohannes in vincula ... 2. Iohannem incolae ex oppido ... 3. Incolae apostolo crimina ... 4. Christiani bestiis ... 5. Christiani imperio imperatoris se non ... 6. Iohannes multos cives ad numerum Christianorum ...

d) *Übersetze und bilde die entsprechende Präsensform:*

iecissent, coniecerint, eiecti essent, obiciebatur, proiectum est, susceperunt, confecisti, satisfiet, fieret, factum esse, subiciebamus, traiecti sunt, adicero, capies, despicieris, decipereris

e) *Suche eine treffende Übersetzung:* 1. Sub ipsis muris apostolus concidit. 2. Orator singulari quadam eloquentia animos hominum incendebat. 3. Deus mirum quiddam effecit. 4. Iohannes quosdam ad numerum Christianorum adiecit.

f) *Erkläre:* Projekt, Projektor, Subjekt, Objekt; subjektiv, objektiv, Adjektiv

S Die Römer waren fremden Religionen gegenüber duldsam und aufgeschlossen. Sie übernahmen sogar neue Götter, die sie auf Eroberungszügen kennengelernt hatten. Unüberwindliche Schwierigkeiten gab es erst mit Juden und Christen. Zwei Gründe sind entscheidend:

1. Der römische Kaiser sollte als Gott verehrt werden. Der Kaiserkult war Bestandteil der römischen Religion und der römischen Politik. Den Christen war es aber unmöglich, auch nur der äußeren Verpflichtung zu genügen: nämlich vor dem Kaiserbild Weihrauch zu streuen. Bereits dies galt als Abfall.

2. Die jüdische und christliche Religion mit ihrem Glauben an einen Gott duldete ‚keine fremden Götter'.

So wurden die Christen mehr aus politischen als aus religiösen Gründen verfolgt. Bekannt sind die grausamen Qualen, die Kaiser Nero (54–68 n. Chr.), Decius (249–251 n. Chr.) und Diokletian (284–305) den Christen bereiteten.

Der Fisch war ein Geheimzeichen für die Zugehörigkeit zur christlichen Glaubensgemeinschaft. Das griechische Wort für Fisch heißt ICHTHYS. Hinter diesem Wort verbergen sich die Anfangsbuchstaben der Formel:

Iesous **Ch**ristos **Th**eou (Gottes) **Y**ios (Sohn) **S**oter (Retter)

61 3. Konjugation: Dehnungsperfekt
Gr. 92. 110–111

H 1. Quod imperātor Decius in Christiānōs crūdēliter animadvertēbat, multī ē patriā **fugiēbant**.

2. Paucī iūdicium **effūgērunt**.

3. Decius mīlitibus imperāvit, ut Christiānōs gladiīs **foderent**.

L Die sieben Schläfer

Imperator Decius Christianos severissime puniebat; pauci odium eius *fugerunt*.
In urbe Epheso septem viri pii erant, qui milites Decii *effugere* cupiebant. Pecuniam secum portantes ex oppido exierunt et in specum[1] *confugerunt*. Cum
5 esuriebant[2], unus ex iis in urbem mittebatur, ut cibos emeret. Aliquando, cum comperirent se a Decio quaeri, deum oraverunt, ut constantiam praeberet. Tum curis confecti somno capti sunt. Milites imperatoris cum vidissent eos in specu dormire, aditum muro clauserunt.
Post ducentos annos vir quidam prope illum locum domum aedificavit et illum
10 murum rescidit. Ea re septem viri e somno excitati sunt. Statim unus ex iis ad oppidum missus est, ut cibos emeret. Sed nummi, quos habebat, mercatoribus ignoti erant. Cum homines concurrerent, timuit, ne ad Decium duceretur. Sed mox comperit imperatorem ante duo saecula mortuum esse. Tum narravit se temporibus Decii cum sex amicis in specum *profugisse*; et admiratio omnes cepit.

Ü a) *Beantworte lateinisch:* 1. Quomodo septem viri milites Decii effugere temptaverunt? 2. Cur unus ex iis in urbem redibat? 3. Quomodo milites Decii eos interficere paraverunt? 4. Quomodo septem a deo servati sunt? 5. Quando e somno excitati sunt?

b) *Übersetze:* 1. Selbst der Kaiser Theodosius mied keine Mühe und kam zu der Höhle *(caverna)* der sieben Männer. 2. Er sagte zu ihnen: „Ihr seid aus der Gefahr entkommen, die Christen wird niemand mehr mit Unrecht verfolgen (versehen); denn der christliche Glaube hat gesiegt. 3. Sagt mir, wo Petrus und

---

[1] *specus, -ūs* die Höhle   [2] *ēsurīre* Hunger haben

Die Katakomben waren ursprünglich unterirdische christliche Grabstätten. Sie bestanden häufig aus weitverzweigten kilometerlangen Stollen. In Zeiten der Verfolgung waren sie den Christen ein sicherer Zufluchtsort. Hier versammelten sie sich zu Predigt und Abendmahl. Die Abbildung zeigt Gänge und Höhlungen für die in die Wände eingelassenen Gräber. Die Eingänge sind mit Darstellungen aus der Bibel bemalt.

Paulus begraben *(humare)* worden sind (Konj.)! Sicher wißt ihr es, denn ihr habt in jener Zeit gelebt." 4. Sie antworteten: „Grabe in der Stadt Rom die Erde um°, und du wirst sie finden." 5. So geschah es (ist es gemacht worden).

c) *Übersetze:* es wurde gegraben, sie waren im Begriff zu fliehen, wir hätten uns geflüchtet, meide, du wirst entkommen, laßt uns flüchten, laßt uns Genüge tun, ihr würdet werfen, du unternahmst, er hat empfangen, sie hätten abgeschüttelt, es war gewünscht worden

d) *Wiederhole die Verba mit Präsensstamm auf -i,*

1. indem du folgende Formen übersetzt:

cupivisse, rapuerit, direptum est, eriperetur, illicere, aspiciatis, concussi sunt, pariturus, acceperim, coepisse, effice, interfici, iacturum esse, proicerem, subiceris, fiebat

2. indem du noch einmal zusammenstellst, bei welchen Formen der Präsensstamm nicht auf -i- endet!

e) *Bei manchen Verben der 2., 3. und 4. Konjugation wird durch das Suffix -tare ein neues Verbum gebildet. Ein solches Verbum bezeichnet entweder eine Verstärkung (verbum intensivum) oder Wiederholung (verbum iterativum):*

Beispiel: iacere: iactare, consulere: consultare

Überlege, welche bekannten Verba der 1. Konjugation nach dieser Art gebildet sind!

f) *Was ist das?* 1. orationes inter se contrariae 2. vir strenuus et numquam cessans 3. promissa inania 4. locus castris idoneus 5. ingenium mediocre

62 3. Konjugation: Verben auf -sco
Gr. 92. 112–115

H 1. Fāma sānctī Nīcolāī in diēs **crēscēbat.**
2. Spēs multōrum hominum **crēvit,** cum dē mīrāculīs Nīcolāī audīvissent.
3. Nīcolāus, ut pāstor bonus, gregem Christiānōrum **pāscēbat.**
4. Nīcolāus **assuēverat** pauperēs adiuvāre.

L Die bekehrten Diebe

Mercator quidam, cuius opes *creverant*, timuit, ne raperentur. Quod ei notum erat sanctum Nicolaum mirabilia facinora effecisse, imaginem eius emit et in domo sua collocavit. Cum iter suscipiebat, imagini Nicolai fortunas suas committebat dicens: „Nisi bona mea bene custodies, te verberabo." Aliquando,
5 ut *consueverat*, iter fecit. Sed fures occasionem ceperunt et opes mercatoris rapuerunt. Is cum rediret, concussus hoc casu imaginem corripuit et verberibus affecit.
Fures in prato *quieverunt*. Subito vir iis appropinquavit, cuius corpus verberibus livebat[1]. „Pro vobis", inquit, „verberatus sum. Nisi reddetis, quod rapuistis,
10 deus vos poena afficiet." Rogatus, quis esset, vir respondit: „Nicolaus sum."
Metus furum *crescebat*; itaque mercatori omnia, quae rapuerant, reddiderunt. Cum is furibus fabulam de imagine narraret, animi eorum ita percussi sunt, ut viri probi fierent.

---

[1] *līvēre* blau schimmern

Transportschiff. Römische Malerei aus dem 3. Jh. n. Chr.

Ü a) *Forme die Legende in einen lateinischen Dialog um! Verwende folgende Personen:*
   Erzähler, Kaufmann, Nikolaus, Diebe

b) *Übersetze:* 1. Einst war große Not, und die Sorgen der Bewohner wuchsen. 2. Da kamen Hirten, die ihre Herden nahe der Küste weideten, zu Nikolaus. Sie erzählten, daß(!) mit Getreide beladene Schiffe im Hafen die Anker *(ancora, -ae)* geworfen hatten. 3. Nikolaus sorgte, wie er es° sich angewöhnt hatte, für° (Dat.) die Bürger: 4. Daher bat er die Matrosen, daß sie den Armen Getreide gäben. Obwohl sie sehr viel zuteilten, wurde das Getreide nicht weniger (gemindert).

c) *Suche aus H und L alle Verba heraus, die im Imperfekt oder Perfekt stehen und begründe jeweils, warum das Tempus gesetzt ist! Welche Zeit verwendest du im Deutschen?*

d) *Von welchen lateinischen Verben sind folgende Wörter gebildet? Erkläre sie!*
   Pastor, konkret, Requiem, Satisfaktion, suspekt, Affekt, Projektion, faktisch

e) *Bilde parallel eine Tempusreihe zu:*
   1. quiescis *und* capis *2.* pascitur *und* fit

f) *Suche eine treffende Übersetzung:* 1. luna crescens 2. flumen crescit 3. dolores crescunt 4. numquam quiescet, priusquam id perfecerit 5. homines labore duro assueti 6. id plerumque hominibus accidere consuevit

63 3. Konjugation: Verben auf -*sco*
Gr. 92. 116–118

H 1. Hodiē fābulam dē sānctō Augustīnō **nōscētis**.

2. Fortasse nōmen Augustīnī iam **nōvistis**.

3. Christiānī ē librīs Augustīnī multa **didicērunt**.

L Der wundertätige Finger

Monachus[1] quidam, qui apud Augustinum doctrinam Christianam *didicerat*, corpus Augustini mortui custodiebat. Aliquando vir, qui monachum *noverat*, ad eum venit et rogavit, ut sibi[2] digitum sancti Augustini daret; putabat enim digitum miracula efficere posse. Monachus autem argentum pro digito *poposcit*.
5 Illud accepit, sed virum fefellit: ei enim digitum alterius corporis dedit.
Semper ille vir digitum secum portavit. Per digitum aegros sanos fecit et fame confectos recreavit et alia facinora mirabilia effecit. Omnes putabant vim dei inde *agnosci* posse. Fama viri in dies crescebat; mox sibi magnam laudem pepererat.
10 Etiam monachus facinora eius comperit. Itaque mala conscientia vexabatur et verum patefecit dicens se illum virum decepisse. Statim sepulcrum Augustini aperuerunt et *cognoverunt* ei unum digitum deesse. Omnes hoc miraculo perculsi sunt. Monacho autem nemo *ignovit*; itaque ultro poenam *depoposcit*. In carcerem coniectus est.

---

[1] *monachus, -ī* der Mönch   [2] *sibi* ihm

Ü a) *Ergänze die Sätze so, daß sich eine Inhaltsangabe des Lesestückes ergibt:*
1. Monachus a viro rogatus est, ut ... 2. Vir nesciebat se ... 3. Monachus cum facinora viri comperiret, ... 4. Cum sepulcrum Augustini aperirent, ... 5. Quod monachus virum deceperat, ...

b) *Übersetze:* 1. Ein gewisser Mönch, der bei Augustinus die Wissenschaften gelernt hatte, war blind (gemacht) geworden. 2. Er begehrte trotzdem zu predigen *(praedicare)*; deshalb erbat (forderte) er einen Führer. 3. Dieser böse Mensch erkannte, daß(!) der Mönch *(monachus, -i)* hilflos war. 4. In einem Tal, das voll von (Gen.) Steinen war, sagte er: „Eine schweigende Menge fordert, daß du predigst." 5. Sofort begann der Mönch zu predigen. 6. Als er geendet hatte, antworteten die Steine: „Amen".

c) *Bilde parallele Tempusreihen zu 1.* fugio *und* ignosco *2.* laudamini *und* agnoscimini

d) *Bestimme folgende Formen nach Person, Numerus, Modus, Tempus, Genus und übersetze sie:*
deposcerim, quieverat, crevissent, consueverunt, effugerent, coniciebamus, subiciamus, patefit, afficitur, illecti sunt, collecti essent, respiciamus

e) *Setze folgende Adjektiva und Adverbia in den Komparativ und Superlativ:*
bene, late, magnus, parvus, velociter, diligens, facile, difficulter, constans, acer, miser, pulchre

f) *Die Verben auf -sco bezeichnen oft einen Beginn. Was heißt demnach* consenescere (senex), pertimescere (timere), conticescere (tacere), ingravescere (gravis), convalescere (valere), concupiscere (cupere), exardescere (ardere), erubescere (ruber)?

g) *Sentenzen:* 1. Nosce te ipsum! 2. Fiat voluntas tua! 3. Dimidiúm *(Hälfte)* factí, quí bene coépit, habét. 4. Túm tua rés agitúr, pariés *(Wand)* cum próximus árdet. 5. Laúdat alaúda *(Lerche)* deúm, dúm sése (se) tóllit in áltum; dum cadit ín terrám, laúdat alaúda deúm. 6. Caélum nón animúm mutánt, qui tráns mare cúrrunt. 7. Princípiís obstá! Seró medicína parátur. 8. Male vivunt, qui se semper victuros esse putant. 9. Vóx audíta perít, líttera scrípta manét.

▶ Wiederholungsstück und Test **W 13, S. 164**

64 ferre und Komposita
Gr. 94. 1–2

H 1. Officium nostrum est miserīs auxilium **ferre**.
2. Currimus et auxilium **ferimus**.
3. Currāmus et auxilium **ferāmus**.
4. Curremus et auxilium **ferēmus**.

5. Curris et auxilium **fers**.
6. Homō benīgnus currit et auxilium **fert**.
7. Miserī servārentur, sī currerēmus et auxilium **ferrēmus**.
8. Curre et auxilium **fer**!

9. Miserīs auxilium **tulimus**.
10. Miserīs auxilium **lātum est**.

L Die Sintflut

Aliquando homines deo sacrificia *ferre* desierunt; vitia eorum in dies crescebant. Deus hoc graviter *tulit* et doluit, quod homines creaverat. „Malitiae[1] hominum", inquit, „brevi tempore finem faciam." Et deo placuit, ut hominibus perniciem *ferret*. Unus vir autem, qui nomen Noe *ferebat*, gratiam dei sibi conciliaverat.
5 A ceteris hominibus *differebat*, nam iustus et integer erat. Omnes de virtutibus eius *referebant*. Deus autem cum hominibus mortem *afferre* decrevisset, ei auxilium suum *obtulit*.
„Para tibi", inquit, „arcam[2] ligneam! Adducam enim diluvium[3] et omnia animalia interficiam. Tu autem solus supereris. *Perfer* igitur omnes labores!"
10 Noe consilium dei ad filios suos *detulit*; statim arcam fecerunt. Tum cibos *contulerunt* et ex omnibus animalibus bina[4] in arcam induxerunt. Postremo Noe, uxor eius, tres filii, uxores eorum in arcam se *contulerunt*. Tum quadraginta dies et noctes pluit[5]. Deus terrorem in oppida et vicos *intulit*. Undae arcam *abstulerunt*. Etiam trans summos montes arca *translata* est.
15 Omnia animalia perierunt. Solus Noe et ii, qui cum eo erant in arca, supererant. Post trecentos quinquaginta quattuor dies Noe cum suis ex arca exiit. Manus ad caelum *sustulerunt* et deum laudibus *efferre* coeperunt.

---

[1] *malitia, -ae* die Schlechtigkeit, Bosheit   [2] *arca, -ae* die Arche
[3] *dīluvium, -ī* die Überschwemmung   [4] *bīnī, -ae, -a* je zwei   [5] *pluit* es regnete

Die Sintflut. Buchmalerei aus einer Handschrift des 6. Jh.

Ü a) *Verwandle, soweit möglich, die Sätze aus L, in denen* ferre *bzw. ein Kompositum vorkommt, ins Passiv!*

b) *Nenne aus dem Gedächtnis möglichst viele Komposita von* ferre *mit deutscher Bedeutung!*

c) *Setze die passende Form von* ferre *bzw. einem Kompositum ein:*
1. Asinus *(Esel)* onus grave ... 2. Imperator victus monetur, ut cladem patientia ... 3. Concilium in aliud tempus ... 4. Legati nuntium iucundissimum ... 5. Si res poscit, auxilium tibi a nobis ... 6. Nautae ancoras *(Anker)* ...

d) *Übersetze:* 1. Herakles trug das Fell eines Löwen. 2. Wir werden tragen, was das Schicksal bringen wird. 3. Es ist leichter, Unrecht zu tun als zu (er)°tragen. 4. Die Zeit bringt Rat (herbei). 5. Die Reise wird verschoben werden. 6. Du wirst die angebotenen Geschenke annehmen. 7. Die Räuber hatten die Beute weggetragen. 8. Den Armen ist keine Hilfe gebracht worden.

e) *Bilde nebeneinander eine Tempusreihe in der 2. Pers. Sing. von* ferre *und* gerere!

f) *Übersetze folgende Sprüche:* 1. Quod differtur, non aufertur. 2. In silvam ligna non feres. 3. Necessitas tollit arbitrium *(Entscheidung)*. 4. Omne onus, quod bene fertur, leve est. 5. Quod male fers, assuesce, feres bene. 6. Timeo Danaos *(Griechen)* et *(etiam)* dona ferentes.

g) *Vergleiche:* ferre – fortuna – fortasse – frugifer (fruges – ferre) – fruchtbar – Bahre – Eimer (aus Ein-ber) – Zuber

S Das Wort Sintflut wird vielfach umgedeutet in Sündflut als Ausdruck der Strafe für die Sünden der Menschen in der Urzeit. In Wirklichkeit bedeutet *sint* ‚immer, dauernd'. Sintflut ist also eine langanhaltende Flut. Sagen von einer großen Flut gibt es bei vielen alten Völkern, z. B. bei den Griechen die Sage von Deukalion und Pyrrha. Der Ursprung dieser Sagen dürfte auf tatsächliche Überschwemmungen in frühester Zeit zurückgehen.

65 velle – nolle – malle
Gr. 95

H 1. Idem **velle** atque idem **nōlle** firma amīcitia est.
2. Hoc **volō,** sīc iubeō.
3. **Mālō** dīligī quam timērī.
4. Sī **vis** amārī, amā!
5. Quae **volumus,** crēdimus libenter.
6. Numquam **volam,** quod tū **nōlēs.**
7. **Nōlī** turbāre circulōs meōs!

L David gegen Goliath

Philistī[1] copias coegerunt, quod Israelitīs[2] bellum inferre *volebant*. Israelitae quoque bellum parabant. Cum eorum exercitus in conspectu Philistorum constitisset, subito Goliathus, vir ingens, ex acie in medium exiit: „Quis", inquit, „mecum pugnare *vult*? Si quis me vicerit, servi Israelitarum esse *volumus*. Sed
5 si ego victor ero, vobis imperabimus."
Cum milites Israelitarum pugnare *nollent*, rex animos eorum incitabat: „*Mavultisne* servire quam pugnare?" Sed nemo hoc periculum subire *voluit*. Quadraginta dies Goliathus Israelitas ad pugnam lacessivit, sed frustra.
Aliquando David a patre ad exercitum Israelitarum missus est, ut fratribus
10 panem ferret. Ibi cum Goliathum magna voce clamare audiret, statim: „Patriam", inquit, „defendere *volo*; nam *malo* bene occidi quam turpiter vivere". Tum quinque lapides de terra sustulit et Goliatho appropinquavit. Is autem Davidem contempsit, cum videret eum adulescentem esse. „Quid *vis*?" inquit; „sine gladio venis. Carnem[3] tuam avibus caeli dabo." David autem eum lapide
15 afflixit. Tum ad eum accessit, gladium ei eripuit, eum interfecit.

---

[1] *Philistī, -ōrum* die Philister   [2] *Israēlītae, -ārum* die Israeliten   [3] *carō, carnis* das Fleisch

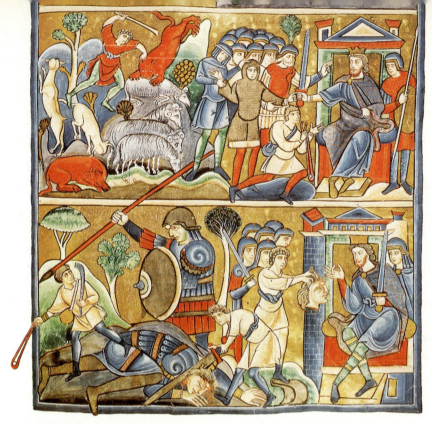

Die Geschichte von David und Goliath.
Buchmalerei aus einer Bibelausgabe, Ende 12. Jahrhundert.
Versuche die dargestellten Szenen zu beschreiben!

Ü a) *Verfasse ein kurzes lateinisches Zwiegespräch zwischen David und Goliath!*

b) *Übersetze:* 1. Ich will nach Griechenland segeln. 2. Er wollte seinem Vater nicht gehorchen. 3. Die Menschen wollen lieber Beispiele als Worte. 4. Was wollt ihr? 5. Ihr werdet eure Feinde nicht sehen wollen. 6. Täuscht uns nicht! 7. Viele wollen lieber unwissend sein als lernen.

c) *Übersetze folgende Formen von* velle *und bilde dazu die entsprechende von* nolle *und* malle:

vis, velint, volebat, volumus, vellem, vult, voles, volueratis

d) *Übersetze:* velimus, volamus, volam, vis (2), vim, vultis, vultus, velle, vallo, mali (2), malui, noli, novi (3), nolui, nulli, magis, mavis, nolent, nollent

e) *Erkläre:* velle – voluntas – voluptas – benevolentia – vel – Volontär; Differenz – Konferenz – Offerte

Wiederholungsstücke

W 1 Betrogen und verlacht *(zu Lektion 1–6)*

Os devoratum in fauce[1] cum haereret lupi, magno dolore superatus imploravit ceteras bestias: „Adeste, amici, adeste! In omnibus periculis ego etiam vobis adero."
Sed ceteris animalibus persuadere non potuit. Cogitabant: „Lupum non
5 servabimus. Adhuc torquemur memoria factorum malorum eius."
Alia animalia lupum increpuerunt: „Adsit tibi, cui[2] affuisti!" Alia autem periculum timuerunt et abierunt. Tandem lupus grui[3] mercede persuasit, ut hoc periculum adiret.
Postea cum grus praemium a lupo postularet, risit lupus: „Te non devoravi!
10 Hoc tibi magnum donum est. Ha . . ha . . ha . ."
Haec fabula docet: Ne[4] adiuves improbos!

---

[1] *faux, faucis* der Schlund   [2] *cui* dem   [3] *grūs, gruis* der Kranich   [4] *nē* nicht

TEST *(zu Lektion 1–6)*

Überprüfe deine Sicherheit in den Verbalformen!

Schreibe die gefundenen Lösungen auf ein Blatt. Schreibe immer zuerst die Nummer der Frage, dann je nach Frage entweder den Kennbuchstaben der richtigen Antwort oder mehrere Kennbuchstaben oder eine von dir formulierte Antwort!

Also zum Beispiel: 18c oder 21c,d oder 23. tacuit.

1. *Welches ist eine Verbalform?*
    a) latis   b) lates   c) lato   d) lactis

2. *Welche Form kann nicht Verbalform sein?*
    a) arce   b) arces   c) arcis   d) arcui

3. *Welche Formen können Verbalform und Substantiv zugleich sein?*
    a) arcui   b) arces   c) lates   d) latui

4. *Bilde zu folgenden Präsensformen jeweils die entsprechende Perfektform:*
    a) haeret   b) eminent   c) vigemus   d) rides

5. *Bestimme folgende Verbalformen nach Person, Zahl, Modus, Tempus, Genus und übersetze sie:*
    a) torsissent   b) latet   c) auxerat   d) apparebit   e) cubuit

6. *Übersetze folgende kurze Sätze:*
   a) Oraculum hostibus non placuerat.
   b) Athenienses Codrum retinebant.
   c) Hostes manus abstinebant a Codro.
   d) Codrus impetum sustinuerat.

7. *Übersetze ins Lateinische und achte besonders auf den Fall:*
   a) Er hatte die Hilfe des Vaters nicht (=er entbehrte ...).
   b) Wer wird den Theseus beauftragen, nach Kreta zu segeln?
   c) Er bedurfte der Hilfe der Götter.
   d) Halte den Angriff aus!

8. *Bilde eine Tempusreihe zu* patere *und* sonare *in den Indikativen der 3. Person Singular Aktiv!*

9. *Bilde eine Tempusreihe zu* praebere *und* vetare *in den Konjunktiven der 1. Person Plural Aktiv!*

10. *Bilde eine Tempusreihe zu* coercere *und* domare *in den Indikativen der 3. Person Plural Aktiv!*

11. *Teile folgende Verba in zwei Gruppen und sammle*
    in Gruppe a) *Verba mit u-Perfekt,*
    in Gruppe b) *Verba mit s-Perfekt!*
    miscere, placere, perterrere, manere, suadere, torquere, ardere, censere, prohibere.

12. *Bilde zu folgenden Präsensformen jeweils die entsprechende Imperfekt- und Perfektform:*
    a) possum   b) prosum   c) ades   d) abest   e) praesunt   f) intersumus   g) deest

13. *Übersetze:*
    a) pugnae intereramus
    b) amico affuisti
    c) exercitui praefuit
    d) ceteris superfuerat
    e) consilium non profuit

14. *Bilde die entsprechende Präsensform und gib die deutsche Bedeutung an:*
    a) arcui   b) domuisti   c) domiti erant   d) miscuerim   e) adiuvarentur
    f) increpiti essent.

15. *Übersetze:*
    a) er hatte geraten   b) ich habe gemischt
    c) es wird brennen   d) er ist geblieben
    e) er würde fördern   f) sei verborgen
    g) ich hätte gemeint   h) haltet aus
    i) er hatte geschnitten

W 2 Der Hirte und der Wolf *(zu Lektion 7–10)*

Cum sagittas venatoris[1] urgentis lupus vitavisset et pastor[2] videret, ubi nunc lateret, ille metu permotus: „Oro te", inquit, „pastor, ut mihi adsis; nam magnum periculum impendet. Numquam tibi nocui. Spes meae e te pendent."
Et pastor: „Es sine cura! Precibus tuis indulgebo. Aliam[3] venatori monstrabo viam."
Mox venator cum appropinquavisset: „Vidistine", inquit, „pastor, lupum?"
Pastor respondit magna voce: „Sinistra via iit." Sed oculis dextram viam monstravit. Venator autem id non vidit. Statim abiit.
Tum pastor lupum interrogat: „Habebisne mihi nunc gratiam?"
Tum ille: „Magnam gratiam linguae tuae habebo, sed oculis tuis fallacibus[4] talem gratiam habebo, ut ex minore[5] numero ovium[6] videas, quam memor sim facti tui."

---

[1] *vēnātor, -ōris* der Jäger   [2] *pāstor, -ōris* der Hirte   [3] *alius* ein anderer
[4] *fallāx, -ācis* trügerisch   [5] *minor, -ōris* kleiner   [6] *ovis, -is* das Schaf

Ü a) *Ordne folgende Verben nach ihrer Perfektbildung in eine der drei Gruppen ein:*
   1. Suffix (-u, -v, -s), 2. Reduplikation, 3. Dehnung
   pendere, sedere, invidere, lugere, iacere, spondere, favere, arcere, commovere, delere, indulgere, cavere

b) *Bestimme und übersetze:* caves, careas, respondit, respondet, spoponderit, vocaveras, voci, obsedi, moveris, mores, invidiam, invideam, vici, lugerent, lucet, lucis

c) *Versuche aus der e-Konjugation Verben gegensätzlicher Bedeutung zu finden:*
   vetare, latere, ridere, carere, stare, imperare, aegrum esse, prodesse, placere

d) *Übersetze und bilde die in Person, Modus, Numerus und Genus entsprechende Form des Plusquamperfekts:*
   providistis, possideas, sedebamus, commovemini, impendet, urgerent, persuadeo, auxerim, eminuit, prohiberemur, domemus, aderam

e) *Übersetze:* 1. Stellae luxerunt. 2. Hercules magistrum luxit. 3. Precibus indulgeamus. 4. Fortuna belli pependit. 5. Hercules ira permotus erat. 6. Res futuras non providemus. 7. Dei vitae hominum provident.

f) *Welche Bedeutung hat* per- *bei folgenden Verben?*
   perterrere, persuadere, permanere, permovere
   Was heißt demnach: permagnus, permulti, perpauci, perdoctus?

g) *Welche lateinischen Verba sind mit folgenden deutschen verwandt?*
   mahnen, mischen, haben, sitzen, leuchten, pendeln

h) *Erkläre Wortbildung und Wortinhalt:* Korrespondenz, Kaution, Favorit, Motor, Lokomotive, mobil, Möbel, Immobilien, Possessivpronomen, Visum, visuell, Video-Recorder, Visier, Vision, Provision.

W 3 Der Gernegroß *(zu Lektion 11–15)*

In agro aliquando rana[1] vidit magnum bovem. Et invidia permota inflavit[2] pellem. Tum natos suos interrogavit, an[3] magnitudine bovem superaret. Illi negaverunt. Iterum inflavit pellem magna vi et simili interrogavit modo, an nunc bovem superaret. Illi responderunt: „Bos te superat."
5 Saeviens cum rana iterum se inflare studuisset, rupto[4] iacuit corpore.

---

[1] *rāna, -ae* Frosch   [2] *īnflāre* aufblasen   [3] *an* ob   [4] *ruptus* geplatzt

So ein Reinfall

Cum corvus[1] caseum[2] raptavisset, laeto animo in arbore alta sedebat. Vulpes[3] hunc vidit, deinde corvum sic appellavit: „O quam pulcher es, corve! Mira veste vestitus es, in vultu tuo gravitas est. Si praeterea vocem pulchram haberes, omnes aves tibi servirent."
5 Sed ille stultus nescit, cur a vulpe ita laudetur. „Vocem quoque," inquit ille, „habeo pulchram . . . . . .", et caseum vulpes raptat.

---

[1] *corvus, -ī* der Rabe   [2] *cāseus, -ī* der Käse   [3] *vulpēs, -is* der Fuchs

TEST *(zu Lektion 7–15)*

Überprüfe deine Sicherheit! Verfahre entsprechend der Anweisung auf Seite 140!

1. *Welche Form kann nicht Verbalform sein?*
   a) servo   b) servio   c) serviam   d) servam

2. *Welche zwei Formen können Verbum und Substantiv zugleich sein?*
   a) veste   b) vestis   c) vesti   d) vestes

3. *Welche Form kann nur von einem Substantiv kommen?*
   a) finis   b) fini   c) finies   d) fines

4. *Nenne zu folgenden deutschen Wörtern je ein zugehöriges lateinisches Verbum der 4. Konjugation:*
   a) mollig   b) peinlich   c) Küster   d) Weste

5. *Nenne zu folgenden lateinischen Wörtern je ein zugehöriges lateinisches Verb:*
   a) scientia   b) servus   c) moenia   d) poena

6. *Wähle die richtige Antwort:*

    Infinitiv heißt eine Verbalform

    a) weil von ihr aus ,,unbegrenzt viele" Formenbildungen möglich sind
    b) weil sie hinsichtlich Person, Zahl, Modus nicht ,,festgelegt" ist

7. *Ergänze* ut non *oder* ne:

    a) Periculum erat, . . . liberi perirent.
    b) Tantum periculum erat, . . . liberi servarentur.
    c) Puer festinavit, . . . puniretur.
    d) Equus ita saevierat, . . . animus eius molliretur.

8. *Übersetze treffend:*

    a) Quidam narrant
    b) si quis nescit
    c) quiddam divinum

9. *Übersetze und schreibe die entsprechenden römischen Ziffern daneben:*

    a) duodevicesimus
    b) quadringenti
    c) sescentesimus
    d) quater

10. *Ordne Entsprechendes zusammen!*

    a) novies   b) mille   c) primus
    I) Ordnungszahl   II) Grundzahl   III) Zahladverb

11. *Ordne zusammen!*

    a) cum mille   I) hominum
    b) tertium   II) servos
    c) cum duobus milibus   III) hominibus
    d) viginti unum   IV) exemplum

12. *Welche Form weicht im Tempus von den drei anderen ab?*

    a) monetis   b) cantemus   c) sities   d) eunt

13. *Setze folgende Formen ins Futur!*

    a) deles   b) custodit   c) imus   d) laudant

14. *Setze in den Konjunktiv:*

    a) amamus   b) delemus   c) imus   d) audimus

15. *Setze in den Konjunktiv:*

    a) finio   b) finiebat   c) finiverunt   d) finiveras

16. *Bilde eine Tempusreihe zu* finire *in allen Indikativformen der 2. Person Plural und übersetze jede Form ins Deutsche!*

17. *Übersetze:*

a) In medium diem dormivistis.
b) Tellus sitit.
c) Famem finiverunt.
d) Imperium Pelias munivit.

18. *Bilde die entsprechenden Präsensformen zu:*

a) erudiverim   b) oboedivero   c) munivissent   d) sciet

19. *Übersetze:*

a) sitient   b) muniant   c) serviebat
d) puniveras   e) scito   f) nescitis
g) mollivisti   h) vestiti estis

20. *Übersetze:*

a) er hatte gehört   b) ich werde schlafen
c) sie haben gehorcht   d) laßt uns mildern
e) bewache   f) bestraft!
g) wir dürsteten   h) sie waren Sklaven
i) er wütet   k) ihr werdet befestigen
l) sie würden hören

W 4 Ein unheimlicher Gast *(zu Lektion 16–19)*

Faunus[1] quidam ante casam suam viatorem[2] fessum convenit. Cum videret virum frigore hiemis laborare, eum ad cenam invitavit. Viator statim verbis eius paruit; nam speravit se mox vires suas recreaturum esse. Cumque Faunus videret viatorem saepe manus ad os ad-movere et illas inhalare[3], rogavit, cur
5 inhalaret. Respondit viator se hoc modo vim frigoris levaturum esse. Tum Faunus vinum calidum in poculo apportavit et convivam haurire iussit. Etiam hoc inhalavit viator. Fauno causam roganti respondit hoc modo potum[4] refrigerari[5]. Tum Faunus perterritus: „Abi!" inquit. „Ex eodem ore et calidum et frigidum efflas[6]. Di me servent!"

---

[1] *Faunus* ein Feld- und Waldgott   [2] *viātor, -ōris* der Wanderer   [3] *inhālāre* anhauchen
[4] *pōtus, -ūs* der Trank   [5] *refrīgerāre* kühlen   [6] *efflāre* herausblasen

Ü a) *Setze in die Lücke das passende Demonstrativ- bzw. Reflexivpronomen:*

1. Faunus viatorem invitavit, quod videbat ... frigore laborare. 2. Faunus putavit ... viatorem adiuvare posse. 3. Viator putavit ... cibo recreari. 4. Faunus vidit ... manus ad os ad-movere. 5. Viator respondit ... ita frigus levaturum esse.

b) *Übersetze die Verbalformen und bilde zu jeder Form des Präsensstammes den entsprechenden Infinitiv Präsens, zu jeder Form des Perfektstammes den entsprechenden Infinitiv Perfekt:*

desiliunt, aperiatur, sanctum est, hausisti, vinciris, senseram, possedissent, commovebatur, spoponderunt, cubuisti, prosum

c) *Laß folgende Sätze von den eingeklammerten Verben abhängen:*

1. Vobis nonnullas fabulas narravi (scitis). 2. Selinuntius paene a Dionysio necatus est (audivistis). 3. Nautae divitias Arionis raptaverunt (narravi). 4. Arion se in mare praecipitavit (comperistis). 5. Arion a delphino servatus est (constat). 6. Multas fabulas audietis (spero).

d) *Setze zu den Substantiven:*

exercitus, inimici, mathematicus, imperator, viator sitiens, magister, iudices, deus, puer, pater

die jeweils passende Wendung im Partizip Futur:

filios increpare, foedus sancire, inter se dissentire, oppidum circumvenire, aquam haurire, discipulos erudire, leges naturae reperire, manus lavare, futura providere, nautas morte punire.

e) *Wie lange lebten folgende berühmte Römer?*

1. Cicero orator: ab anno a.Chr.n. CVI usque ad annum a.Chr.n. XLIII 2. Caesar imperator: ab anno a.Chr.n. C usque ad annum a.Chr.n. XLIV 3. Horatius poeta: ab anno a.Chr.n. LXV usque ad annum a.Chr.n. VIII 4. Imperator Augustus: ab anno a.Chr.n. LXIII usque ad annum p.Chr.n. XIV 5. Imperator Nero: ab anno p.Chr.n. XXXVII usque ad annum p.Chr.n. LXVIII

W 5 Die Wanderer und der Bär *(zu Lektion 20–24)*

Duo amici confirmaverant se numquam amicitiam desituros, sed in periculis sibi semper affuturos esse. Aliquando in silvam ierunt. Cum tempus sermone tererent, subito ursus[1] cibum requirens eis appropinquavit. Statim alter[2] amicus timore commotus fuga salutem petivit et in arbore se occultavit. Alter[2] humi se stravit, animam continuit, membra non movit; audiverat enim ursos corpora mortuorum non devorare. Ursus ei appropinquavit et os ad vultum et aures viatoris[3] admovit. Tum in silvam rediit. Statim alter amicus de arbore desiluit et ex altero quaesivit: „Quid tibi ursus insusurravit[4]?" Et ille: „Mihi insusurravit: Cave ab amico in-fido!"

10 Haec fabula docet: Amicus certus in re incerta cernitur.

[1] *ursus, -ī* der Bär   [2] *alter – alter* der eine – der andere   [3] *viātor, -ōris* der Wanderer
[4] *īnsusurrāre* flüstern

Ü a) *Suche aus der Fabel die Verben der konsonantischen Konjugation heraus und bilde schriftlich deren Stammformen!*

b) *Nenne jeweils zwei Komposita von* cernere, petere, quaerere *mit deutscher Bedeutung!*

c) *Übersetze und suche diejenige Form heraus, die nur von einem Substantiv kommen kann:*

regis, lacessimur, requiretur, suppetet, capessivistis, expetamus, sternebamini, decretum est, cernam, trivissem, regem, sinite.

d) *Übersetze:* wir hatten aufgehört, ihr werdet säen, es wird unterschieden, verschmähe, es ist getrennt worden, du hättest begehrt, wir werden wiederholen, ich würde erstreben, du wurdest ergriffen, es war untersucht worden, sie werden gefragt haben, du sammelst

e) *Füge die in I und II aufgeteilten Satzhälften so zusammen, daß sie inhaltlich passen! Laß den Satz aus II jeweils durch AcI von I abhängen!*

    I 1. Midas putavit   II 1. Uxor redibit
      2. Bacchus iussit   2. In hiatu equus aeneus est
      3. Gyges cernit   3. Fortuna amici nimia est
      4. Dionysius iussit   4. Midas in flumine se lavat
      5. Orpheus sperabat   5. Damocles se in lecto aureo sternit
      6. Amasis cernebat   6. Fame peribo

f) *Auf welche Zahlen kannst du schließen bei:*

-gesimus (-cesimus), -ies, -centi (-genti), -centesimus (-gentesimus), -ginta (-ginti).

g) *Übersetze:* trecenti sexaginta quinque, tricesimus, septingentesimus duodeseptuagesimus, decies, quingenti quadraginta septem, centies, sescenti septuaginta duo, septendecim, octingenti undecim, duodenonaginta.

W 6 Verdächtige Spuren   *(zu Lektion 25–26)*

Aesopus poeta hanc fabulam composuit: Leo viribus desertus victum sibi quaerere non iam potuit. In caverna[1] stratus spem in misericordia bestiarum ponebat. Omnes inimicitias[2] depositas esse confirmabat. Dies noctesque precibus terebat: „Venite et adeste mihi!"

5 Bestiae circa cavernam incolentes saluti leonis miseri consulebant. Metum deponebant et eum visitabant – sed devorabantur.

Aliquando etiam vulpecula[3] leonem visitare in animo habuit. Sed timuit, ne cavernam intraret. Leo autem clamavit: „Valde delector, quod me visitas. Intra! Disseramus, quomodo amicitiam colamus!" Sed vulpecula: „Vestigia[4] me
10 terrent, leo. Video enim vestigia bestiarum intrantium tantum, non exeuntium."

---

[1] *caverna, -ae* die Höhle   [2] *inimīcitiae, -ārum* die Feindschaft   [3] *vulpēcula, -ae* das Füchslein
[4] *vestīgium, -ī* die Spur

TEST *(zu Lektion 16–26)*

Überprüfe deine Kenntnisse! Verfahre entsprechend den Anweisungen Seite 140

1. Nenne zu folgenden deutschen Wörtern das zugehörige Verbum der 3. Konjugation:
   a) Saat   b) Serie   c) Kult   d) Straße

2. Ordne je zwei zusammengehörige Begriffe zusammen!
   Du darfst einzelne Begriffe auch öfter verwenden, wenn dir dies erforderlich scheint.

   a) Gyges   1. Zitherspieler
   b) Dionysius   2. König von Syrakus
   c) Arion   3. Lyderkönig
   d) Orpheus   4. griechischer Sänger
   e) Sisyphus   5. König von Samos
   f) Bacchus   6. Sinnbild sinnloser Arbeit
   g) Krösus   7. griechischer Geschichtsschreiber
   h) Polykrates   8. Gott des Weines
   i) Herodot

3. *Ordne Zusammengehöriges zusammen:*

   a) Damoklesschwert   1. Qualen
   b) Tantalus   2. Sinnbild der Gefährdung des Glückes
   c) Sisyphusarbeit   3. Ring des Polykrates
   d) Krösus   4. Reichtum
   e) Neid der Götter   5. Danaus
                           6. Götterstrafe – vergebliches Mühen

4. *Nenne zu folgenden lateinischen Wörtern das zugehörige Verbum der 3. Konjugation:*
   a) semen   b) certus, a, um   c) quaestio   d) rex

5. *Die dritte Konjugation heißt „konsonantische Konjugation"*
   a) weil der Verbalstamm auf einen Konsonanten auslautet
   b) weil der Präsensstamm auf einen Konsonanten auslautet
   c) weil die Verba dieser Konjugation vor Konsonanten einen Stammerweiterungsvokal einschieben

6. *Ordne die folgenden Verbalformen nach ihrer Zugehörigkeit zu den Konjugationen:*
   unter A: 1. Konjugation
   unter B: 2. Konjugation
   unter C: 3. Konjugation

   a) ponet   b) petant   c) sereret   d) cernunt
   e) delet   f) augeat   g) caveret   h) creent

7. *Setze folgende Verben ins Passiv:*
   a) spernis   b) sternes   c) secernit
   d) repetere   e) arcessunt f) lacessitis

8. *Übersetze treffend:*
   a) Orpheus miser cibum sprevit.
   b) Sisyphus propter superbiam suam stratus est.
   c) Tantalus a ceteris mortuis secretus cibum appetit.
   d) Antea deos scelere ingenti lacessiverat.

9. *Welche Form weicht im Tempus von den drei übrigen ab?*
   a) studes   b) cantes   c) amas   d) seres

10. *Welche Form weicht im Modus von den drei übrigen ab?*
    a) laudaris   b) lauderis   c) disponas   d) sis

11. *Bilde die Tempusreihe zu*
    a) sinis   b) aleris   c) colit   d) deseritur

12. *Übersetze:*
    a) bellum decernitur   b) desinamus
    c) ferrum tritum   d) semper discernas
    e) vita beata expetitur   f) cibi suppetent
    g) dei arcessiti   h) onus impositum est
    i) praeterita frustra repetetis

13. *Bilde zu den folgenden Verben das Partizip Futur:*
    a) quaerere   b) incumbere   c) gignere

14. *Übersetze mit allen dir bekannten Möglichkeiten:*
    Poeta narraturus est.

15. *Übersetze:*
    a) Spero matrem tibi consulturam esse.
    b) Te magistrum consuluisse audio.
    c) Nos ab amicis bonis numquam deseri constat.
    d) A tyranno opes quaesitas esse scimus.

16. *Bilde die entsprechende Präsensform und übersetze diese:*
    a) conquireremus   b) capessivisti
    c) positum erit   d) incolebatur
    e) seruerunt   f) exquisiti erunt

17. *Ordne das Verbum zum passenden Substantiv und übersetze:*
    a) onera   1. propositum est
    b) de re publica   2. conseruerunt
    c) bella   3. deposuisti
    d) praemium   4. disseruimus

18. *Übersetze ins Lateinische:*
    a) er verlegt sich auf die Kunst   d) ihr habt ergriffen
    b) sie werden aufsuchen   e) sie hatten untersucht
    c) sie wurden genährt   f) ich werde gereizt werden

W 7 Die grausame Rache eines Gottes (zu Lektion 27–31)

Scriptor quidam Romanus Minervam in epulis deorum tibiis[1] a se[2] inventis cantavisse describit. Sed Iuno et Venus eam ridebant; nam foeda erat, cum buccas inflaret[3]. Minerva ira inducta in silvam abiit et ad fontem venit. Ibi tibiis cantans in aqua imaginem suam spectavit; tum vidit se iure risam esse.
5 Itaque tibias in silva occultavit.

Marsyas, unus e satyris[4], eas invenit et in hac arte ita se exercuit, ut postremo Apollinem in certamen vocaret. Ipse tibiis, ille cithara cantaturus[5] erat.

Apollo Musas adduxerat, ut iudices essent. Marsyas earum aures tam pulchro sono complevit, ut iam eum victorem esse indicerent. Tum Apollo citharam
10 versavit[6] eamque pulsavit. Eodem modo sonuit. At Marsyas tibiis versatis cantare non potuit. Nunc Musae Apollinem victorem esse dixerunt.

Apollo Marsyam gravi poena punivit: vivo pellis detracta est.

---

[1] *tībiīs cantāre* Flöte spielen (*tībiae, -arum* die Flöte)   [2] *a se* von ihr
[3] *buccās īnflāre* die Backen aufblasen   [4] *satyrus, -ī* Satyr; Gefährte des Gottes Bacchus mit langgespitzten Ohren und hörnerartigen Knoten dahinter, mit Pferdeschwanz, struppigem Haar und stumpfer Nase.   [5] *citharā cantare* Zither spielen   [6] *versāre* umdrehen, wenden

Ü a) *Bilde eine Tempusreihe zu:*

   1. laudo   2. mones   3. audit   4. regimus

b) *Übersetze:* comperi, vinxisti, senseram, aperuissem, saliebas, haurirem, sevi, serui, decrevisset, petam, spernes, expetamus, quaesivi, scriptum est, traducereris, veheris, surrexi

c) *Setze die Präsensformen ins Perfekt, alle Imperfektformen ins Plusquamperfekt, alle Futurformen ins Futur II und übersetze sie:*

   carpo, scribes, diceres, conducat, trahebantur, producentur, contrahamur, detrahitur, cingor, surget, coniungunter, tegemini, fingebatur, pingebam, fingo

d) *Übersetze:* sie werden verpflichtet, sie werden malen, du mögest gestalten, schließe an, verbessert, laßt uns aufdecken, bringe weg, wir haben gemietet, sie sind hinübergeführt worden, es ist betitelt

e) *Übersetze folgende AcI-Konstruktionen:*

   Homerus describit
   – Achillem ira permotum pugnae non interfuisse; – Achillem morte amici adductum esse, ut hostes affligeret; – Achillem precibus Graecorum indulsisse; – Achillem sagitta Apollinis necatum esse.

f) *Wiederhole den Infinitiv durch Übersetzung folgender Sätze:*

   Graeci sperabant
   – Menelaum Paridem superaturum esse.
   – Troianos equum ligneum in urbem ducturos esse.
   – se urbem afflicturos esse.
   – se domum redituros esse.

W 8 Allzu gierig (zu Lektion 32–36)

Canis, cum per flumen naret carnem[1] ore gerens, in speculo[2] aquae vidit simulacrum suum. Putavit aliam praedam a cane alio geri. Eam capessere studuit; sed cibum suum ex ore dimisit, cibum alienum non potuit carpere.
Haec fabula docet: Avaritia nocet.

---
[1] *caro, carnis* Fleisch   [2] *speculum, -ī* der Spiegel

Der Mächtige – machtlos

Leo finem vitae appropinquare sensit. Tum aper[1] ad eum venit et dentibus suis veterem iniuriam punivit.
Mox taurus cornibus infestis corpus hostis invadit. Asinus[2] ut vidit leonem impune[3] laedi, verberat eum pedibus.
5 At ille asinum contemnens: „Fortes me ridere adhuc non toleravi. Nunc autem si tu, dedecus naturae, me laedis, bis de vita decedo."
Haec fabula docet: Infirmum omnes rident.

---
[1] *aper, aprī* das Wildschwein, der Eber   [2] *asinus, -ī* der Esel   [3] *impūnē* ungestraft

TEST (zu Lektion 27–36)

Verfahre entsprechend der Anweisung auf Seite 140!

1. *Ordne Zusammengehöriges zusammen:*

   a) Jupiter   1. Göttin des Streites
   b) Merkur   2. Gott des Meeres
   c) Neptun   3. Göttin der Liebe
   d) Venus   4. Göttin der Weisheit und der Künste
   e) Minerva   5. Göttin der Ehe
   f) Juno   6. Gott der Weissagung
   g) Discordia   7. Gott des Blitzes und des Donners
   h) Apollo   8. Gott des Handels
   i) Thetis   9. Götterbote

2. *Ordne griechische Götternamen zu den entsprechenden römischen:*

   a) Zeus   1. Apollo
   b) Hermes   2. Merkur
   c) Aphrodite   3. Venus
   d) Poseidon   4. Jupiter
   e) Ares   5. Neptun
   f) Athene   6. Minerva
   g) Hera   7. Juno
   h) Apollo

3. „Wer" hat „was" geschrieben? Auf einen können auch „zwei Werke" treffen!
   a) Homer
   b) Äsop
   c) Herodot
   d) Sophokles

   1. Drama „Oedipus rex"
   2. Griechische Geschichte
   3. Fabeln
   4. Ilias
   5. Odyssee

4. Warum stritten Juno, Venus und Minerva?
   a) weil Peleus die Thetis heiratete
   b) weil allen dreien Paris sehr gut gefiel
   c) weil jede die Schönste sein wollte

5. „Wer" gehört „wohin"?
   a) Menelaos
   b) Agamemnon
   c) Odysseus
   d) Paris
   e) Priamos
   f) Ödipus

   1. Mykene
   2. Ithaka
   3. Sparta
   4. Theben
   5. Troja

6. „Welcher Ort" liegt „wo"?
   a) Troja
   b) Sparta
   c) Mykene
   d) Theben
   e) Aulis

   1. Peloponnes – Süden
   2. Peloponnes – Nordosten
   3. Kleinasien
   4. Griechenland – Mitte
   5. Griechenland – Nordosten

7. Wer gehört zusammen?
   a) Zeus
   b) Paris
   c) Menelaus
   d) Odysseus
   e) Agamemnon

   1. Helena
   2. Hera
   3. Penelope
   4. Klytämnestra

8. Nenne zu folgenden deutschen Fremdwörtern die entsprechenden Verba der 3. Konjugation:
   a) Konvikt   b) Kommissar   c) Division   d) Rektor

9. Nenne zu folgenden deutschen Wörtern die entsprechenden Verba der 3. Konjugation:
   a) recht   b) Geste   c) Ziegel   d) Kloster   e) Klosett

10. Welche Bedeutung haben Präfixe bei Komposita? Ordne Zusammengehöriges zusammen!
    a) re-
    b) a-
    c) de-
    d) dis-
    e) con- (com-)
    f) in-
    g) ad-

    1. weg-
    2. herab-, weg-
    3. zurück-, wieder-
    4. ein-, hinein-
    5. heran-, hinzu-
    6. zusammen, Verstärkung
    7. auseinander-

11. *Übersetze:*
    a) Poetae vera a falsis non semper distinguunt.
    b) Verba vestra contemnemus.
    c) Vobis salutem meam commisi.
    d) Improbi secedunt.
12. *Mache die Sätze von 11a–d) durch eine AcI-Konstruktion von* constat *abhängig!*
13. *Bilde die entsprechenden Präsensformen und übersetze diese*
    a) nupsisset   b) conscribet   c) induxerat   d) vexero
    e) iunxerunt   f) mitteremini   g) trahentur   h) productus est
14. *Stelle aus folgenden Verbalformen zusammen*
    A *Konjunktivformen*
    B *Imperativformen*
    C *Formen von Futur I*
    carperet, scribet, reget, surgam, affligunto, vivet, ustum sit, debebit, audietur, finxerit
15. *Übersetze:*
    a) er hatte dargereicht   b) er wird hervorbringen
    c) sie ist herabgezogen worden   d) du hättest bedeckt
    e) ihr hattet gelenkt   f) er wird aufschichten
    g) wir werden nachlassen
16. *Übersetze:*
    a) intercludunt   b) accedes   c) stringere
    d) fictum est   e) exstinguatur f) omissum est
    g) cincta erat   h) scriptum est i) conducti sunt
    k) erigamus
17. *Bilde eine Tempusreihe mit deutscher Übersetzung zu*
    a) ludis   b) nectitur
18. *Kombiniere zu sinnvollen Sätzen:*
    a) res magnas   1. amisit
    b) classem omnibus rebus   2. commissa sunt
    c) animam   3. instruxit
    d) tanta facinora   4. remisi
    e) culpam ei   5. gesserat Ulixes
19. *Was gehört inhaltlich zusammen?*
    a) Ulixes   1. praemium promittens
    b) Ödipus   2. cruci fixus
    c) regina   3. a Menelao conducti
    d) latro   4. desiderio patriae adductus
    e) milites   5. fato et necessitate oppressus
20. *Wähle das richtige Verbum:*
    Graeci Troiam urbem ...
    a) usserunt   b) arserunt

W 9 Die Fabel bei den Griechen und Römern *(zu Lektion 37–41)*

Temporibus antiquis duo poetae celebres fabulas finxerunt, quorum alter Aesopus, alter Phaedrus erat. Constat alterum fabulas lingua Graeca, alterum lingua Latina conscripsisse. Nonnulli scriptores contendunt Aesopum sexto a. Chr. n. saeculo vixisse et servum fuisse.

5 Patriam Phaedri Thraciam fuisse constat. Adulescens in Italiam pervenit. Scimus Phaedrum centum viginti tres fabulas finxisse. Fabulae Aesopi ei notae erant.

Aesopus animum eo intendebat, ut fabulis vitam ipsam et mores hominum ostenderet. Homines imprimis docere neque delectare studebat. Phaedrus
10 autem ipse dixit: Duplex fabularum dos est: risum[1] moveant et homines prudenti consilio moneant.

In omnibus fabulis brevitatem[2] laudamus. Bestiae in iis ut homines se gerunt. Phaedrus fabulis vitia aequalium ostendit. Itaque ex admiratione eorum mox odium exsistebat.

15 Poetae huius quoque aetatis exemplo Phaedri et Aesopi fabulas fingunt.

---

[1] *rīsus, -ūs* das Lachen   [2] *brevitās, -ātis* die Kürze

Ü a) *Verknüpfe den Hauptsatz jeweils mit dem passenden Relativpronomen:* Narravimus de Phaedro, ... servus Augusti erat; ... Augustus libertatem dedit; ... saluti Augustus consuluerat; ... fabulae plurimis placent; ... homines moniti sunt; ... multi laudant.

b) *Setze die richtige Form von* alter *ein:*

... manus; in ... ripa fluminis; ... adesto; auxilio ... egemus; ... ex duobus commodis; ... pede.

c) *Setze die richtige Form von* nemo *ein:*

... omnia contingunt; homo ignavus cum ... contendit; minae ... tetigerunt; in ... potestatem ceciderunt; ... de equo cecidit; a ... pecunia pensa est.

d) *Übersetze:* intendes, pendamus, dividitur, cecinerat, tendunt, alerem, consiste, desistent, decretum est, ostendite, inciderunt, opprimentur, caedebant

e) *Teile die Formen aus d) nach ihrer Perfektbildung in vier Gruppen ein!*

f) *Übersetze mit dem passenden Ausdruck:* ad hostium castra contendere; cum hoste contendere; armis contendere; omnibus viribus contendere; hoc contendere

g) *Schlage die Lautregel L 2 und L 5 in der Grammatik Seite 7 nach und erkläre die Vokalschwächung bei* cadere – cécidi *und* cāedere – cecídi

h) *Erkläre:* Null, Alternative, ostentativ, Intendant, Tendenz, Takt, Tangente, Kontakt, intakt, Existenz, Assistent, Pensum, Kasus, Kadenz, Kadaver

i) *Ordne die „Moral" jeweils der passenden Fabel zu:*
 1. Wenn zwei sich streiten, freut sich der Dritte.
 2. Auch der Stärkste benötigt die Hilfe eines anderen.
 3. Freiheit ist das höchste Gut.
 4. Manche erfinden einen Grund, damit sie über andere herfallen können.
 5. Viele machen schlecht, was für sie unerreichbar ist.

 a) Der Wolf und der Hund
 b) Der Fuchs und die Trauben
 c) Der Wolf und das Lamm
 d) Der Frosch und die Maus
 e) Der Löwe und die Maus

k) *Warum wohl treten in den meisten Fabeln Tiere anstelle von Menschen auf?*

W10 Äneas kommt ans Ziel (zu Lektion 42–44)

Postquam Aeneas ab inferis rediit, comites eius ancoras[1] sustulerunt et naves remis[2] impulerunt. Mox ad Tiberim flumen pervenerunt. Aeneas autem ignorabat se in Latio esse; eam terram di Troianis promiserant.
Rex Latinus ibi urbes regebat. Is Aeneae amicus erat, Iuno autem discordiam
5 sevit. Cum Aeneas et comites ad ripam victum quaererent, ex omnibus locis armati concurrerunt, ut Troianos e finibus suis pellerent. Sed afflicti sunt. Latinus se et milites suos in potestatem Aeneae dedidit. Aeneas eis autem pepercit et libertatem reddidit. Tum foedus sanxerunt.
Latino filia nomine Lavinia erat. Olim Latino oraculo nuntiatum erat filiam
10 viro externo[3] nupturam esse et prolem[4] eius nomen Romanum ad sidera sublaturam esse. Itaque Aeneae filiam in matrimonium dedit. Condiderunt oppidum, quod Aeneas ab uxoris nomine Lavinium appellavit.
Aeneae mortuo Ascanius filius successit. Is sub Albano monte Albam Longam condidit; ea urbs CCCC annos caput regni fuit.

[1] *ancora, -ae* der Anker [2] *rēmus, -ī* das Ruder [3] *externus* fremd
[4] *prōlēs, -is* die Nachkommenschaft

TEST *(zu Lektion 37–44)*

Verfahre entsprechend den Anweisungen S. 140

1. Ordne Zusammengehöriges zusammen!

   a) Phädrus
   b) Äneas
   c) Äsop
   d) Dido
   e) Venus
   f) Amor
   g) Polyphem
   h) Neptunus
   i) Anchises
   k) Karthago
   l) Äolus

   1. Gott des Meeres
   2. Gott der Winde
   3. Göttin der Liebe
   4. römischer Feldherr
   5. Vater des Äneas
   6. Sohn der Venus
   7. römischer Fabeldichter
   8. griechischer Fabeldichter
   9. trojanischer Held
   10. einäugiger Riese
   11. Königin von Carthago
   12. Stadt in Nordafrika

2. Ordne die Moral der entsprechenden Fabel zu:

   a) Freiheit ist das höchste Gut
   b) Auch der Stärkste benötigt die Hilfe des anderen
   c) Manche erfinden einen Grund, damit sie anderen schaden können
   d) Wenn zwei sich streiten, freut sich der dritte
   e) Viele machen schlecht, was für sie unerreichbar ist

   1. Der Löwe und die Maus
   2. Der Frosch und die Maus
   3. Der Fuchs und die Trauben
   4. Die zwei Ranzen
   5. Der Wolf und der Hund
   6. Der Wolf und das Lamm

3. Ordne Zusammengehöriges zueinander!

   a) Kurs
   b) Existenz
   c) Flexion
   d) Propeller
   e) Kantor
   f) falsch

   1. flectere
   2. fallere
   3. canere
   4. currere
   5. exsistere
   6. pellere

4. Ordne Zusammengehöriges zueinander!

   a) Alternative
   b) Tendenz
   c) Intention
   d) Kontakt
   e) Kasus
   f) Kredit
   g) intakt
   h) Kurier
   i) Propeller

   1. Antrieb
   2. Darlehen, Vertrauen
   3. unberührt, in Ordnung
   4. andere Möglichkeit
   5. Absicht
   6. Richtung
   7. Laufbote
   8. Verbindung

5. *Welches Adjektiv ist nach den gelesenen Fabeln kennzeichnend für das Substantiv? Ordne zusammen!*

   a) agnus   1. liber et audax
   b) leo   2. infirmus
   c) mus (Maus)   3. miser
   d) equus   4. firmus
   e) lupus   5. superbus

6. *Warum treten in den Fabeln meist Tiere statt Menschen auf? Wähle alle richtigen Antworten!*

   a) weil Tiere manchmal wie unvernünftige Menschen handeln
   b) weil an Tieren bestimmte Menschentypen darstellbar sind
   c) weil Tiere keinen Verstand haben
   d) weil die Darstellung des Tieres und seiner Verhaltensweisen besonders bildhaft wirkt
   e) weil Fabeldichter die Tiere besonders lieben
   f) weil Tadel gut in Tiergeschichten ausgesprochen werden kann, ohne beleidigend zu wirken

7. *Welchen Personen begegnet Äneas in der Unterwelt? Wähle alle richtigen Antworten!*

   a) Acheron   b) Cumae
   c) Anchises   d) Charon
   e) Lavinia   f) Latinus

8. *Ergänze das Relativpronomen und übersetze:*

   a) Lupus, ... ovem devoraturus est, appropinquat.
   b) Ovis, ... lupus devoraturus est, appropinquat.
   c) Ovis, ... lupus appropinquat, timore perculsa est.
   d) Ovis, ... nemo succurrit, desperat.
   e) Lupus omnes bestias, ... superat, devorat.
   f) Lupus homines, ... superatur, timet.

9. *Verwandle vorkommende Partizipien in Relativsätze:*

   a) Captivi vincti imperatori dediti sunt.
   b) Homines libros edentes scriptores nominantur.
   c) Aeneas urbem conditurus in Latium pervenit.
   d) Civitas perdita ab hostibus deletur.

10. *Mache die Sätze 9a–d) von* scimus *abhängig (AcI)!*

11. *Bilde zu* nemo, nullus, alter

    a) *die Genitivformen*
    b) *die Dativformen*
    c) *die Akkusativformen*

12. *Welche Bedeutung haben die Präfixe bei Komposita?*

    Ordne zusammen:

    a) ob- (occurrere)
    b) e(x)- (expellere, edere)
    c) re- (reddere)
    d) trans- (tradere)
    e) sub- (succurrere)
    f) per- (percellere)

    1. zurück
    2. unten hin, zu Hilfe
    3. über
    4. entgegen
    5. aus, weg
    6. weg
    7. durch, bloße Verstärkung

13. *Gib an, welche Komposita von* caedere, *welche von* cadere *gebildet sind!*

    a) Sua culpa comitem occidit.
    b) Sol occiderat.
    c) Asinus (Esel) concidit.
    d) In morbum incideram.

14. *Übersetze folgende Formen:*

    a) contenderat
    b) ostendisti
    c) attigerunt
    d) steterant
    e) restiterant
    f) constitistis

15. *Bilde die entsprechenden Präsensformen mit deutscher Bedeutung:*

    a) destiterunt
    b) restitissetis
    c) pensum est
    d) impensum erat
    e) pulsi eramus
    f) depulsi eritis

16. *Bilde eine Tempusreihe mit deutscher Bedeutung zu*

    a) repellis
    b) impellitur

17. *Übersetze:*

    a) ihr schont
    b) ihr hattet geschont
    c) sie werden verraten (2)
    d) verkauft!
    e) sie würden hinzufügen
    f) er hätte verborgen

18. *Bestimme folgende Formen nach Person, Numerus, Modus, Tempus, Genus:*

    a) bibimus (2)
    b) percelleretur
    c) tolle
    d) sustulisti
    e) sublatus est
    f) rescindi

19. *Bilde alle fünf bekannten Infinitive zum Verbum* scindo!

20. *Bilde die drei Partizipien von*

    a) perdere b) intendere c) caedere

W11 Ein Römer rettet Rom *(zu Lektion 45–50)*

Post Romuli mortem urbem Romam per duo saecula reges habuerunt. Ii summa prudentia rexerunt. Tarquinius autem, septimus et ultimus rex, superbissimus fuit. Itaque ex urbe expulsus est. A Romanis diremptus cum Porsenna, Etruscorum rege, foedus iunxit, ut eius auxilio in urbem Romam irrumperet et
5 regnum recuperaret[1]. Porsenna cum exercitu in ripa dextera Tiberis consedit ibique copias Romanorum oppugnavit.

Cum maxima vis hostium Romanos urgeret, Horatius Cocles suos monuit, ut in urbem redirent et pontem tempore brevissimo rescinderent. Interea solus hostibus in ripa dextera restitit, donec[2] opus difficillimum peractum est.
10 Cum pons ruptus esset, hostes perterriti cessabant[3] in impetu. Statim Horatius in Tiberim desiluit periculum mortis neglegens. Hostes in ripa altera relicti, odio acerbissimo permoti, virum fortissimum telis[4] petebant. Sed ille ad ripam alteram pervenit et incolumis[5] ad suos rediit.

Senatus decrevit, ut ei statua poneretur et tantus ager donaretur, quantum uno
15 die arare posset.

---

[1] *recuperāre* wiedergewinnen [2] *dōnec* bis [3] *cessāre* hier: kurz aufhören
[4] *tēlum, -ī* das Geschoß [5] *incolumis, -e* unversehrt

Ü a) *Übersetze und schreibe jeweils die römische Ziffer dazu:*

primus, novem, vicesimus, quadragesimus, septuaginta, centum, ducenti, quadringentesimus, quingenti, nongenti, mille, millesimus, duodeviginti, undevicesimus, undetriginta, quingenti octoginta septem, undeoctoginta et octingenti

b) *Bilde zu folgenden Adjektiven den Komparativ und Superlativ mit deutscher Übersetzung:*

constans, acerbus, miser, celeber, facilis, audax, parvus, similis, simplex, celer, egens, doctus, magnus, malus, multi, bonus, multum

c) *Übersetze:* 1. Horatius Cocles (*Cocles* der Einäugige), der tapferste aller Römer, wurde mit jenem Beinamen benannt, weil er in einem Gefecht das eine (von beiden!) Auge verloren hatte. 2. In sehr kurzer Zeit hatten die Soldaten die Brücke eingerissen (gebrochen). 3. Sogar der Tapferste kann allein den Angriff der Feinde nicht aushalten. 4. Nicht einmal der Kühnste wird der Menge lange widerstehen. 5. Die Tapferkeit des Horatius war größer als die° der übrigen Römer.

d) *Übersetze:* sie mögen treiben, du hast vollendet, er hatte eingefordert, sie sind unterworfen worden, sie würden gezwungen, er brach, kauf, ihr werdet trennen, sie kauften los, du würdest verbrauchen

e) *Übersetze und bilde die entsprechenden Präsensformen:*

legerunt, collectum est, delegerat, eligebantur, intellectum erat, neglexeras, relinqueretur, corruptus est, irrupissent, vicerunt, vinxerunt, diffundebatur, considet, obsidebit

f) *Bilde zu folgenden Formen von* laudare *die entsprechenden von* monere, sentire, agere:
laudo, laudabis, laudaverit, laudabamus, laudaremus, laudavistis, laudaveritis, laudaverant, laudavissent, laudatus essem, laudatus eram, laudatus es, laudatus sis, laudabatur, laudaretur, laudamur, laudemur, laudabimini, laudati erunt, lauda, laudate, laudatote, laudanto, laudans, laudaturus, laudari

W12 Die Gallier und die Gänse (*zu Lektion 51–55*)

Quarto saeculo Romani a Gallis ad Alliam flumen miserrime victi sunt. Deinde Galli statim iter ad urbem Romam converterunt. Romani postquam hostes accedere animadverterunt, illis urbem tradere, arcem autem fortissime defendere statuerunt. Viri, mulieres, liberi in arcem ascenderunt, at senes insignibus[1]
5 honorum ornati in domibus consederunt. Ibi mortem constanter exspectaverunt.

Gallorum milites cum domos late patentes intravissent, viros vultu et ornatu deis simillimos spectaverunt. Summa cum admiratione primo constiterunt. Sed cum unus ex Gallis seni cuidam barbam vellisset[2], ille caput hostis scipione
10 eburneo[3] verberavit. Miles ira incensus senem statim occidit. Deinde omnes senes crudelissime caesi sunt; omnes domus foedissime accensae et eversae sunt.

Media nocte Galli Capitolium ascendebant. In summum saxum tanto silentio pervenerunt, ut non solum custodes, sed etiam canes fallerent. Anseres[4] non
15 fefellerunt. Eorum clamore dux Romanorum e somno excitatus est; ceteros ad arma celerrime vocavit; Galli Capitolium scandentes de saxo praecipitabantur.

---

[1] *īnsīgne, -is* das Zeichen   [2] *barbam alicui vellere* jemanden am Bart zupfen
[3] *scīpiō eburneus* ein Elfenbeinstab, den die *virī triumphālēs* trugen
[4] *ānser, -eris* die Gans (der Juno heiliger Vogel)

TEST *(zu Lektion 45–55)*

Verfahre entsprechend den Anweisungen auf Seite 140

1. Ordne zusammen:

   a) Numitor
   b) Horatius Cocles
   c) Mucius Scaevola
   d) Romulus
   e) Faustulus
   f) Marcius Coriolanus
   g) Cincinnatus
   h) Capitolium

   1. Hirte
   2. Gründer Roms
   3. Gegner Porsennas
   4. König der Albaner
   5. Diktator
   6. Burg Roms
   7. Retter Roms gegen die Etrusker
   8. Vertreter der Rechte des Adels

2. Ordne das deutsche Fremdwort zum entsprechenden lateinischen Verb:

   a) Aktion
   b) Konsum
   c) Defensive
   d) Konfusion
   e) Redaktion
   f) Korruption
   g) Offensive
   h) Konversion
   i) Revolution

   1. redigere
   2. volvere
   3. fundere
   4. agere
   5. corrumpere
   6. consumere
   7. evertere
   8. convertere
   9. defendere
   10. offendere

3. Welcher deutsche Begriff trifft die Bedeutung des Fremdwortes?

   a) Konsum
   b) Revolution
   c) Institution
   d) Aktion
   e) Defensive
   f) Offensive
   g) Korruption
   h) Kollektion
   i) Aversion

   1. Aufstand
   2. Handeln, Tätigsein
   3. Verteidigung
   4. Abneigung
   5. Bestechung, Anwendung unlauterer Mittel
   6. Einrichtung
   7. Verbrauch, Genuß
   8. Angriff
   9. Sammlung

4. Ordne den Positiv zum entsprechenden Komparativ/Superlativ:

   a) magnus
   b) parvus
   c) valde
   d) multum
   e) acer
   f) bene
   g) diligens
   h) malus

   1. acrior, acerrimus
   2. peior, pessimus
   3. melius, optime
   4. diligentior, diligentissimus
   5. magis, maxime
   6. minor, minimus
   7. melior, optimus
   8. plus, plurimum
   9. maior, maximus

5. *Setze Adverb oder Adjektiv ein:*

   a) Cloelia ... (velox) a Romanis remissa a Porsenna dimissa est.
   b) Cloelia ... (pulcher et audax) erat.
   c) Mater Coriolani ... (melior) patriae consuluit quam filius.
   d) Cincinnatus ... (fortis) rem publicam defendit.
   e) Cincinnatus ... (optimus) patriae consuluit.

6. *Bilde zu folgenden Positiven Komparativ und Superlativ mit deutscher Bedeutung:*

   a) acerbus, pulcher, miser
   b) celer, celeber, similis, egens, felix, vehemens
   c) malus, multi, bonus, facilis

7. *Bilde zu folgenden Adjektiven das Adverb:*

   a) iustus, miser, pulcher
   b) bonus, malus
   c) celer, acer, simplex, humilis
   d) prudens, sapiens

8. *Bilde zu folgenden Adverbien den Komparativ und Superlativ:*

   a) docte, velociter, facile
   b) bene, multum, male

9. *Übersetze folgende Sätze:*

   1. Die Frau ist schön.
   2. Die Frau singt schön.
   3. Die schöne Frau singt schön.

10. *Übersetze:*

    1. Plebs animos civium in Coriolanum incenderat.
    2. Urbs defendi non poterat.
    3. Puer pedem ad lapidem offendit.
    4. Dexteram amici prehendisti.
    5. Res gestas maiorum Romani animo comprehenderunt et tenuerunt.
    6. Plebs consilium Coriolani reprehendit.

11. *Übersetze:*

    a) scandemus
    b) in equum ascendamus
    c) descendite de Capitolio
    d) oculos omnium in se converterat
    e) urbem evertent
    f) iure in proditores animadvertimus

12. *Übersetze:*

    a) jemands Lob vermindern
    b) eine Statue aufgestellt zu haben
    c) wir werden beschließen
    d) sie hatten eingerichtet
    e) stellt die Mauern wieder her
    f) die verteilte Beute
    g) laßt uns die Toga (Pl.) anziehen
    h) er wird den Feind der Waffen berauben

13. *Übersetze:*

    a) Amicitiam dissolverant.
    b) Oculos volvebat.
    c) Plebs per vias ruit.
    d) Coriolanus criminibus obrutus erat.
    e) Cives Coriolanum arguerunt.
    f) Periculum metuisti.

14. *Bilde eine Tempusreihe mit deutscher Bedeutung zu:*

    a) tegis
    b) frangitur
    c) emimus
    d) deliguntur

15. *Bestimme folgende Formen nach Person, Numerus, Tempus, Modus, Genus:*

    a) relictus est   b) rupit
    c) corrupti sunt   d) victus erat
    e) convincitur   f) edi
    g) fudimus   h) obsessum est

16. *Bilde alle drei Partizipien von:*

    a) exigere   b) adimere   c) colligere   d) absolvere

17. *Bilde alle fünf bisher bekannten Infinitive zu:*

    a) consumere   b) diligere

18. *Mache von* scimus *abhängig (AcI):*

    1. Romani a Gallis subacti non sunt.
    2. Numquam coacti sumus.
    3. Amici dirimi non potuerunt.
    4. Captivi redimuntur.

19. *Übersetze:*

    a) es ist vollendet   b) wir werden wegnehmen
    c) nimm   d) sie haben gesammelt
    e) wir hätten eingesehen   f) ich hatte vernachlässigt
    g) sie sind eingebrochen   h) setzt euch

W13 Sankt Georg kämpft mit dem Drachen *(zu Lektion 56–63)*

Prope oppidum quoddam Libyae lacus erat, in quo draco habitabat. Cives saepe arma corripuerant, ut eum interficerent; sed metu capti iterum atque iterum in urbem confugiebant. Ut draconis impetum mollirent, ei cottidie duas oves obicere consueverant. Cum oves deficerent, rex praecepit ei homines
5 proicere. Filiae et filii sorte electi sunt. Cum omnes fere draconi obiecti essent, sorte filia regis morti destinata est.
Eo tempore Georgius in oppidum pervenit et miseriam civium cognovit et auxilium promisit. Cum draco oppido appropinquaret, Georgius eum fortissime invasit. Draco ferro percussus victori se subiecit. Georgius deinde filiam
10 regis iussit draconem zona[1] vincire et ut canem in urbem ducere. Homines cum id viderent, perterriti ex urbe effugere coeperunt. Georgius autem dixit: „Si baptizati[2] eritis, istum draconem interficiam." Tum rex et omnes cives baptizati sunt. Georgius autem draconem gladio per-fodit.

---

[1] *zōna, -ae* der Gürtel   [2] *baptizāre* taufen

TEST *(zu Lektion 56–63)*

Überprüfe deine Kenntnisse! Verfahre entsprechend den Anweisungen Seite 140

1. *Woraus besteht der Inhalt der* **Legenden**? *Wähle alle richtigen Lösungen!*
    a) Erzählungen von Helden
    b) Wundergeschichten
    c) Tiergeschichten
    d) Gedanken religiösen Inhalts
    e) Sie leiten in volkstümlicher Form auf religiöse Gedanken hin

2. *Warum treten in Fabeln meist Tiere statt Menschen auf?*
   Wähle alle richtigen Lösungen!
    a) weil an Tieren bestimmte Menschentypen darstellbar sind
    b) weil Tiere keinen Verstand haben
    c) weil die Darstellung des Tieres besonders bildhaft wirkt
    d) weil Fabeldichter Tiere besonders lieben
    e) weil Tadel und Belehrung gut in Tiergeschichten ausgesprochen werden können, ohne beleidigend zu wirken

3. *Was haben Legenden und Fabeln gemeinsam? Wähle alle richtigen Lösungen!*
    a) beide enthalten Tiergeschichten
    b) Mitleid mit armen Tieren
    c) belehrende Absicht
    d) Tadel unvernünftiger Menschen
    e) religiöser Inhalt
    f) märchenhafte Anschaulichkeit

4. *Welche Gemeinsamkeiten bestehen zwischen Legenden und griechischen Sagen? Wähle alle richtigen Lösungen!*

   a) Wirken und Macht der Götter/Gottes
   b) Grausamkeit und Rache der Götter/Gottes
   c) Belohnung gottesfürchtiger, Bestrafung gottloser Menschen
   d) Einwirken Gottes/der Götter auf menschliches Schicksal

5. *Was will die römische Sage darstellen?*

   a) Römische Geschichte
   b) Beispiele hervorragender Leistungen
   c) Römische Religion
   d) Frührömisches Alltagsleben

6. *Was sind die Hauptunterschiede zwischen griechisch-römischer und christlicher Religion? Wähle alle richtigen Lösungen!*

   a) Götter haben menschliche Züge – Gott steht weit über allen Menschen.
   b) Viele Götter – Ein Gott.
   c) Christen sind immer gottesfürchtiger als Römer/Griechen.
   d) Betonung der Angst vor den Göttern – Betonung der Liebe Gottes.

7. *Ergänze das passende Relativpronomen:*

   Georgium, . . . gladio draco interfectus est, incolae celebrant. Draco, . . . filia regis zona (Gürtel) vinxit, in urbem ductus est.
   Filia regis, . . . draco ductus est, ab incolis laudata est.

8. *Wie lautet das Adverb zu folgenden Adjektiven:*

   a) iustus, prosper, pulcher
   b) celer, acer, velox, constans, facilis
   c) bonus, malus

9. *Wie lauten Komparativ und Superlativ zu folgenden Adjektiven:*

   a) longus, brevis, felix, doctus, egens
   b) asper, pulcher, celer, acer
   c) facilis, similis
   d) bonus, malus, magnus, parvus, multum, multi

10. *Wie lautet der Positiv zu folgenden Adverbien:*

    a) pulchrius, felicius, constantius
    b) magis, optime, peius

11. *Setze Adverb oder Adjektiv in der richtigen Form!*

    a) Georgius, qui draconem interfecit, . . . (iustus) vixit.
    b) Draco, qui . . . (miserrimus) interfectus est, incolas vexaverat.
    c) Draco, qui homines . . . (perterritus) vexabat, . . . (atrox) erat.
    d) Homines, qui . . . (pessimus) vexati erant, postea . . . (felix) erant.

12. *Gib folgende Zahlen in römischen Ziffern wieder:*

    duodecim, quinquaginta septem, quadringenti, duodeoctoginta, viginti tres, tria milia trecenti

13. *Von welchen Verben sind folgende Verba intensiva und iterativa abgeleitet?*

    spectare, dictare, consultare, captare, agitare, cantare

14. *Bilde zu folgenden Formen von* laudare *die entsprechenden von* facere

    laudo, laudes, laudabat, laudaremus, laudavistis, laudaverim, laudavero, laudaverant, laudavissem, laudavisse, laudabo, laudabis, lauda, laudantur, laudemini, laudabamur, laudaretur, laudatus es, laudatum esse, laudaturum esse, laudaberis, laudatus eris

15. *Setze in die entsprechende Passivform:*

    fodiam, iaceres, iacere, facit, faciunt, faciebas, faceremus, afficitis, afficeretis, cognoscebat, cognovisti

16. *Übersetze:*

    confecisse, ignovissemus, eiecit, obiectum est, pavit, discemus, agnoscamus, perfectum erat, cresces, quievit, suspexerunt

17. *Übersetze:*

    er war geraubt worden, sie hatten begehrt, entreiße, wir werden sorgen, sie hatte hervorgebracht, ich faßte, sie hatten vorweggenommen, er war getäuscht worden, du hattest dich gewöhnt

18. *Übersetze ins Deutsche:*

    a) Apud Augustinum multi doctrinam didicerunt.
    b) Miseros ad Nicolaum confugisse constat.
    c) Hieronymum sociis praefectum esse scimus.
    d) Georgium draconem interfecisse audivimus.

19. *Übersetze ins Lateinische:*

    a) Wir haben gelesen, daß(!) die Christen von den alten Göttern abgefallen sind.
    b) Sie verachteten die Opfer der Heiden *(pagani, -orum)*.
    c) Sie unterwarfen sich dem Befehl des Kaisers nicht.

20. *Erkläre Herkunft und Bedeutung:*

    Präfekt, Intelligenz, suspekt, Kapazität, Respekt, Tribut, offensiv, Lektion, Aktion, Konvikt, Kadenz, Profit, Tradition

Wortschatz

1

āēr, āeris m.	Luft, Nebel
exilium, -ī	Verbannung *(Exil)*
flūctus, -ūs *(flūmen)*	Flut, Woge
invidia, -ae *(vidēre)*	Neid, Mißgunst
scientia, -ae	Wissen, Kenntnis
crūdēlis, -e *(crudelitas)*	roh, grausam
admonēre (admonuī, admonitum) *(monēre)*	ermahnen, erinnern
cohibēre (cohibuī, cohibitum) *(habēre)*	festhalten, zurückhalten
explēre (explēvī, explētum) *(com-plēre)*	ausfüllen
merēre (meruī, meritum)	verdienen
cōnstāre (cōnstitī) *(stāre)*	bestehen, kosten
praestāre (praestitī)	voranstehen, übertreffen (Dat.) leisten, erweisen (Akk.)
restāre (restitī)	übrigbleiben *(Rest)*
sē levāre *(levāre)*	sich erheben
praecipitāre	hinabstürzen

2

lacrima, -ae	Träne
prūdentia, -ae *(prūdens)*	Klugheit
pulchritūdō, -inis *(pulcher)*	Schönheit
absens, -sentis	abwesend
inquit	sagt(e) er
reportāre	zurück-, überbringen *(Reporter)*

Merke:

pugnae interesse	am Kampf teilnehmen

3

ferrum, -ī	Eisen, Waffe
iugum, -ī	1. Joch 2. Bergrücken
ōrāculum, -ī *(ōrāre)*	Götterspruch, Orakel
adīre *(īre)*	angehen, aufsuchen, auf sich nehmen
explōrāre	erkunden, auskundschaften, erforschen
interrogāre *(rogāre)*	fragen

5

latrō, -ōnis	Räuber
membrum, -ī	Glied, Teil
saxum, -ī *(secāre)*	Fels, Steinblock

6

furor, -ōris	Raserei, Tollheit
fuga, -ae *(fugāre)*	Flucht
pavor, -ōris	Angst, Furcht

stultus, -a, -um	dumm, töricht	perīre (īre)	zugrunde gehen
dēportāre (portāre)	wegbringen, verbannen	pūrgāre (pūrus)	reinigen, rechtfertigen
postquam (mit Indik. Perf.)	nachdem		
quotannīs (annus)	alljährlich		

7

10

adulēscēns, -entis	junger Mann	pōculum, -ī	Becher, Trank (Pokal)
facinus, -ŏris (factum)	Tat, Untat	strepitus, -ūs	Geräusch, Lärm
infāns, -antis	(noch nicht sprechendes) Kind	obīre	besuchen, übernehmen, sterben
ingenium, -ī	Anlage, Begabung	trāns (m. Akk.)	über ... hinüber, jenseits
aequālis, -e	gleichaltrig; Altersgenosse		

11

dēlīberare	erwägen, überlegen	ariēs, -ĕtis m.	Widder, Rammbock
displicēre (placēre)	mißfallen	dracō, -ōnis m.	Drache
aliquando (quandō)	irgendwann, einmal	spatium, -ī	Raum, Strecke, Zwischenraum, Zeit(raum)
		mātrimōnium, -i (māter)	Ehe

8

clādēs, -is (calamitās)	Niederlage, Schaden	festīnāre	eilen, beschleunigen
pariēs, -ĕtis m.	Wand	initiō (initium)	anfangs
proelium, -ī	Gefecht, Kampf	prīdem (prīmus)	längst, vor langer Zeit
tribūtum, -ī	Abgabe, Steuer (Tribut)		

12

penetrāre	eindringen, durchdringen	cupiditās, -ātis	Begierde, Leidenschaft
subīre (īre)	herangehen, auf sich nehmen	nātus, -a, -um	geboren
		convocāre (vocāre)	zusammenrufen

9

		libenter	gerne, bereitwillig
bōs, bŏvis m.f.	Rind (Ochse, Kuh)	singulī, -ae, -a (singularis)	je ein, einzeln
cōnspectus, -ūs (spectāre)	Anblick		

Merke:
puer decem annōrum = puer decem annōs nātus — ein zehnjähriger Bub

13

facultās, -ātis (factum)	Möglichkeit, Fähigkeit
mīrāculum, -ī	Wunder
occāsiō, -ōnis (cāsus)	Gelegenheit
dīvīnus, -a, -um (deus)	göttlich
praeter (m. Akk.)	an ... vorbei, außer

Deklinationstabellen zu aliquis und quidam auf S. 177

14

audīre	hören
custōdīre (custōs)	bewachen
dormīre	schlafen
fīnīre (fīnis)	begrenzen, beenden
mollīre	erweichen, mildern
saevīre	wüten, toben
scīre (scientia)	wissen, verstehen
nescīre	nicht wissen, nicht kennen

15

agnus, -ī	Lamm
praeceptum, -ī	Weisung, Lehre
prōmissum, -ī	Versprechen
rudis, -e	roh, ungebildet
ērudīre	bilden, unterrichten
mūnīre (moenia)	befestigen, (ver-)schanzen
pūnīre (poena)	bestrafen
servīre (servus)	dienen
sitīre (sitis)	dürsten
vestīre (vestis)	bekleiden

16

dēdecus, -ŏris	Schande, Schandtat
siccus, -a, -um	trocken *(Sekt)*

17

ēdictum, -ī (dictāre)	Verordnung, Verfügung
intentus, -a, -um	(an)gespannt, eifrig beschäftigt mit
nimius, -a, -um	zu groß, zu viel

18

commeātus, -ūs	Zufuhr, Verpflegung
discipulus, -ī (disciplīna)	Schüler
obses, -idis m. f.	Geisel, Bürge
reditus, -ūs (redīre)	Rückkehr
supplicium, -ī	(eigentl. das Niederknien:) 1. Gebet 2. (Todes-)strafe
tyrannus, -ī	Tyrann, Alleinherrscher
frīgidus, -a, -um	kalt, starr
rapidus, -a, -um (raptāre)	reißend
cōnfirmāre (firmus)	stärken, bekräftigen
cōnstat	es ist bekannt
fortasse (fortūna)	vielleicht

19

altum, -ī (erg.: mare)	hohe See
dorsum, -ī	Rücken
frīgus, -ŏris (frīgidus)	Kälte, Frost
calidus, -a, -um	warm, hitzig

fatīgāre	ermüden, erschöpfen	**22**	
vīvus, -a, -um (vita)	lebend, lebendig	digitus, -ī	Finger, Zehe
		fās (indekl.) n.	*(göttliches)* Recht
coniūrāre (ius)	sich verschwören	nefās (indekl.) n.	Unrecht, Frevel
		grex, gregis m.	Herde, Schar
nāre	schwimmen	palma, -ae	1. Handfläche, 2. Palme, Siegespreis
20		alius, -a, -ud (alterius, alteri)	ein anderer
rūmor, -ōris	Gerede, Gerücht	servīlis, -e (servus)	knechtisch, Sklaven-
continuus, -a, -um (continere)	zusammenhängend	forte (fortuna)	zufällig
perniciōsus, -a, -um (pernicies)	verderblich	rūrsus (auch: rūrsum)	wieder
cernĕre	sichten, sehen	**23**	
regĕre (rex)	lenken, leiten	cantus, -ūs (cantare)	Gesang, Klang
serĕre (semen)	säen, pflanzen	gradus, -ūs	1. Schritt, 2. Stufe, Rang
sinĕre	lassen, zulassen	misericordia, -ae (miser, cor)	Mitleid, Barmherzigkeit
spernĕre	verschmähen		
terĕre	reiben, aufbrauchen (Zeit) verbringen	serva, -ae (servus)	Sklavin, Dienerin
		sōlācium, -ī	Trost
21		Mercurius, -ī (merx)	Merkur *(Götterbote)*
caedēs, -is	Mord, Gemetzel		
abundāre (unda)	Überfluß haben	Plūtō, -ōnis	Pluto *(Gott der Unterwelt)*
gustāre	verkosten, genießen	Tartarus, -ī	Tartarus, Unterwelt
arcessĕre	herbeiholen	tacitus, -a, -um (tacere)	schweigend, verschwiegen
capessĕre (captāre)	ergreifen		
lacessĕre (delectare)	reizen, herausfordern	humī	auf dem Boden
		priusquam	bevor, ehe
petĕre	zu erreichen suchen: erstreben, erbitten, verlangen	**24**	
		anima, -ae (animus)	Atem, Seele, Leben
quaerĕre	suchen, fragen *(ex)*		
sternĕre	hinbreiten, hinstrecken	piscis, -is m.	Fisch

imminēre   hereinragen, drohen
(e-minere, minae)

nimis   (all)zusehr
(nimius)

paulō post   bald darauf
(paulum)

Merke:

fugā salūtem petere   sein Heil in der Flucht suchen

25

coniūnx, -ŭgis f.   Gattin
(iugum) (m.)   *(auch: Gatte)*

contrōversia   Streit, Widerspruch
(contra)

inferī, -ōrum   die Unterirdischen, Unterwelt

vigilia, -ae   Wache, Nachtwache
(vigil)

iterum atque iterum   immer wieder

nē ... quidem   nicht einmal

nē pater quidem   nicht einmal der Vater

26

pōma, -ōrum   Früchte, Obst

sēcūritās, -ātis   Sorglosigkeit
(cūra)   *(Gemütsruhe)*

valētūdō, -inis   Gesundheitszustand
(valēre)   *(Gesundheit, Krankheit)*

27

arbiter, -trī   Mitwisser, Schiedsrichter

concilium, -ī   Versammlung

epulae, -ārum   Speisen, Mahl

dēnique   schließlich

igitur   also

29

currus, -ūs   Wagen

fortitūdō, -inis   Tapferkeit
(fortis)

scūtum, -ī   Schild *(Langschild)*

līgneus, -a, -um   hölzern

noctū   nachts
(nox)

Merke:

dōnō dare   als Geschenk geben

30

fraus, fraudis   Betrug, Täuschung

fulmen, -inis   Blitz, Blitzschlag

marītus, -ī   Ehemann

clam   heimlich

rārō   selten

31

humus, -ī f.   Erde, Boden
(humi)

hōc modō   auf diese Weise

tunc   damals, dann

32

dēsīderium, -ī   Sehnsucht, Verlangen
(sidus, desiderare)

frōns, frontis   Stirn, Vorderseite
   (Front)

vērus, -a, -um   wahr, wahrhaft

in (m. Akk.)   gegen

34

rēgius, -a, -um   königlich
(rex)

domus rēgia   Königsschloß (Königs-)Hof

adamāre (amare)	liebgewinnen			

37

ovis, -is f.	Schaf
decōrus, -a, -um (de-decus)	schicklich, anständig, schön
dulcis, -e	süß, angenehm, lieb
alligāre (ligāre)	anbinden
ēnumerāre (numerus)	aufzählen
atque, ac	und, und dazu
interdiū (dies)	untertags, tagsüber

necesse est (ne, cēdere)	es ist nötig

Merke:

in locum alicuius succēdere	auf jemands Stelle nachrücken, jemandem nachfolgen

35

aditus, -ūs (adīre)	Zugang, Zutritt
culpa, -ae	Schuld
crux, crucis	Kreuz, Marter
fātum, -ī	Götterspruch; Geschick, Verhängnis
pōtāre	trinken, zechen
at	doch, jedoch

Merke:

aliquam uxorem ducere	jemanden heiraten (vom Mann)
obviam īre (venīre)	jemandem entgegengehen (-kommen), begegnen

38

rīvus, -ī	Bach
vulpēs, -is f.	Fuchs
alter, altera, alterum (alterīus, alterī)	der eine (von zweien) – der andere; der zweite; der Nächste, Mitmensch
callidus, -a, -um	schlau, verschlagen
innocēns, -entis (nocēre)	unschuldig, unbescholten
adeō	so sehr
quot (unveränderlich)	wie viele
quotiēns	wie oft, sooft
tot (unveränderlich)	so viele
totiēns	so oft

36

maeror, -ōris	Trauer, Wehmut
respōnsum, -ī (respondere)	Antwort
vēritās, -ātis (verus)	Wahrheit
īnfestus, -a, -um	feindlich, kampfbereit
implēre	anfüllen, erfüllen
paulātim (paulum)	allmählich, nach und nach
umquam (numquam)	je(mals)

39

contentiō, -ōnis (contendere)	Anstrengung, Streit
ops, opis f.	Hilfe, Kraft Pl.: Reichtum, Macht
prātum, -ī	Wiese
vēnātor, -ōris	Jäger

saevus, -a, -um wild
(saevire)
Merke:
fidem habēre   jemandem Glauben,
   alicui   Vertrauen schenken

40

inceptum, -ī   Vorhaben, Unternehmung
inīre   betreten, beginnen,
(īre)   (Plan) fassen
saltāre   tanzen
(salīre)
dum   während, solange als
                   (bis)
Merke:
cōnsilium inīre einen Plan (Entschluß) fassen

41

commodum, -ī   Vorteil
(modus)
duplex, -icis   zweifach, doppelt
longinquus, -a, entfernt, lang
  -um   (-dauernd)
(longus)
exhaurīre   erschöpfen, leeren
(haurīre)
Merke:
sē gerere   sich benehmen

42

domicilium, -ī   Wohnsitz
(domus)
penātēs, -ium   Hausgötter, Haus
(penetrare)
parcus, -a, -um sparsam
(parcere)

43

trīstitia, -ae   Traurigkeit
(tristis)
benīgnus, -a, -um gütig, freigebig
(bonus)
caecus, -a, -um   blind
maestus, -a, -um betrübt, traurig
(maeror)
placidus, -a, -um 1. flach 2. sanft, still
(placāre)

44

egestās, -ātis   Armut, Mangel
(egēre)
exitus, -ūs   Ausgang, Ende, Ergebnis
(exīre)
lūctus, -ūs   Trauer
(lugēre)
oblīviō, -ōnis   Vergessen(heit)
vātēs, -is m.f. Seher(in), Dichter(in)
innumerābilis, -e unzählbar
(numerāre)
prīstinus, -a, -um früher, ehemalig
(prīmus)
recēns, -entis   frisch, neu
terribilis, -e   schrecklich
(terrēre)

45

nepōs, -ōtis   Enkel
pāstor, -ōris   Hirte
doctus, -a, -um gelehrt
(docere)
egēns, -entis   bedürftig, sehr arm
(egēre)
īnsīgnis, -e   ausgezeichnet, kenntlich
(sīgnum)
sēdāre   beruhigen, (Durst) stillen

quam (beim Komparativ)	als	tālis, -e – quālis, -e	so beschaffen – wie *(beschaffen)*
quō – eō	je – desto	*Merke:*	
		in diciōnem suam redigere	in seine Gewalt *(Hand)* bringen

46

custōdia, -ae (custodīre)	Wache, Haft, Gewahrsam
geminus, -a, -um	doppelt
geminī (frātrēs)	Zwillinge
humilis, -e (humus)	niedrig, gering
piger, -gra, -grum	verdrossen, träge
spoliāre	berauben, ausplündern

49

Merke:

foedus iungere	ein Bündnis *(Vertrag)* schließen
pācem (con)iungere	Frieden schließen

50

posterī, -ōrum (post)	Nachkommen, Nachwelt
ferē	fast, ungefähr
secundum (m. Akk.) (secundus)	entlang, gemäß

Merke:

fundere ac fugāre	völlig besiegen, aus dem Feld schlagen
hanc ferē ōrātiōnem habēre	ungefähr folgende Rede halten

47

prior (prius) (primus)	der vordere, frühere
superior (superius) (summus)	der obere, frühere
suprēmus, -a, -um	der oberste, letzte
ultimus, -a, -um	der letzte
praedicāre (dicere)	ausrufen, rühmen
cito (excitare)	schnell, rasch
hāc dē causā	daher, deshalb

51

cōnstantia, -ae (constans)	Beständigkeit, Standhaftigkeit
tēlum, -ī	Geschoß, (Wurf)waffe

48

cōnūbium, -i (nubere)	Ehebund, *(gegenseitiges)* Heiratsrecht
diciō, -ōnis (dīcere)	Gewalt, Herrschaft
lēgātus, -ī	*(Bevollmächtigter:)* Gesandter, Unterfeldherr
mandātum, -i (mandāre)	Auftrag
pār, paris	gleich, angemessen

52

vallum, -ī	Wall, Verschanzung
quā dē causā	daher, deshalb

Merke:

grātiās agere	Dank sagen

53

pueritia, -ae (puer)	Kindheit, Jugendalter
status, -ūs (stare)	Stellung, Zustand, Verfassung
adversus (m. Akk.)	gegen
ūsque eō	bis dahin
Merke:	
ā pueritiā	von Kindheit an

54

exitium, -ī	Untergang, Vernichtung
exul, -is (exilium)	verbannt; Verbannter
prōditor, -ōris (prodere)	Verräter
potius	eher, lieber

55

cōnsēnsus, -ūs (consentire)	Übereinstimmung
dictātor, -ōris (dicere)	Diktator
silentium, -ī (silēre)	Schweigen, Stille
Merke:	
salūtem dīcere alicui	jemanden grüßen

56

māteria, -ae (māter)	Stoff, Bauholz, Materie
ambō, -ae, -ō (dekl. wie duo)	beide
modestus, -a, -um (modus)	maßvoll, bescheiden

tenuis, -e (tendere)	dünn, schwach, gering
capere (captare)	fassen, nehmen

57

apóstolus, -i	Apostel
carcer, -eris	Kerker, Gefängnis
mōtus, -ūs (movēre)	Bewegung, Erregung, Aufruhr
lacerāre	zerreißen

58

hūmānitās, -ātis (humanus)	1. Menschlichkeit 2. Bildung
sepulcrum, -ī	Grab(mal)

59

hērēs, -ēdis	(der) Erbe
Iūdaeī, -orum	Juden
līgnum, -i	Holz
oleum, -i	(Oliven)öl
sānctus, -a, -um	heilig

60

damnum, -ī	Verlust, Schaden
ēloquentia, -ae	Beredsamkeit
aliās (alii)	ein andermal
nōnnumquam (non-numquam)	manchmal

61

contrārius, -a, -um (contra)	entgegengesetzt, gegensätzlich

idōneus, -a, -um	geeignet, passend	medicīna, -ae (medicus)	Heilkunst, Heilmittel
inānis, -e	leer, nichtig, eitel		
medíocris, -e (medius)	mittelmäßig, gering	inops, ínopis (ops)	hilflos, arm
strenuus, -a, -um	tatkräftig, regsam	dēstināre	festsetzen, bestimmen
cessāre (cēdere)	säumen, rasten	inde	von da, dann, daher
		ultrō	1. überdies, noch dazu 2. freiwillig

62

fortūnae, -ārum (fortuna)	(Glücks)güter
fūr, fūris	Dieb

64

Merke:

mīrābilis, -e (mirus)	bewundernswert, erstaunlich
accidit(ut)	es ereignet sich (daß)

grāviter ferre aliquid	schwer an etwas tragen, ungehalten sein über etw.
sē cōnferre	sich begeben

Merke:
in diēs von Tag zu Tag

65

63

nescius, -a, -um	nichtwissend, unwissend, unkundig

cōnscientia, -ae (scire)	Bewußtsein, Gewissen
doctrīna, -ae (docere)	Unterricht, Wissenschaft

Merke:

nolī tangere	berühre nicht
nolīte tangere	berührt nicht

aliquis   irgend jemand   **(substantivisch)**

Nom.	aliquis		aliquid
Gen.		alicuius	
Dat.		alicui	
Akk.	aliquem		aliquid
Abl.		aliquo	

aliqui   irgendein   **(adjektivisch)**

Sg. Nom.	aliqui	aliqua	aliquod
Gen.		alicuius	
Dat.		alicui	
Akk.	aliquem	aliquam	aliquod
Abl.		aliquo	
Pl. Nom.	aliqui	aliquae	aliqua
Gen.	aliquorum	aliquarum	aliquorum
Dat.		aliquibus	
Akk.	aliquos	aliquas	aliqua
Abl.		aliquibus	

quidam   ein gewisser

Sg. Nom.	quidam	quaedam	quiddam (adj. quoddam)
Gen.		cuiusdam	
Dat.		cuidam	
Akk.	quendam	quandam	quiddam (adj. quoddam)
Abl.	quodam	quadam	quodam
Pl. Nom.	quidam	quaedam	quaedam
Gen.	quorundam	quarundam	quorundam
Dat.	quibusdam	quibusdam	quibusdam
Akk.	quosdam	quasdam	quaedam
Abl.	quibusdam	quibusdam	quibusdam

Wortschatz aus Roma I

Substantive

Erste Deklination

Feminina

agricultūra	Ackerbau	glōria	Ruhm
amīca	Freundin	grātia	Gunst, Dank
amīcitia	Freundschaft	herba	Gras, Kraut
ancilla	Magd, Sklavin	hōra	Stunde
aqua	Wasser	iānua	Türe, Zugang
aquila	Adler	ignāvia	Feigheit, Trägheit
āra	Altar	industria	Betriebsamkeit, Fleiß
arēna	Sand(fläche), Kampfplatz	iniūria	Unrecht, Beleidigung
audācia	Wagemut, Kühnheit	inopia	Mangel, Not
avāritia	Habgier, Geiz	īnsidiae, -ārum	Hinterhalt, Überfall
bēstia	Tier	īnsula	1. Insel 2. Mietshaus
casa	Hütte, kleines Haus	īra	Zorn
causa	Ursache, Grund; Prozeß	iūstitia	Gerechtigkeit
cella	Zelle, Vorratskammer	laetitia	Fröhlichkeit, Freude
cēna	Mahlzeit	lingua	Zunge, Sprache
colōnia	Ansiedlung, Kolonie	littera	Buchstabe
columna	Säule, Pfeiler	▷ litterae, -ārum	Buchstaben, Wissenschaft(en), Brief
concordia	Eintracht		
cōpia	Vorrat, Menge	lūna	Mond
▷ cōpiae, -ārum	Vorräte, Truppen	luxuria	Verschwendungssucht, Luxus
corōna	Kranz, Krone		
cūra	Sorge, Sorgfalt	mātrōna	Ehefrau
cūria	Kurie (Versammlungsort des Senats)	memoria	Gedächtnis, Andenken
		mēnsa	Tisch
dea	Göttin	mīlitia	Kriegsdienst
dēmentia	Wahnsinn, Verrücktheit	minae, -ārum	Drohungen
dīligentia	Sorgfalt, Umsicht	miseria	Elend, Unglück
disciplīna	Lehre, Zucht	mora	Aufschub, Verzögerung
discordia	Zwietracht	nātūra	Natur, Wesen
dīvitiae, -ārum	Reichtum	nebula	Nebel, Dunst
domina	Herrin	nuptiae, -ārum	Hochzeit(feierlichkeiten)
epistula	Brief	opera	Arbeit, Mühe
fābula	Fabel, Geschichte	ōra	Küste
fāma	Gerücht, Ruf	patientia	Ausdauer, Geduld
familia	Familie, Hausgemeinschaft	patria	Vaterland, Heimat
		pecūnia	Vermögen, Geld
fēmina	Frau	planta	Pflanze, Setzling
fēriae, -ārum	Feiertage, Ferien	poena	Strafe
figūra	Gestalt, Figur	porta	Tor, Pforte
fīlia	Tochter	potentia	Macht, Gewalt
flamma	Flamme, Feuer	praeda	Beute
fōrma	Form, Gestalt	prōvincia	Provinz
fortūna	Schicksal, Glück	puella	Mädchen
fossa	Graben	pūgna	Kampf

regīna	Königin	tabula	Tafel, Landkarte
reliquiae, -ārum	Überreste, Reste	terra	Land, Erde
rīpa	Ufer	thermae, -ārum	warme Bäder, Badeanstalt
rosa	Rose		
sagitta	Pfeil	toga	Gewand, Toga
sapientia	Weisheit, Einsicht	turba	Unruhe, Menge
schola	Schule	tūtēla	Schutz
sententia	Meinung, Urteil, Sinnspruch	umbra	Schatten
		unda	Woge, Welle
silva	Wald	venia	Nachsicht, Verzeihung
statua	Statue, Standbild	via	Weg, Straße
stēlla	Stern	victōria	Sieg
summa	Summe, Gesamtheit	vīlla	Villa, Landhaus
superbia	Hochmut, Stolz	vīnea	Weinberg, Weinlaube
taberna	Bude, Laden, Wirtshaus	vīta	Leben

Maskulina

agricola	Bauer	nauta	Schiffer, Seemann
convīva	Gast	pīrāta	Seeräuber
incola	Einwohner, Bewohner	poēta	Dichter

Zweite Deklination

Substantive auf -us

Maskulina

amīcus	Freund	medicus	Arzt
animus	Seele, Geist, Mut	modus	Maß, Art und Weise
annus	Jahr	morbus	Krankheit
autumnus	Herbst	mundus	Welt
avunculus	Onkel	mūrus	Mauer
avus	Großvater	numerus	Zahl, Anzahl
campus	Feld, ebener Platz	nummus	Münze
capillus	(Kopf)haar	nūntius	Bote, Botschaft
captīvus	Gefangener	oculus	Auge
cibus	Speise, Nahrung	patrīcius	Patrizier (auch Adj.)
circus	Zirkus	patrōnus	Schutzherr, Anwalt
deus	Gott	philosophus	Philosoph
dolus	List, Täuschung	plēbēius	Plebejer (auch Adj.)
dominus	Herr	populus	Volk
elephantus	Elefant	rāmus	Zweig, Ast
equus	Pferd	reus	Angeklagter
fīlius	Sohn	servus	Sklave, Knecht
fluvius	Fluß	socius	Gefährte, Bundesgenosse
gladius	Schwert	somnus	Schlaf
hortus	Garten	sonus	Ton, Laut
inimīcus	Feind	taurus	Stier
lectus	Bett	thēsaurus	Schatz
locus (Pl. -a)	Ort, Platz, Stelle	titulus	Aufschrift
lūdus	Spiel, Schule	ventus	Wind
lupus	Wolf	vīcus	Dorf, Gasse

Substantive auf -er

līberī, līberōrum	Kinder	ager, agrī	Acker, Feld
puer, puerī	Knabe, Kind	faber, fabrī	Handwerker
vesper, -erī	Abend, Westen	liber, librī	Buch
▷ vesperī (vespere)	abends, am Abend	magister, -trī	Lehrer, Leiter
auch:		minister, -trī	Diener, Helfer
vir, virī	Mann		

Substantive auf -um

aedificium	Gebäude	odium	Haß
argentum	Silber, Geld	officium	Pflicht
arma, -ōrum	Geräte, Waffen	oppidum	(Land)stadt, befestigter Platz
artificium	Kunstwerk, Fertigkeit		
ātrium	Atrium	ōrnāmentum	Ausrüstung, Schmuck
aurum	Gold	ōtium	Muße, Ruhe
auspicium	Vogelschau, Vorzeichen	perīculum	Gefahr
auxilium	Hilfe, Unterstützung	praemium	Belohnung
bellum	Krieg	pretium	Preis, Wert
beneficium	Wohltat	prīncipium	Anfang
caelum	Himmel, Wetter, Klima	rēgnum	Königreich, Königsherrschaft
castra, -ōrum	Lager		
collum	Hals	remedium	Heilmittel
cōnsilium	Beratung, Rat, Plan, Überlegung	rōstrum	Schnabel
		rōstra, -ōrum	Rednerbühne (in Rom)
convīvium	Gastmahl, Gelage	sacrificium	Opfer
cubiculum	Schlafraum, Kammer	saeculum	Zeitalter, Jahrhundert
dōnum	Geschenk, Gabe	signum	Zeichen
exemplum	Beispiel	simulācrum	Bild, Abbild, Götterbild
factum	Tat	solum	Boden, Erdboden
folium	Blatt	spectāculum	Schauspiel
forum	Marktplatz, Forum	studium	Eifer
frūmentum	Getreide	tēctum	Dach, Haus
fundāmentum	Grundlage	templum	Tempel, heilige Stätte
gaudium	Freude	tergum	Rücken
imperium	Befehl, Herrschaft, Reich	testimōnium	Zeugnis, Beweis
incendium	Brand	theātrum	Theater
initium	Anfang, Beginn	venēnum	Gift
iūdicium	Urteil, Gericht	verbum	Wort
malum	Übel, Leid	vinculum	Band, Fessel
monumentum	Denkmal, Grabmal	vīnum	Wein
nāvigium	Schiff	vitium	Fehler, Laster
negōtium	Geschäft, Aufgabe	vōtum	Gelübde

3. Deklination: Konsonantenstämme

Maskulina

1. I-Stämme

cōnsul, cōnsulis	Konsul	sōl, sōlis	Sonne
sāl, salis	Salz	vigil, vigilis	Wächter (Adj.: wachsam)

2. r-Stämme

Substantive auf -or, -ōris

amor, -ōris	Liebe	ōrātor, -ōris	Redner
auctor, -ōris	Urheber, Begründer	praeceptor, -ōris	Lehrer
clāmor, -ōris	Geschrei	praetor, -ōris	Prätor (Gerichtspräsident, Feldherr)
color, -ōris	Farbe		
dolor, -ōris	Schmerz	scrīptor, -ōris	Schriftsteller
error, -ōris	Irrtum	senātor, -ōris	Senator
imperātor, -ōris	Feldherr, Kaiser	spectātor, -ōris	Zuschauer
labor, -ōris	Arbeit, Anstrengung	splendor, -ōris	Glanz
lictor, -ōris	Liktor	terror, -ōris	Schrecken
maiōrēs, -um	Vorfahren	timor, -ōris	Furcht
mercātor, -ōris	Kaufmann	victor, -ōris	Sieger (Adj.: siegreich)

Ausnahmen:

soror, -ōris	f.	Schwester	arbor, -oris	f.	Baum
uxor, -ōris	f.	Gattin	aequor, -oris	n.	Meeresfläche, Meer

Substantive auf -er, -(e)ris

agger, aggeris	Damm, Wall

frāter, frātris	Bruder	imber, imbris	Regen
pater, patris	Vater	venter, ventris	Bauch, Magen

Ausnahmen:

mulier, -ieris	f.	Frau, Weib	*sowie:*	
māter, mātris	f.	Mutter	iter, itineris	n. Reise, Marsch, Weg

3. Sekundäre r-Stämme

flōs, flōris	Blume, Blüte	mōs, mōris	Sitte, Brauch
honos, -ōris	Ehre, Ehrenamt	▷ mōrēs, -um	Sitten, der Charakter

Ausnahmen:

ōs, ōris	n.	Mund, Gesicht	tellūs, -ūris	f.	Erde, Erdboden

Feminina

1. n-Stämme

Substantive auf -ō, -ōnis

condiciō, -ōnis	Bedingung, Lage	oppūgnātiō, -ōnis	Belagerung, Sturmangriff
coniūrātiō, -ōnis	Verschwörung	ōrātiō, -ōnis	Rede
dominātiō, -ōnis	Herrschaft	ratiō, -ōnis	Vernunft, Art und Weise
legiō, -ōnis	Legion	regiō, -ōnis	Richtung, Gegend
nātiō, -ōnis	Volksstamm, Volk	religiō, -ōnis	Götterverehrung, Religion, Ehrfurcht
opīniō, -ōnis	Meinung		

Ausnahmen:

leō, -ōnis	m.	Löwe	sermō, -ōnis	m.	Gespräch, Sprache

Substantive auf -ō, -inis

imāgō, -inis	Bild	longitūdō, -inis	Länge
orīgō, -inis	Ursprung	magnitūdō, -inis	Größe
virgō, -inis	Mädchen, Jungfrau	multitūdō, -inis	Menge
altitūdō, -inis	Höhe, Tiefe	cōnsuētūdō, -inis	Gewohnheit, Sitte; Umgang
amplitūdō, -inis	Weite, Größe, Ansehen		

Ausnahmen:

homō, -inis m. Mensch   ōrdō, -inis   m. Reihe, Ordnung; Stand

2. t-Stämme

Substantive auf -ās, -ātis

aestās, -ātis	Sommer	nōbilitās, -ātis	Berühmtheit, Adel
aetās, -ātis	Lebensalter, Zeitalter, Zeit	paupertās, -ātis	Armut
		pietās, -ātis	Pflichtbewußtsein, Frömmigkeit
auctōritās, -ātis	Ansehen, Einfluß		
calamitās, -ātis	Unglück, Mißgeschick	potestās, -ātis	(Amts)gewalt
cīvitās, -ātis	Bürgerschaft, Staat	socíetās, -ātis	Gemeinschaft, Bündnis
crūdēlitās, -ātis	Roheit, Grausamkeit	tempestās, -ātis	Unwetter, Sturm
dīgnitās, -ātis	Würde, Ansehen	ūtilitās, -ātis	Nutzen, Vorteil
gravitās, -ātis	Ernst, Würde	voluntās, -ātis	Wille, Absicht
lībertās, -ātis	Freiheit	voluptās, -ātis	Vergnügen, Lust
necessitās, -ātis	Notwendigkeit, Notlage		

Substantive auf ūs, -ūtis (-ūs, -ūdis und -us, -udis)

iuventūs, -ūtis	Jugend	virtūs, -ūtis	Tüchtigkeit, Tugend, Tapferkeit
senectūs, -ūtis	(Greisen)alter		
salūs, -ūtis	Wohlergehen, Heil, Rettung	palūs, -ūdis	Sumpf
		pecus, pecudis	(Stück) Vieh, Schaf
servitūs, -ūtis	Knechtschaft	laus, laudis	Lob, Ruhm

Substantive auf -ōs, -ōtis (-ōs, -ōdis)

dōs, dōtis   Mitgift, Gabe

Ausnahmen:

sacerdōs, -ōtis m. Priester   custōs, -ōdis m. Wächter, Hüter

Substantive auf ēs, -ētis (-ēdis)

quiēs, -ētis   Ruhe, Erholung   mercēs, -ēdis   Lohn, Sold

Ausnahmen: *sowie:*

pēs, pedis   m. Fuß   lapis, -idis   m. Stein

Maskulina sind (nach dem natürl. Geschlecht) die Substantiva auf -es, -itis

comes, -itis	Gefährte, Begleiter	eques, -itis	Reiter, Ritter
hospes, -itis	Gast(freund), Gastgeber	pedes, -itis	Soldat (zu Fuß)
mīles, -itis	Soldat		

3. c(g)-Stämme

lūx, lūcis	Licht, Tageslicht	precēs, -cum	Bitten
nex, necis	(gewaltsamer) Tod, Mord		
pāx, pācis	Friede	lēx, lēgis	Gesetz
vōx, vōcis	Stimme	frūgēs, -um	(Feld)früchte

Ausnahmen (nach dem natürl. Geschlecht):

artifex, -ficis	m.	Künstler	rēx, rēgis	m.	König
dux, ducis	m.	Führer	*und*		
iūdex, -dicis	m.	Richter	senex, senis	m.	Greis

4. Eine **Sondergruppe** bilden:

hiems, hiemis	f.	Winter	opēs, opum	f.	Schätze, Macht
plēbs, plēbis	f.	Volksmenge, Plebs	sanguis, -inis	m.	Blut

Neutra

1. -es/-os (-er/-or)-Stämme

Substantive auf **-us, -oris (-ur, -oris)**

corpus, -oris	Leib, Körper	pecus, -oris	Vieh, Schaf
lītus, -oris	Küste, Strand	tempus, -oris	Zeit, Lage
nemus, -oris	Hain	rōbur, -oris	Kraft, Stärke
pectus, -oris	Brust		

Substantive auf **-us, -eris**

foedus, -eris	Bündnis, Vertrag	opus, -eris	Werk
genus, -eris	Geschlecht, Gattung, Art	scelus, -eris	Verbrechen
latus, -eris	Seite, Flanke	sīdus, -eris	Sternbild, Gestirn
mūnus, -eris	Aufgabe, Amt; Geschenk	vulnus, -eris	Wunde
onus, -eris	Last, Ladung	verbera, -um	Schläge

2. Substantive auf **-men, -minis**

agmen, -minis	Zug, Schar	lūmen, minis	Licht, Augenlicht
carmen, -minis	Lied, Gedicht	nōmen, -minis	Name
certāmen, -minis	Wettkampf, Kampf	cognōmen, -minis	Beiname
crīmen, -minis	Anklage, Vorwurf, Verbrechen	ōmen, -minis	Vorzeichen
		sēmen, -minis	Same
flūmen, -minis	Fluß, Strömung		

3. **Sondergruppe**

caput, capitis	Haupt, Hauptsache, Hauptstadt	aes, aeris	Erz, Kupfer(geld)
		iūs, iūris	Recht
cor, cordis	Herz	vās, vāsis	Gefäß, Geschirr
lac, lactis	Milch	(Pl. vāsa, -ōrum)	
mel, mellis	Honig	vēr, vēris	Frühling
os, ossis	Knochen		

Dritte Deklination: i-Stämme

Feminina

1. -i (-e)-Stämme

aedis, -is	Tempel	ratis, -is	Floß
▷ aedēs, -ium	Haus	vallis, -is	Tal
auris, -is	Ohr	vestis, -is	Kleid, Kleidung
avis, -is	Vogel	famēs, -is	Hunger
classis, -is	Flotte	nūbēs, -is	Wolke
nāvis, -is	Schiff	sēdēs, -is	Sitz, Wohnsitz
pellis, -is	Fell, Pelz		

Ausnahmen:

Maskulina sind nach dem natürlichen Geschlecht:

cīvis, -is	m.	Bürger, Mitbürger	iuvenis, -is	m.	junger Mann
hostis, -is	m.	Feind (Landesfeind)	testis, -is	m.	Zeuge

ferner sowie die Substantive auf **-nis**:

canis, -is	m.	Hund	amnis, -is	m.	Strom
collis, -is	m.	Hügel, Anhöhe	fīnis, -is	m.	Ende, Grenze
mēnsis, -is	m.	Monat	▷ fīnēs, -ium	m.	Grenzen, Gebiet
orbis, -is	m.	Kreis, Scheibe	ignis, -is	m.	Feuer
			pānis, -is	m.	Brot

2. Substantive mit zwei oder mehr Konsonanten am Ende des Wortstocks
(frühere i-Stämme)

ars, artis	Kunst	merx, mercis	Ware
cohors, -tis	Schar, Kohorte	urbs, urbis	Stadt
mors, mortis	Tod	nox, noctis	Nacht
pars, partis	Teil	gēns, gentis	Geschlecht, Stamm, Volk
sors, sortis	Los, Schicksal	mēns, mentis	Geist, Gesinnung, Verstand
arx, arcis	Burg		

Ausnahmen:

dēns, dentis	m.	Zahn	pōns, pontis	m.	Brücke
fōns, fontis	m.	Quelle	parentēs, -(i)um	m.	Eltern
mōns, montis	m.	Berg			

3. Rein erhaltene i-Stämme

sitis, -is	Durst	vīs (vim, vī)	1. Kraft, Gewalt 2. Menge
turris, -is	Turm	▷ vīrēs, vīrium	Kräfte, Streitkräfte

Neutra

Substantive auf **-e** und **-al**

mare, maris	Meer	*ferner*	
animal, -ālis	Lebewesen, Tier	moenia, -ium	Stadtmauer(n)

Vierte Deklination

Maskulina

aestus, -ūs	Hitze, Brandung	metus, -ūs	Furcht
apparātus, -ūs	Zubereitung, Werkzeug	ōrnātus, -ūs	Ausstattung, Schmuck
aquaeductus, -ūs	Wasserleitung	passus, -ūs	(Doppel)schritt
arcus, -ūs	Bogen	portus, -ūs	Hafen
aspectus, -ūs	Anblick	prīncipatus, -ūs	Vorherrschaft, Vorrang
cāsus, -ūs	Fall, Zufall	senātus, -ūs	Senat
cursus, -ūs	Lauf, Kurs	sēnsus, -ūs	Empfindung, Sinn
concursus, -ūs	das Zusammenlaufen	spīritus, -ūs	Hauch, Atem
equitātus, -ūs	Reiterei	tumultus, -ūs	Aufruhr, Unruhe
exercitus, -ūs	Heer	ūsus, -ūs	Gebrauch, Nutzen, Übung
frūctus, -ūs	Frucht, Ertrag		
ictus, -ūs	Stoß, Hieb	versus, -ūs	Vers
impetus, -ūs	Ansturm, Angriff, Drang	vīctus, -ūs	Lebensunterhalt, Lebensweise
lacus, -ūs	See, Wasserbecken		
magistrātus, -ūs	Beamter, Amt	vultus, -ūs	Miene, Gesichtsausdruck

Feminina

domus, -ūs	Haus	manus, -ūs	Hand, Schar
▷ domī	zu Hause	porticus, -ūs	Säulenhalle, Halle
domō	von zu Hause		
domum	nach Hause		

Neutrum

cornū, -ūs	Horn, Flügel (des Heeres)

Fünfte Deklination

Feminina

aciēs, -ēī	1. Schärfe 2. Kampflinie, Schlacht	rēs, reī	Sache, Ding
		▷ rēs pūblica	Staat
faciēs, -ēī	Gesicht	rēs mīlitāris	Kriegswesen
fidēs, -eī	Treue, Glauben	rēs adversae	ungünstige Dinge, Unglück
perniciēs, -ēī	Verderben, Untergang		
spēs, speī	Hoffnung	rēs secundae	günstige Verhältnisse, Glück
		rēs futūrae	künftige Dinge, Zukunft

Maskulina

diēs, -ēī	Tag, Frist	merīdiēs, -ēī	Mittag, Süden

Adjektive

2. und 1. Deklination

Adjektive auf -us, -a, -um

acerbus	herb, bitter	iūcundus	erfreulich, angenehm
adversus	widrig, ungünstig	iūstus	gerecht, richtig
aeternus	ewig	iniūstus	ungerecht, widerrechtlich
albus	weiß	laetus	fröhlich, erfreulich
aliēnus	fremd	lātus	breit
altus	hoch, tief	longus	lang
amīcus	befreundet, freundlich	magnus	groß, bedeutend, wichtig
inimīcus	feindlich	māximus	der größte
amplus	weit, geräumig, bedeutend	malus	schlecht, schlimm, böse
		maritimus	am Meer gelegen, See –
angustus	eng, mißlich	medius	der mittlere, mitten
antīquus	alt, altertümlich	mīrus	wunderbar, sonderbar
aptus	passend, geeignet	molestus	lästig, beschwerlich
aureus	golden, aus Gold	mortuus	tot, gestorben
avārus	habsüchtig, geizig	necessārius	notwendig
barbarus	barbarisch, fremd (auch Subst.)	nōtus	bekannt
		ignōtus	unbekannt
beātus	beglückt, glücklich	novus	neu, neuartig
bonus	gut	nūdus	nackt, leicht bekleidet
cārus	lieb, teuer	obscūrus	dunkel, verborgen
certus	sicher, gewiß, zuverlässig	occultus	verborgen, versteckt
incertus	unsicher, ungewiß, unzuverlässig	opportūnus	günstig
		optimus	der beste
clārus	hell, klar, berühmt	parvus	klein, gering
contentus	zufrieden	perīculōsus	gefährlich
dīgnus	würdig, wert	perītus	erfahren, kundig
dubius	zweifelhaft, ungewiß	pius	rechtschaffen, fromm
dūrus	hart	impius	gottlos, frevelhaft
ēgregius	ausgezeichnet, hervorragend	plēnus	voll
		praeclārus	glänzend, berühmt, vortrefflich
extrēmus	der äußerste		
falsus	falsch, irrig	pretiōsus	wertvoll
ferus	wild, roh	prīmus	der erste
fessus	ermüdet	prīvātus	einem Privatmann gehörig
fēstus	festlich, feierlich		
fidus	treu, zuverlässig	probus	tüchtig, gut
fīnitimus	benachbart	improbus	schlecht
firmus	fest, stark	propinquus	nahe, verwandt (auch Subst.)
īnfirmus	schwach, unzuverlässig		
foedus	häßlich, schändlich	proximus	der nächste
futūrus	zukünftig	pūblicus	öffentlich, staatlich
grātus	angenehm, dankbar	pūrus	rein, klar
ingrātus	unangenehm, undankbar	quantus	wie groß
honestus	angesehen, anständig	rārus	selten, vereinzelt
hūmānus	menschlich, gebildet	rēctus	gerade, recht, richtig
ignāvus	untätig, träg, feig	reliquus	übrig, restlich
invīsus	verhaßt	rūsticus	ländlich, bäuerisch
īrātus	erzürnt, zornig	sānus	gesund

secundus	günstig (der folgende)	vāstus	1. öde, wüst 2. weit
senātōrius	senatorisch	vicīnus	benachbart, nahe
sevērus	ernst, streng		(auch Subst.)
situs	liegend, gelegen		
summus	der oberste, höchste	alius, -a, -ud	ein anderer
superbus	hochmütig, stolz, erhaben	aliī, -ae, -a	(die) andere(n)
tantus	so groß	▷ aliī – aliī	die einen – die anderen
tūtus	sicher, geschützt	cēterī, -ae, -a	die übrigen
umbrōsus	schattig	cūnctī, -ae, -a	alle
urbānus	städtisch, kultiviert	multī, -ae, -a	viele
vacuus	leer, frei	nōnnūllī, -ae, -a	einige
varius	bunt, mannigfaltig, verschieden	paucī, -ae, -a	wenige
		▷ paulum	ein wenig

Den Genitiv auf **-ius**, den Dativ auf **-i** bilden:

sōlus	allein, einsam	ūnus	ein(s), einzig
tōtus	ganz	nūllus	kein

Adjektive auf **er, -(e)ra, -(e)rum**

asper, -era, -erum	rauh, schroff	dexter, -t(e)ra, -t(e)rum	recht(s)
līber, -era, -erum	frei		
miser, -era, -erum	elend, unglücklich	integer, -gra, -grum	unberührt, rein, untadelig
tener, -era, -erum	zart, jung	niger, -gra, -grum	schwarz, dunkel
		pulcher, -chra, -chrum	schön, herrlich
aeger, aegra, aegrum	krank	ruber, -bra, -brum	rot
āter, ātra, ātrum	schwarz, dunkel	sacer, -cra, -crum	heilig, geweiht
crēber, -bra, -brum	zahlreich, häufig	sinister, -tra, -trum	link(s), linkisch

3. Deklination

Dreiendige Adjektive (i-Stämme)

ācer, ācris, ācre	scharf, heftig, spitzig	equester, -tris, -tre	Reiter-, Ritter-
alacer, -cris, -cre	lebhaft, munter	pedester, -tris, -tre	zu Fuß
celeber, -bris, -bre	vielbesucht, belebt, gefeiert	celer, -eris, -ere	schnell, rasch

Zweiendige Adjektive (i-Stämme)

brevis, -e	kurz	immortālis, -e	unsterblich
cīvīlis, -e	bürgerlich, öffentlich	nōbilis, -e	berühmt; vornehm, adlig
commūnis, -e	gemeinsam, allgemein	omnis, -e	jeder, all, ganz
facilis, -e	leicht (zu tun)	quālis, -e	wie beschaffen
difficilis, -e	schwer (zu tun)	tālis, -e	so beschaffen, solch
familiāris, -e	zum Haus gehörig, vertraut, freundschaftlich	similis, -e	ähnlich
		dissimilis, -e	unähnlich
fortis, -e	tatkräftig, tapfer	singulāris, -e	einzeln, einzigartig
gravis, -e	schwer, gewichtig; ernst	trīstis, -e	traurig
levis, -e	leicht, gering; leichtsinnig	turpis, -e	schimpflich, häßlich, schändlich
mīlitāris, -e	soldatisch, kriegerisch		
mortālis, -e	sterblich	ūtilis, -e	nützlich, brauchbar

Einendige Adjektive (i-Stämme)

cōnstāns, -antis	beständig, standhaft	audāx, -ācis	verwegen, kühn
ingēns, -entis	ungeheuer, gewaltig, riesig	fēlīx, -īcis	glücklich, erfolgreich
		atrōx, -ōcis	schrecklich, furchtbar
potēns, -entis	mächtig	ferōx, -ōcis	wild, trotzig
prūdēns, entis	klug, erfahren	simplex, -icis	einfach
sapiēns, -entis	weise, verständig		
vehemēns, -entis	heftig, nachdrücklich	iners, -ertis	ungeschickt, träge
		memor, -oris	eingedenk, sich erinnernd

Einendige Adjektive: Konsonantenstämme

dīves, dīvitis	reich	particeps, -icipis	teilhaftig, beteiligt an
pauper, -eris	arm	prīnceps, -cipis	erstrangig; Fürst
vetus, -eris	alt		

Pronomina

Personalpronomina

ego (meī, mihi, mē, ā mē)	ich	nōs (nostrī, nōbīs, nōs, ā nōbīs)	wir
tū (tuī, tibi, tē, ā tē)	du	vōs (vestrī, vōbīs, vōs, ā vōbīs)	ihr

Reflexivpronomen

suī, sibi, sē, ā sē (Singular und Plural)　　seiner (ihrer), sich, von sich

Possessivpronomina

meus, -a, -um	mein	noster, -tra, -trum	unser
tuus, -a, -um	dein	vester, -tra, -trum	euer
suus, -a, -um (nur reflexiv!)	sein	suus, -a, -um (nur reflexiv!)	ihr

Interrogativpronomen

quis (cuius, cui, quem, ā quō)?　wer? usw.　　quid (cuius reī usw.)?　　was? usw.

Demonstrativpronomina

hic, haec, hoc	dieser, -e, -es	is, ea, id	dieser, -e, -es, der, die, das
ille, illa, illud	jener, -e, -es	iste, ista, istud	dieser, -e, -es (da)
		ipse, ipsa, ipsum	selbst

Numeralia

Grundzahlen von 1–10

ūnus, -a, -um	1	sex	6
duo, -ae, -o	2	septem	7
trēs, tria	3	octō	8
quattuor	4	novem	9
quīnque	5	decem	10

Ordnungszahlen von 1–10

prīmus, -a, -um	der erste	sextus	der sechste
secundus	der zweite	septimus	der siebte
tertius	der dritte	octāvus	der achte
quārtus	der vierte	nōnus	der neunte
quīntus	der fünfte	decimus	der zehnte

Die Monatsnamen

(mēnsis) Iānuārius	(der Monat) Januar	Iūlius, ī	Juli
Februārius, -ī	Februar	Augustus, -ī	August
Mārtius, -ī	März	September, -bris	September
Aprīlis, -is	April	Octōber, -bris	Oktober
Māius, -ī	Mai	November, -bris	November
Iūnius, ī	Juni	December, -bris	Dezember

Verba

Erste Konjugation

Komposita sind beim Stammwort oder beim ersten aufgeführten Kompositum angegeben.

accūsāre	anklagen, beschuldigen	conciliāre	gewinnen
recūsāre	sich weigern	creāre	erschaffen, wählen
administrāre	verwalten	recreāre	erfrischen
aedificāre	(er)bauen	cremāre	verbrennen
agitāre	treiben, betreiben	cūrāre	(be)sorgen, pflegen
cōgitāre	denken, bedenken	damnāre	verurteilen
amāre	lieben	dare (Perf.: dedī)	geben
ambulāre	spazierengehen	circúmdāre	umgeben
appellāre	ansprechen, (be)nennen	dēdicāre	weihen, widmen
appropinquāre	nahen, sich nähern	indicāre	anzeigen
arāre	pflügen	dēflagrāre	niederbrennen
armāre	ausrüsten, bewaffnen	dēlectāre	erfreuen, Freude machen
cantāre	singen	dēsīderāre	ersehnen, vermissen
captāre	fangen, fassen	dēvorāre	verschlingen
celebrāre	besuchen, feiern	dictāre	diktieren
cēnāre	speisen, essen	dissipāre	zerstreuen, verschleudern
certāre	streiten, wetteifern	dōnāre	schenken, beschenken
clāmāre	schreien, laut rufen	dubitāre	zweifeln, zögern
collocāre	aufstellen	ēducāre	erziehen

errāre	irren	plācāre	glätten, besänftigen, versöhnen
excitāre	erregen		
incitāre	antreiben, aufregen	portāre	tragen, bringen
recitāre	vorlesen, vortragen	apportāre	herbeitragen
explicāre	entfalten, erklären	importāre	einführen
firmāre	(be)stärken, kräftigen	postulāre	fordern, verlangen
fōrmāre	formen, (aus)bilden	probāre	prüfen, billigen, befürworten
frequentāre	(regelmäßig) besuchen		
fugāre	in die Flucht schlagen, vertreiben	properāre	eilen, sich beeilen
		pūgnāre	kämpfen
gubernāre	lenken, steuern	expūgnāre	erobern
habitāre	wohnen	oppūgnāre	bestürmen, angreifen
iactāre	werfen, schleudern	pulsāre	schlagen, klopfen
ignōrāre	nicht wissen, nicht kennen	putāre	schätzen, meinen
		disputāre	erörtern, diskutieren
nōn ignōrāre	wohl wissen, gut kennen	raptāre	wegschleppen, rauben
immolāre	opfern	renovāre	erneuern
imperāre	befehlen	repudiāre	zurückweisen, verschmähen
impetrāre	durchsetzen		
implōrāre	anflehen, erflehen	rogāre	fragen, bitten
inflammāre	entflammen	sacrificāre	opfern
intrāre	eintreten, hineingehen	salūtāre	(be)grüßen
invītāre	einladen	sānāre	heilen
iūdicāre	urteilen	servāre / cōnservāre	bewahren, retten
labōrāre	arbeiten, leiden		
laudāre	loben	observāre	beobachten, beachten
levāre	erleichtern, lindern	spectāre	schauen, betrachten
līberāre	befreien	exspectāre	erwarten, ausschauen
ligāre	binden, verbinden	spērāre	hoffen
mandāre	übergeben, auftragen, anvertrauen	dēspērāre	verzweifeln
		spīrāre	atmen
migrāre	(aus)wandern	stāre (Perf.: stetī)	stehen
mōnstrāre	zeigen	circumstāre	herumstehen, umringen
dēmōnstrāre	zeigen, nachweisen	īnstāre	bevorstehen, zusetzen
multāre	bestrafen	obstāre	im Wege stehen, hindern
mūtāre	ändern, wechseln, vertauschen	superāre	überragen, überwinden, übertreffen
nārrāre	erzählen	temptāre	befühlen, versuchen
nāvigāre	mit dem Schiff fahren, segeln	tolerāre	ertragen, erdulden
		turbāre	verwirren, stören
necāre	töten	vāstāre	verwüsten
negāre	verneinen, verweigern	verberāre	schlagen
nōmināre	nennen, benennen	vexāre	quälen, heimsuchen
numerāre	zählen	vigilāre	wachen, wach sein
nūntiāre	melden	ēvigilāre	aufwachen
obtemperāre	gehorchen	violāre	verletzen
occultāre	verbergen	vīsitāre	besuchen
occupāre	besetzen	vītāre	meiden, vermeiden
onerāre	belasten, beladen	vituperāre	tadeln
optāre	wünschen	vocāre	rufen, nennen
ōrāre	beten, bitten	advocāre	herbeirufen
ōrnāre	ausstatten, schmücken	revocāre	zurückrufen
parāre	bereiten, vorbereiten, erwerben; vorhaben	volāre	fliegen
		advolāre	herbeifliegen, herbeieilen
comparāre	1. bereiten, verschaffen 2. vergleichen	pervolāre	durcheilen, durchfliegen
		vulnerāre	verwunden

Zweite Konjugation

v-Perfekt:

dēlēre	zerstören, tilgen	complēre	anfüllen, erfüllen
flēre	weinen, beweinen		

u-Perfekt:

arcēre	abhalten, abwehren	placēre	gefallen
exercēre	üben, (sich) plagen	studēre	sich bemühen
docēre	lehren, unterrichten	tacēre	schweigen
flōrēre	blühen	tenēre	halten
habēre	haben, halten	retinēre	zurückhalten
adhibēre	anwenden	sustinēre	aushalten
prohibēre	abhalten, hindern	terrēre	schrecken, erschrecken
dēbēre	schulden, müssen	timēre	fürchten
praebēre	gewähren, darreichen	valēre	gesund sein, vermögen
iacēre	liegen	valē(te)!	leb(t) wohl!
(ad)monēre	mahnen	salvē(te)!	sei(d) gegrüßt
nocēre	schaden	licet	es ist erlaubt, man darf
pārēre	gehorchen		

Dehnungsperfekt:

sedēre	sitzen	vidēre	sehen

Andere Perfektbildung:

manēre	bleiben	ridēre	lachen

Das Verbum īre

īre (Perf.: iī)	gehen	praeterīre	vorbeigehen
abīre	weggehen	redīre	zurückkehren
exīre	herausgehen	trānsīre	hinübergehen, überschreiten

Adverbien

adhūc	bis jetzt, immer noch	interdum	manchmal
anteā	vorher, früher	intereā	inzwischen
cottīdiē	täglich	intus	drinnen
hodiē	heute	ita (bei Verben)	so
crās	morgen	itaque	daher, deshalb
herī	gestern	item	ebenso
deinde	hierauf	iterum	wiederum, ein zweites Mal
diū	lange, lange Zeit		
ergō	also, folglich	magis	mehr
frūstrā	vergeblich, vergebens	māne	am Morgen, morgens
hīc	hier	modo	(so)eben
iam	schon, bereits	quōmodō?	wie?

mox	bald	serō	spät, zu spät
numquam	nie(mals)	sōlum	nur, allein
nunc	nun, jetzt	statim	sofort, sogleich
nūper	neulich	subitō	plötzlich
nusquam	nirgends	tandem	endlich
ōlim	einst	tantum	nur
paene	beinahe, fast	tum	da, dann, darauf
plērumque	meist(ens)	ubi	wo
posteā	hernach, später	ibi	dort
postrēmō	zuletzt	ubīque	überall
praetereā	außerdem	unde	woher
prīmō	zuerst, anfangs	úndique	von allen Seiten
imprīmīs	vor allem, besonders	cūr?	warum
profectō	in der Tat, wirklich	quō	wohin
quam	wie (bei Adj.),	eō	dorthin
tam	so (bei Adj.)	bene	gut
sīc	so, auf diese Weise	valdē	sehr
saepe	oft	velut	wie zum Beispiel
satis	genug	vix	kaum
semper	immer, stets		

Präpositionen

Präpositionen beim **Akkusativ**

ad	zu, an, bei	intrā	innerhalb
ūsque ad	bis zu	iuxtā	neben
ante	vor	per	durch, hindurch
apud	bei (Personen)	post	hinter, nach
circā, circum	um ... herum, rings um	prope	nahe (bei)
contrā	gegen (im feindl. Sinn)	propter	wegen
ergā	gegen (im freundl. Sinn)	super	über ... hin
extrā	außerhalb	suprā	oberhalb, über
inter	zwischen, unter; während		

Präpositionen beim **Ablativ**

ab, ā	von, von ... her, von ... an	ex, ē	aus, von ... aus
		prō	für, anstatt
cum	mit	sine	ohne
dē	von ... herab, über, von		

Präpositionen bei **zwei Kasus**

in (mit Akk.)	in, nach (Frage: wohin?)	sub (mit Akk.)	unter (Frage: wohin?)
(mit Abl.)	in, an, auf (Frage: wo?)	(mit Abl.)	unter (Frage: wo?)

Konjunktionen

Beiordnende Konjunktionen:

et	und	aut	oder
et ... et	sowohl ... als auch	aut ... aut	entweder ... oder
-que	und	vel	oder
etiam	auch, sogar	velut	wie, zum Beispiel
quoque (nachgest.)	auch	nam	denn
sed	aber, sondern	enim (nachgest.)	nämlich
autem (nachgest.)	aber	utinam!	daß doch!
tamen	dennoch, trotzdem		

Unterordnende Konjunktionen:

cum (mit Ind.)	wenn, immer wenn	sī	wenn
cum (mit Konj.)	als, weil	nisi	wenn nicht
dōnec	solange (als)	ut (mit Ind.)	wie
quamquam	obwohl	ut (mit Konj.)	daß, damit
quod, quia	weil		

Negationen

nōn	nicht	neque ... neque	weder ... noch
nōndum	noch nicht	nec ... nec	
nōn iam	nicht mehr	nihil	nichts

Interjektionen

ecce!	sieh da, sieh dort!	heus!	heda, hallo!
herc(u)le!	beim Herkules!		

Lateinisch-deutsches Wörterverzeichnis

Zahlenangaben in Klammern verweisen auf die entsprechende Lektion des Übungsbuches Roma II, die übrigen Zahlen auf die entsprechenden Abschnitte der Lateinischen Grammatik von Bayer – Lindauer. Wörter ohne Zahlenangabe sind bereits aus Roma I bekannt.

A

a, ab (Präp. mit Abl.)	von, von .. her, von .. an	admiratio, -onis	Bewunderung
abdere	verbergen 92.67	admittere	zulassen 92.42
abesse	abwesend, entfernt sein 93.2.1	admonere	ermahnen, erinnern 90.7 (1)
abire	weggehen 96.2.1	adulescens, -entis	junger Mann (7)
absens, -sentis	abwesend (2)	adversus	widrig, ungünstig
absolvere	freisprechen, vollenden 92.95	adversus (Präp. mit Akk.)	gegen (53)
abstinere	fernhalten, sich enthalten (re) 90.14	advocare	herbeirufen
abundare	Überfluß haben (21)	advolare	herbeifliegen, herbeieilen
ac	und, und dazu (37)	aedis, -is	Tempel
accedere	heranrücken, hinzutreten 92.43	aedes, -ium	Haus
accendere	anzünden, entflammen 92.83	aedificare	(er)bauen
accidit(ut)	es ereignet sich (daß) (62)	aedificium	Gebäude
accipere	annehmen, empfangen 92.107	aeger, -gra, -grum	krank
accusare	anklagen, beschuldigen	aequalis	gleichaltrig; Altersgenosse
acer, acris, acre	scharf, heftig	aequor, -oris n.	Meeresfläche, Meer
acerbus	herb, bitter	aer, aeris m.	Luft, Nebel (1)
acies, -ei	1. Schärfe 2. Kampflinie, Schlacht	aes, aeris n.	Erz, Kupfergeld, Geld
		aes alienum	Schulden
ad (Präp. mit Akk.)	zu, an, bei	aestas, -atis	Sommer
adamare	liebgewinnen (34)	aestus, -us	Hitze, Brandung
addere	hinzufügen 92.67	aetas, -atis	Lebensalter, Zeitalter
adducere	hinführen, veranlassen 92.24	aeternus	ewig
		afferre	herbeibringen, beibringen 94.2
adeo	so sehr (38)	afficere	versehen mit, behandeln 92.108
adesse	da sein, beistehen, helfen 93.2.1	affligere	niederschlagen 92.27
adgnoscere	(an)erkennen 92.116	ager, agri	Acker, Feld
adhibere	anwenden 90.5	agere	treiben, verhandeln 92.73
adhuc	bis jetzt, immer noch	agger, -eris	Damm, Wall
adicere	hinzufügen 92.109	agitare	treiben, betreiben
adimere	wegnehmen, an sich nehmen 92.75	agmen, -minis	Zug, Schar
		agnoscere	(an)erkennen 92.116
adire	angehen, aufsuchen, auf sich nehmen 96.2.2 (3)	agnus	Lamm (15)
		agricola	Bauer
aditus, -us	Zugang, Zutritt (35)	agricultura	Ackerbau
adiungere	anschließen 92.31	alacer, -cris, -cre	lebhaft, munter
adiuvare	unterstützen, helfen 89.10	albus	weiß
administrare	verwalten	alere	nähren, fördern 92.15
		alias	ein andermal (60)
		alienus	fremd
		alii	(die) andere(n)
		alii ... alii	die einen ... die anderen
		aliquando	irgendwann, einmal (7)
		alius, -a, -ud	ein anderer (22)

alligare	anbinden (37)	arare	pflügen
alter, alterius	Nächste, Mitmensch (38)	arbiter, -tri	Mitwisser, Schiedsrichter (27)
alter ... alter	der eine ... der andere (38)	arbor, -oris f.	Baum
altitudo, -inis	Höhe, Tiefe	arcere	abhalten, abwehren 90.4
altum(mare)	hohe See (19)	arcessere	herbeiholen 92.9
altus	hoch, tief	arcus, -us	Bogen
amare	lieben	ardere	brennen, glühen 90.37
ambo	beide (56)	arena	Sand(fläche), Kampfplatz
ambulare	spazierengehen		
amica	Freundin	argentum	Silber, Geld
amicitia	Freundschaft	arguere	beschuldigen 92.78
amicus, -a, -um	befreundet, freundlich	aries, -ietis m.	Widder, Rammbock (11)
amicus	Freund	arma, -orum	Geräte, Waffen
amittere	verlieren 92.42	armare	ausrüsten, bewaffnen
amnis, -is m.	Strom	ars, artis	Fertigkeit, Kunst
amor, -oris	Liebe	artifex, -icis m.	Künstler
amplitudo, -inis	1. Weite, Größe 2. Ansehen	artificium	Kunstwerk, Fertigkeit
		arx, arcis	Burg
amplus	weit, geräumig, bedeutend	ascendere	hinaufsteigen, ersteigen 92.87
ancilla	Magd, Sklavin	aspectus, -us	Anblick
angustus	eng, mißlich	asper, -era, -erum	rauh, schroff
anima	Atem, Seele, Leben (24)	aspicere	erblicken, ansehen 92.104
animadvertere	wahrnehmen, einschreiten gegen (in aliquem) 92.88	assuescere	sich gewöhnen an 92.115
		at	doch, jedoch (35)
		ater, atra, atrum	schwarz, dunkel
animal, -alis	Lebewesen, Tier	atque	und, und dazu (37)
animus	Seele, Geist	atrium	Atrium
bono animo esse	guten Mutes sein	atrox, -ocis	schrecklich, furchtbar
in animo habere	im Sinn haben	attingere	berühren 92.58
annus	Jahr	auctor, -oris	Urheber, Begründer
ante (Präp. mit Akk.)	vor	auctoritas, -atis	Ansehen, Einfluß
		audacia	Wagemut, Kühnheit
antea	vorher, früher	audax, -acis	verwegen, kühn
anteponere	voranstellen, vorziehen 92.12	audire	hören 91.1
		auferre	wegtragen, wegnehmen 94.2
antiquus	alt, altertümlich		
aperire	öffnen, aufdecken 91.2	augere	vermehren, fördern 90.32
apostolus	Apostel (57)	aureus	golden, aus Gold
apparatus, -us	Zubereitung, Werkzeug	auris, -is	Ohr
apparere	erscheinen, sich zeigen 90.24	aurum	Gold
		auspicium	Vogelschau, Vorzeichen
appellare	ansprechen, (be)nennen	aut	oder
appetere	begehren, herankommen 92.7	aut ... aut	entweder ... oder
		autem (nachgestellt)	aber
apportare	herbeitragen		
appropinquare	nahen, sich nähern	autumnus	Herbst
aptus	passend, geeignet	auxilium	Hilfe, Unterstützung
apud (Präp. mit Akk.)	bei (nur bei Personen)	avaritia	Habgier, Geiz
		avarus	habsüchtig, geizig
aqua	Wasser	avellere	abreißen, wegreißen 92.89
aquaeductus, -us	Wasserleitung	avertere	abwenden 92.88
aquila	Adler, Legionsadler	avis, avis	Vogel
a quo?	von wem?	avunculus	Onkel
ara	Altar	avus	Großvater

B

barbarus	barbarisch, fremd; Barbar, Fremder
beatus	beglückt, glücklich
bellum	Krieg
bene	gut
beneficium	Wohltat
benignus	gütig, freigebig (43)
bestia	das (wilde) Tier
bibere	trinken 92.68
bonus	gut
bos, bovis m.f.	Rind (Ochse, Kuh) (9)
brevis, -e	kurz

C

cadere	fallen 92.61
caecus	blind (43)
caedere	niederhauen, fällen 92.62
caedes, -is	Mord, Gemetzel (21)
caelum	Himmel, Wetter, Klima
calamitas, -atis	Unglück, Mißgeschick
calidus	warm, hitzig (19)
callidus	schlau, verschlagen (38)
campus	Feld, ebener Platz
canere	singen, (Instrument) spielen, blasen 92.57
canis, -is m.	Hund
cantare	singen
cantus, -us	Gesang, Klang (23)
capere	fassen, nehmen (56) 92.107
capessere	ergreifen (21) 92.10
capillus	(Kopf)haar
captare	fangen, fassen
captivus	Gefangener
caput, capitis n.	Haupt, Hauptsache, Hauptstadt
carcer, -eris	Kerker, Gefängnis (57)
carere	entbehren, nicht haben(re) 90.16
carmen, -inis	Lied, Gedicht
carpere	pflücken 92.20
carus	lieb, teuer
casa	Hütte, kleines Haus
castra, -orum	Lager
casus, -us	Fall, Zufall
causa	Ursache, Grund; Prozeß
cavere	achtgeben, sich hüten 90.48
cedere	gehen, weichen 92.43
celeber, -bris, -bre	vielbesucht, belebt, bevölkert, gefeiert
celebrare	besuchen, feiern
celer, celeris, celere	schnell, rasch
celeritas, -atis	Schnelligkeit
cella	Zelle, Vorratskammer
cena	Mahlzeit
cenare	speisen, essen
censere	schätzen, meinen 90.15
cernere	sichten, sehen (20) 92.4
certamen, -inis	Wettstreit, Kampf
certare	streiten, wetteifern
certus	sicher, gewiß, zuverlässig
cessare	säumen, rasten (61)
ceteri, -ae, -a	die übrigen
ceterum	übrigens
cibus	Speise, Nahrung
cingere	gürten, umgeben 92.30
circa, circum (Präp. mit Akk.)	um... herum, rings um
circumdare	umgeben 89.9
circumstare	herumstehen, umringen
circumvenire	umzingeln, bedrängen 91.12
circus	Zirkus
cito	schnell, rasch (47)
civilis, -e	bürgerlich, öffentlich
civis, -is m.	Bürger, Mitbürger
civitas, -atis	Bürgerschaft, Staat
clades, -is	Niederlage, Schaden (8)
clam	heimlich (30)
clamare	schreien, laut rufen
clamor, -oris	Geschrei
clarus	hell, klar, berühmt
classis, -is	Flotte
claudere	schließen, versperren 92.44
coercere	zügeln, maßregeln 90.4
cogere	zusammenbringen, zwingen 92.73
cogitare	denken, bedenken
cognomen, -inis	Beiname
cognoscere	erkennen 92.116
cohibere	festhalten, zurückhalten 90.5 (1)
cohors, cohortis	Schar, Kohorte
colere	bebauen, pflegen, ehren 92.16
colligere	sammeln 92.76
collis, -is m.	Hügel, Anhöhe
collocare	aufstellen
collum	Hals
colonia	Ansiedlung, Kolonie
color, -oris	Farbe
columna	Säule, Pfeiler
comes, -itis m.	Gefährte, Begleiter
commeatus, -us	Zufuhr, Verpflegung (18)

committere	zusammenbringen, ausführen, anvertrauen 92.42	conservare	bewahren, retten
commodum	Vorteil (41)	considere	sich setzen, niederlassen 92.82
commovere	bewegen, erregen, veranlassen 90.50	consilium	Beratung, Rat, Plan, Überlegung
communis, -e	gemeinsam, allgemein	consistere	sich hinstellen, bestehen 92.59
comparare	1. bereiten, beschaffen 2. vergleichen	conspectus, -us	Anblick (9)
comperire	erfahren 91.11	conspicere	erblicken, ansehen 92.104
complere	anfüllen, erfüllen 90.3	constans, -antis	beständig, standhaft
componere	zusammenstellen, ordnen, schlichten 92.12	constantia	Beständigkeit, Standhaftigkeit (51)
comprehendere	(er)fassen, verhaften 92.85	constare	bestehen, kosten 89.8
		constat	es ist bekannt (18)
concedere	weichen, zugestehen 92.43	constituere	beschließen 92.92
		consuescere	sich gewöhnen an 92.115
concidere	zusammenbrechen, einstürzen 92.61	consuetudo, -inis	1. Gewohnheit, Sitte 2. Umgang
conciliare	gewinnen	consul, -is	Konsul
concilium	Versammlung (27)	consulum est	es ist Aufgabe (Pflicht) der Konsuln
concipere	empfangen, erfassen 92.107	consulere	1. befragen, beraten 2. sorgen (alicui) 92.17
concordia	Eintracht	consumere	verbrauchen 92.75
concurrere	zusammenlaufen, -stoßen 92.63	contemnere	verachten, nicht beachten 92.41
concursus, -us	das Zusammenlaufen	contendere	(sich) anstrengen, kämpfen, eilen, behaupten 92.56
concutere	erschüttern 92.105		
condere	gründen, bergen 92.67		
condicio, -onis	Bedingung, Lage	contentio, -onis	Anstrengung, Streit (39)
conducere	zusammenführen, anwerben, mieten 92.24	contentus	zufrieden
		continere	zusammenhalten 90.14
conferre	zusammenbringen, vergleichen, beitragen 94.2	contingere	berühren, gelingen 92.58
		continuus	zusammenhängend (20)
conferre se	sich begeben (64)	contra (Präp. mit Akk.)	gegen (im feindlichen Sinn)
conficere	vollenden, aufreiben 92.108		
		contrahere	zusammenziehen 92.25
confirmare	stärken, bekräftigen (18)	contrarius	gegensätzlich, entgegengesetzt (61)
confugere	(sich) flüchten 92.111		
conicere	(zusammen)werfen 92.109	controversia	Streit, Widerspruch (25)
		conubium	Ehebund, (gegenseitiges) Heiratsrecht (48)
coniungere	verbinden, vereinigen 92.31	convenire	zusammenkommen, -passen, antreffen 91.12
coniunx, -ugis	Gattin (auch: Gatte) (25)		
coniurare	sich verschwören (19)	convertere	wenden, verwandeln 92.88
coniuratio, -onis	Verschwörung		
conquirere	zusammensuchen, sammeln 92.8	convincere	(gerichtlich) überführen 92.79
conscientia	Bewußtsein, Gewissen (63)	conviva	Gast
		convivium	Gastmahl, Gelage
conscribere	verfassen, Truppen ausheben 92.22	convocare	zusammenrufen (12)
		copia	Vorrat, Menge
consensus, -us	Übereinstimmung (55)	copiae, -arum	Vorräte, Truppen
consentire	übereinstimmen 91.8	magna copia pecuniae	eine große Menge Geld
conserere	zusammenfügen, -bringen 92.18	cor, cordis n.	Herz

197

cornu, -us	Horn, Flügel (des Heeres)	de (Präp. mit Abl.)	von ... herab, über, von
corona	Kranz, Krone		
corpus, -oris	Leib, Körper	dea	Göttin
corrigere	berichtigen, verbessern 92.28	debere	schulden, müssen 90.5
		decedere	weggehen, verscheiden 92.43
corripere	ergreifen, packen 92.102		
corrumpere	verderben, bestechen 92.78	decernere	entscheiden, beschließen 92.4
cottidie	täglich	decipere	täuschen 92.107
cras	morgen	decorus	schicklich, anständig, schön (37)
creare	erschaffen, wählen		
creber, -bra, -brum	zahlreich, häufig	dedecus, -oris	Schande, Schandtat (16)
credere	glauben, (an)vertrauen 92.67	dedere	hingeben, ausliefern 92.67
cremare	verbrennen	dedicare	weihen, widmen
crescere	wachsen, zunehmen 92.113	deducere	hinabführen, wegführen 92.24
crimen, -inis	Anklage, Vorwurf, Verbrechen	deesse	fehlen, mangeln 93.2.1
		defendere	abwehren, verteidigen 92.84
crudelis, -e	roh, grausam (1)		
crudelitas, -atis	Grausamkeit	deferre	übertragen, überbringen, melden 94.2
crux, crucis	Kreuz, Marter (35)		
cubare	liegen 89.3	deficere	abfallen, ausgehen, fehlen (aliquem) 92.108
cubiculum	Schlafraum, Kammer		
cui?	wem?	deflagrare	niederbrennen, in Flammen aufgehen
cuius?	wessen?		
culpa	Schuld (35)	deinde	hierauf
cum (mit Ind.)	wenn, immer wenn	delectare	Freude machen, erfreuen
cum (mit Konj.)	als, nachdem, da, weil	delere	zerstören, tilgen 90.1
cum (Präp. mit Abl.)	mit	deliberare	erwägen, überlegen (7)
		deligere	(aus)wählen 92.76
cuncti, -ae, -a	alle	dementia	Wahnsinn, Verrücktheit
cupere	begehren, wünschen 92.101	demere	ab-, wegnehmen 92.75
		demittere	herablassen, senken 92.42
cupiditas, -atis	Begierde, Leidenschaft (12)	demonstrare	zeigen, nachweisen
		denique	schließlich (27)
cur?	warum?	dens, dentis m.	Zahn
cura	Sorge, Sorgfalt	depellere	vertreiben 92.64
curare	(be)sorgen, pflegen	deponere	niederlegen, ablegen 92.12
curia	Kurie (Versammlungsort des Senats)		
		deportare	wegbringen, verbannen (6)
currere	laufen 92.63		
currus, -us	Wagen (29)	deposcere	fordern, sich ausbedingen 92.118
cursus, -us	Lauf, Kurs		
custodia	Wache, Haft, Gewahrsam (46)	deprehendere	ertappen, fassen 92.85
		descendere	herabsteigen, hinabgehen 92.87
custodire	bewachen (14)		
custos, -odis m.	Wächter, Hüter	describere	beschreiben 92.22
		deserere	verlassen, im Stich lassen 92.18
		desiderare	ersehnen, vermissen
	D	desiderium	Sehnsucht, Verlangen (32)
damnare	verurteilen	desilire	herabspringen 91.3
damnum	Verlust, Schaden (60)	desinere	ablassen, aufhören 92.1
dare	geben 89.9	desistere	abstehen, aufhören 92.59

desperare	verzweifeln	divinus	göttlich (13)
desperare de salute	an der Rettung verzweifeln	divitiae, -arum	Reichtum
		docere	lehren, unterrichten 90.12
despicere	herabsehen, verachten 92.104	doctrina	Unterricht, Wissenschaft (63)
destinare	festsetzen, bestimmen (63)	doctus	gelehrt (45)
		dolere	Schmerz empfinden, leiden 90.18
detrahere	herabziehen, wegnehmen 92.25	dolor, -oris	Schmerz
deus	Gott	dolus	List, Täuschung
devorare	verschlingen	domare	zähmen, bändigen 89.4
dexter, dext(e)ra, dext(e)rum	recht(s)	domi	zu Hause
		domicilium	Wohnsitz (42)
dicere	sagen, sprechen 92.23	domina	Herrin
dicio, -onis	Gewalt, Herrschaft (48)	dominatio, -onis	Herrschaft, Alleinherrschaft
dictare	diktieren		
dictator, -oris	Diktator (55)	dominus	Herr
dies, -ei m.	Tag, Frist	domo	von zu Hause
differre	verschieben, sich unterscheiden 94.2	domum	nach Hause
		domus, -us f.	Haus
difficilis, -e	schwer (zu tun), schwierig	donare	schenken, beschenken
diffundere	zerstreuen, verbreiten 92.81	donec	solange (als)
		donum	Geschenk, Gabe
digitus	Finger, Zehe (22)	dormire	schlafen (14)
dignitas, -atis	Würde, Ansehen	dorsum	Rücken (19)
dignus	würdig, wert	dos, dotis	Mitgift, Gabe
dignus mercede	eines Lohnes würdig	draco, -onis m.	Drache (11)
diligentia	Sorgfalt, Umsicht	dubitare	zweifeln, zögern
diligere	schätzen, lieben 92.76	dubius	zweifelhaft, ungewiß
dimittere	entlassen, aufgeben 92.42	ducere	führen, ziehen, halten für 92.24
dirimere	trennen 92.75		
diripere	plündern 92.102	dulcis, -e	süß, angenehm, lieb (37)
discedere	weggehen, scheiden 92.43	dum	während, solange als (bis) (40)
discere	lernen 92.117		
discernere	scheiden, unterscheiden 92.4	duplex, duplicis	zweifach, doppelt (41)
		durus	hart
disciplina	Lehre, Zucht	dux, ducis	Führer
discipulus	Schüler (18)		
discordia	Zwietracht		
dispergere	zerstreuen 92.53		E
displicere	mißfallen (7)		
disponere	verteilen, ordnen 92.12	e, ex (Präp. mit Abl.)	aus, von ... aus
disputare	erörtern, diskutieren		
dissentire	abweichen, widersprechen 91.8	ecce	siehe da! siehe dort!
		edere	herausgeben, äußern 92.67
disserere	erörtern, sprechen über 92.18		
		edere	essen, fressen 92.80
dissimilis, -e	unähnlich	edictum	Verordnung, Verfügung (17)
dissipare	zerstreuen, verschleudern, vergeuden		
		educare	erziehen
dissolvere	auflösen 92.95	efferre	herausheben, hinaustragen 94.2
distribuere	verteilen 92.93		
distinguere	unterscheiden 92.35	efficere	fertigbringen, bewirken 92.108
diu	lange, lange Zeit		
dives, divitis	reich	effugere	entkommen 92.111
dividere	trennen, teilen 92.45	egens, egentis	bedürftig, (sehr) arm (45)

199

egere	bedürfen, Mangel haben (re) 90.17	exitium	Untergang, Vernichtung (54)
egestas, -atis	Armut, Mangel (44)	exitus, -us	Ausgang, Ende, Ergebnis (44)
ego	ich		
egregius	ausgezeichnet, hervorragend	expellere	hinausstoßen, vertreiben 92.64
eicere	hinauswerfen, vertreiben 92.109	expetere	erstreben 92.7
		explere	ausfüllen 90.3 (1)
elephantus	Elefant	explicare	entfalten, erklären
eligere	(aus)wählen 92.76	explorare	erkunden, auskundschaften, erforschen (3)
eloquentia	Beredsamkeit (60)		
emere	kaufen 92.75	exponere	aussetzen, darlegen 92.12
eminere	herausragen, hervorragen 90.23	exprimere	ausdrücken, darstellen 92.54
enim (nachgestellt)	nämlich	expugnare	erobern
enumerare	aufzählen (37)	exquirere	aussuchen, untersuchen 92.8
eo	dorthin		
epistula	Brief	exsistere	auftreten, entstehen 92.59
epulae, -arum	Speisen, Mahl (27)	exspectare	erwarten, ausschauen
eques, -itis m.	Reiter, Ritter	exstinguere	auslöschen 92.35
equester, -tris, -tre	Reiter-, Ritter-	exstruere	aufschichten, errichten 92.37
equitatus, -us	Reiterei		
equus	Pferd	extra (Präp. mit Akk.)	außerhalb
erga (Präp. mit Akk.)	gegen (im freundlichen Sinn)	extremus	der äußerste
ergo	also, folglich	exuere	ausziehen, berauben (re) 92.94
erigere	aufrichten, ermutigen 92.28	exul, exulis	verbannt; Verbannter (54)
eripere	entreißen 92.102		
errare	irren		
error, -oris	Irrtum		
erudire	bilden, unterrichten (15)		F
esse	sein 93.1		
et	und	faber, fabri	Handwerker
et ... et	sowohl ... als auch	fabula	Fabel, Geschichte
etiam	auch, sogar	facere	machen, tun 92.108
evadere	ausgehen, entkommen 92.48	facies, -ei	Gesicht
		facilis, -e	leicht (zu tun)
evertere	umstürzen, zerstören 92.88	facinus, -oris	Tat, Untat (7)
		factum	Tat
evigilare	aufwachen, erwachen	facultas, -atis	Möglichkeit, Fähigkeit (13)
excellere	hervorragen, sich auszeichnen 92.90	fallere	täuschen, unbemerkt bleiben 92.65
excipere	ausnehmen, aufnehmen 92.107	falsus	falsch, irrig
excitare	erregen	fama	Gerücht, (guter bzw. schlechter) Ruf
excutere	abschütteln 92.105		
exemplum	Beispiel	fames, -is	Hunger
exercere	üben, plagen 90.4	familia	Familie, Hausgemeinschaft
exercitus, -us	Heer		
exhaurire	erschöpfen, leeren (41)	familiaris, -e	zum Haus gehörig, vertraut, freundschaftlich
exigere	(ein)fordern, vollenden 92.73	fas	(göttliches) Recht, Pflicht (22)
exilium	Verbannung (1)		
exire	herausgehen, ausrücken 96.2.1	fatigare	ermüden (trans.), erschöpfen (19)

fatum	Götterspruch; Geschick, Verhängnis (35)	frequentare	(regelmäßig) besuchen
favere	gewogen sein, begünstigen 90.49	frigidus	kalt, starr (18)
		frigus, -oris	Kälte, Frost (19)
felix, -icis	glücklich	frons, frontis	Stirn, Vorderseite (32)
femina	Frau	fructus, -us	Frucht, Ertrag
fere	fast, ungefähr (50)	fruges, frugum f.	Früchte, Feldfrüchte
feriae, -arum	Feiertage, Ferien	frumentum	Getreide
ferox, -ocis	wild, trotzig	frustra	vergeblich, vergebens
ferre	tragen, bringen 94.1	fuga	Flucht (6)
ferrum	Eisen, Waffen (3)	fugare	in die Flucht schlagen, vertreiben
ferus	wild, roh	fugere	fliehen, meiden 92.111
fessus	ermüdet	fulmen, -inis	Blitz, Blitzschlag (30)
festinare	eilen, beschleunigen (11)	fundamentum	Grundlage
festus	festlich, feierlich, Feier-	fundere	(hin)gießen, zerstreuen 92.81
fides, -ei	Treue, Glaube		
fidus	treu, zuverlässig	fur, furis	Dieb (62)
figere	anheften, befestigen 92.49	furor, -oris	Raserei, Tollheit (6)
figura	Figur, Gestalt	futurus	zukünftig
filia	Tochter		
filius	Sohn		**G**
fingere	gestalten, erdichten 92.32		
finire	begrenzen, beenden (14)	gaudium	Freude
finis, -is m.	Ende, Grenze	geminus (gemini)	doppelt (Zwillinge) (46)
fines, -ium m.	Grenzen, Gebiet	gens, gentis	Geschlecht, Stamm, Volk
finitimus	benachbart	genus, -eris	1. Geschlecht 2. Gattung, Art
firmare	(be)stärken, kräftigen		
firmus	fest, stark	gerere	tragen, (aus)führen 92.39
flamma	Flamme	gignere	erzeugen, hervorbringen 92.14
flectere	biegen, beugen 92.50		
flere	weinen, beweinen 90.2	gladius	Schwert
florere	blühen 90.19	gloria	Ruhm
flos, floris	Blume, Blüte	gradus, -us	1. Schritt 2. Stufe, Rang (23)
fluctus, -us	Flut, Woge (1)		
fluere	fließen 92.36	gratia	Gunst, Dank
flumen, -inis	Fluß, Strömung	gratiam habere	danken
fluvius	Fluß	gratias agere	Dank sagen (52)
fodere	graben, stechen 92.110	gratus	angenehm, dankbar
foedus	häßlich, schändlich	gravis, -e	schwer, gewichtig; ernst
foedus, -eris	Bündnis, Vertrag	gravitas, -atis	Ernst, Würde
folium	Blatt	grex, gregis m.	Herde, Schar (22)
fons, fontis m.	Quelle	gubernare	lenken, steuern
forma	Form	gustare	verkosten, genießen (21)
formare	formen, (aus)bilden		
fortasse	vielleicht (18)		
forte	zufällig (22)		**H**
fortis, -e	kräftig, tapfer		
fortitudo, -inis	Tapferkeit (29)	habere	haben, halten 90.5
fortuna	Schicksal, Glück	habitare	wohnen
fortunae, -arum	(Glücks-)güter, Vermögen (62)	haerere	hängen, stecken (bleiben) 90.38
forum	Marktplatz, Forum	haurire	schöpfen, einsaugen 91.7
fossa	Graben	herba	Gras, Kraut
frangere	brechen (trans.) 92.74	herc(u)le!	beim Herkules!
frater, -tris	Bruder	heres, heredis m.	(der) Erbe (59)
fraus, fraudis	Betrug, Täuschung (30)		

201

heri	gestern
heus!	heda! hallo!
hic	hier
hic, haec, hoc	dieser
hiems, hiemis f.	Winter
hodie	heute
homo, -inis m.	Mensch
honestus	angesehen, anständig
honos, -oris	Ehre, Ehrenamt
hora	Stunde
horrere	schaudern, starren 90.20
hortus	Garten
hostis, -is m.	Feind
hospes, -itis m.	Gast(freund), Gastgeber
humanitas, -atis	1. Menschlichkeit 2. Bildung (58)
humanus	menschlich, gebildet
humi	auf dem Boden (23)
humilis, -e	niedrig, gering (46)
humus f.	Erde, Boden (31)

I

iacēre	liegen 90.21
iacere	werfen, schleudern 92.109
iactare	werfen, schleudern
iam	schon, bereits
ianua	Türe, Zugang
ibi	dort
ictus, -us	Stoß, Hieb
idoneus	geeignet, passend (61)
igitur	also (27)
ignavia	Feigheit, Trägheit
ignavus	untätig, träg, feig
ignis, -is m.	Feuer
ignorare	nicht wissen, nicht kennen
non ignorare	wohl wissen, gut kennen
ignoscere	verzeihen 92.116
ignotus	unbekannt
ille, illa, illud	jener
illicere	verlocken 92.103
imago, -inis	Bild
imber, imbris m.	Regen, Regenschauer
imminere	hereinragen, drohen 90.54
immolare	opfern
immortalis, -e	unsterblich
impellere	antreiben, veranlassen 92.64
impendēre	hängen über, bevorstehen 90.45
impendere	aufwenden 92.60
imperare	befehlen
imperator, -oris	Feldherr, Kaiser
imperium	Befehl, Herrschaft, Reich
impetrare	durchsetzen
impetus, -us	Ansturm, Angriff, Drang
impius	gottlos, frevelhaft
implere	anfüllen, erfüllen (36)
implorare	anflehen, erflehen
imponere	hineinlegen, aufbürden 92.12
importare	einführen
imprimis	vor allem, besonders
improbus	schlecht
in (Präp. mit Abl.)	in, an, auf
in (Präp. mit Akk.)	1. in, nach 2. gegen (32)
inanis, -e	leer, nichtig, eitel (61)
incedere	einherschreiten 92.43
incendere	anzünden, entflammen 92.83
incendium	Brand
inceptum	Vorhaben, Unternehmung (40)
incertus	unsicher, ungewiß, unzuverlässig
incidere	hineingeraten, vorfallen 92.61
incipere	anfangen, beginnen 92.107
incitare	antreiben, aufregen
includere	einschließen 92.44
incola	Einwohner, Bewohner
incolere	bewohnen, siedeln 92.16
increpare	erschallen, schelten 89.2
incumbere	sich (ver)legen auf 92.13
inde	von da, dann, daher (63)
indicare	anzeigen
indicere	ankündigen 92.23
indigere	bedürfen, Mangel haben (re) 90.17
inducere	einführen, verleiten 92.24
induere	anziehen 92.94
indulgere	nachgeben, nachsichtig sein 90.42
industria	Betriebsamkeit, Fleiß
iners, inertis	ungeschickt, träge
inesse	darin sein 93.2.1
infans, infantis	(noch nicht sprechendes) Kind (7)
inferi, -orum	die Unterirdischen, Unterwelt (25)
inferre	hineintragen, beibringen 92.2
infestus	feindlich, kampfbereit (36)
infirmus	schwach, unzuverlässig
inflammare	entflammen
ingenium	Anlage, Begabung (7)
ingens, ingentis	ungeheuer, gewaltig, riesig

ingratus	unangenehm, undankbar	invisus	verhaßt
inimicus	feindlich; Feind	invitare	einladen
inire	betreten, beginnen, (Plan) fassen 96.2.2	ira	Zorn
		iratus	erzürnt, zornig
initium	Anfang, Beginn	ire	gehen 96.1
initio	anfangs (11)	irrumpere	einbrechen 92.78
iniuria	Unrecht, Beleidigung	is, ea, id	dieser
iniustus	ungerecht, widerrechtlich	ita	so (beim Verbum)
innocens, -entis	unschuldig (38)	itaque	daher, deshalb
innumerabilis, -e	unzählbar (44)	item	ebenso
inopia	Mangel, Not	iter, itineris n.	Reise, Marsch, Weg
inops, inopis	hilflos, arm (63)	iterum	wiederum, ein zweites Mal
inquit	sagt(e) er (2)		
inscribere	einschreiben, betiteln 92.22	iterum atque iterum	immer wieder
insidiae, -arum	Hinterhalt, Überfall	iubere	beauftragen, befehlen (aliquem), verordnen 90.34
insignis, -e	ausgezeichnet, kenntlich (45)		
		iucundus	erfreulich, angenehm
insistere	hintreten, innehalten 92.59	iudex, icis m.	Richter
		iudicare	urteilen
instare	bevorstehen, bedrängen, zusetzen 89.8	iudicium	Urteil, Gericht
		iugum	Joch, Bergrücken (3)
instituere	einrichten, unterrichten 92.92	iungere	verbinden, vereinigen 92.31
instruere	aufstellen, ausstatten, unterrichten 92.37	ius, iuris n.	Recht
		iussu	auf Befehl
insula	Insel; Mietskaserne	iustitia	Gerechtigkeit
integer, -gra, -grum	unberührt, rein, untadelig	iustus	gerecht, richtig
		iuvare	unterstützen, erfreuen 89.10
intellegere	einsehen, verstehen 92.76		
intendere	etwas richten auf 92.56	iuvenis, -is	der junge Mann
intentus	(an)gespannt, eifrig (17)	iuventus, -utis	Jugend
inter (Präp. mit Akk.)	zwischen, unter, während	iuxta (Präp. mit Akk.)	neben
inter se	untereinander		
intercludere	absperren 92.44		**L**
interdicere	untersagen 92.23		
interdiu	untertags, tagsüber (37)	labor, -oris	Arbeit, Anstrengung
interdum	manchmal	laborare	arbeiten, leiden
interea	inzwischen	lac, lactis n.	Milch
interesse	dabei sein, teilnehmen 93.2.1	lacerare	zerreißen (57)
		lacessere	reizen, herausfordern (21) 92.11
interficere	niedermachen, töten 92.108		
		lacrima	Träne (2)
intermittere	unterbrechen 92.42	lacus, -us	See, Wasserbecken
interrogare	fragen (3)	laedere	stoßen, verletzen 92.46
intra (Präp. mit Akk.)	innerhalb	laetitia	Fröhlichkeit, Freude
		laetus	fröhlich, erfreulich
intrare	eintreten, hineingehen	lapis, -idis m.	Stein
intus	drinnen	latere	verborgen sein 90.22
invadere	eindringen, angreifen 92.48	latro, -onis m.	Räuber (5)
		latus	breit
invenire	finden, auffinden 91.12	latus, -eris	Seite, Flanke
invidere	mißgönnen, beneiden (alicui) 90.53	laudare	loben
		laus, laudis	Lob, Ruhm
invidia	Neid, Mißgunst (1)	lavare	waschen 89.11

203

lectus	Bett, Liege	magistratus, -us	Beamter, Amt
legatus	Bevollmächtigter, Gesandter, Unterfeldherr (48)	magnitudo, -inis	Größe
		magnus	groß, bedeutend, wichtig
		maiores, -um	Vorfahren
legere	lesen, auslesen 92.76	malle	lieber wollen 95
legio, -onis	Legion	malum	Übel, Leid
leo, -onis	Löwe	malus	schlecht, schlimm, böse
levare	lindern, erleichtern	mandare	übergeben; auftragen, anvertrauen
se levare	sich erheben (1)		
levis, -e	1. leicht, gering 2. leichtsinnig	mandatum	Auftrag (48)
		mane	am Morgen, morgens
lex, legis	Gesetz	manere	bleiben, erwarten 90.39
libenter	gerne, bereitwillig (12)	manus, -us f.	Hand, Schar
liber, libri	Buch	mare, -is	Meer
liber, -era, -erum	frei	maritimus	am Meer gelegen, See-
liberare	befreien	maritus	Ehemann (30)
liberi, -orum	Kinder	mater, -tris	Mutter
libertas, -atis	Freiheit	materia	Stoff, Bauholz, Materie (56)
libertus	Freigelassener		
licet	es ist erlaubt, man darf	matrimonium	Ehe (11)
lictor, -oris	Liktor	matrona	Ehefrau
ligare	binden, verbinden	maximus	der größte
ligneus	hölzern (29)	medicina	Heilkunst, Heilmittel (63)
lignum	Holz (59)	medicus	Arzt
lingua	Zunge, Sprache	mediocris, -e	mittelmäßig, gering (61)
littera	Buchstabe	medius	der mittlere, mitten
litterae, -arum	Buchstaben, Wissenschaft(en), Brief	mel, mellis n.	Honig
		membrum	Glied, Teil (5)
litus, -oris	Küste, Strand	memor, memoris	eingedenk, sich erinnernd
locus	Ort, Platz, Stelle	memoria	Gedächtnis, Andenken
longinquus	entfernt, lang(dauernd) (41)	mens, mentis	Geist, Gesinnung, Verstand
longitudo, -inis	Länge	mensa	Tisch
longus	lang	mensis, -is m.	Monat
lucere	leuchten 90.40	mercator, -oris	Kaufmann
luctus, -us	Trauer (44)	merces, -edis	Lohn, Sold
ludere	spielen, scherzen 92.47	merere	verdienen 90.6 (1)
ludus	Spiel, Schule	mergere	versenken 92.52
ludi circenses	Zirkusspiele	meridies, -ei m.	Mittag, Süden
lugere	trauern, betrauern 90.41	merx, mercis	Ware
lumen, -inis	Licht(quelle), Augenlicht	metuere	fürchten 92.99
luna	Mond	metus, -us	Furcht
lupus	Wolf	migrare	(aus)wandern
lux, lucis	Licht, Tageslicht	miles, -itis m.	Soldat
luxuria	Verschwendungssucht, Luxus	militaris, -e	soldatisch, kriegerisch
		militia	Kriegsdienst
		minae, -arum	Drohungen
		minister, -tri	Diener, Helfer
		minuere	(ver)mindern 92.91
	M	mirabilis, -e	bewundernswert, erstaunlich (62)
maeror, -oris	Trauer, Wehmut (36)	miraculum	Wunder (13)
maestus	betrübt, traurig (43)	mirus	wunderbar, sonderbar
magis	mehr	miscere	mischen, verwirren 90.13
magis ... quam	mehr ... als	miser, -era, -erum	elend, unglücklich
magister, -tri	Lehrer, Leiter	miseria	Elend, Unglück

misericordia	Mitleid, Barmherzigkeit (23)	necesse (est)	(es ist) nötig (34)
mittere	gehen lassen, schicken 92.42	necessitas, -atis	Notwendigkeit, Notlage
		nectere	verknüpfen 92.51
		nefas n.	Unrecht, Frevel (22)
modestus	maßvoll, bescheiden (56)	negare	verneinen, verweigern
modo	(so)eben	neglegere	vernachlässigen 92.76
modus	Maß, Art und Weise	negotium	Geschäft, Aufgabe
moenia, ium	Stadtmauer(n)	nemus, -oris	Hain
molestus	lästig, beschwerlich	nepos, -otis	Enkel (45)
mollire	erweichen, mildern (14)	neque ... neque	weder ... noch
monere	mahnen 90.7	ne ... quidem	nicht einmal (25)
mons, montis m.	Berg	nescire	nicht wissen (14)
monstrare	zeigen	nescius	unwissend, unkundig (65)
monumentum	Denkmal, Grabmal	nex, necis	(gewaltsamer) Tod, Mord
mora	Aufschub, Verzögerung	niger, -gra, -grum	schwarz, dunkel
morbus	Krankheit	nihil	nichts
mors, mortis	Tod	nimis	(all)zusehr (24)
mortalis, -e	sterblich	nimius	zu groß, zu viel (17)
mortuus	tot, gestorben	nisi	wenn nicht
mos, moris	Sitte, Brauch	nobilis, -e	1. berühmt 2. vornehm, adelig
mores, morum	Sitten, der Charakter		
motus, -us	Bewegung, Erregung, Aufruhr (57)	nobilitas, -atis	Berühmtheit, Adel
		nocere	schaden 90.9
movere	bewegen 90.50	noctu	nachts (29)
mox	bald	nolle	nicht wollen 95
mulier, -eris	Frau, Weib	nomen, -inis	Name
multare	bestrafen	nominare	nennen, benennen
multus	viel	non	nicht
multi, -ae, -a	viele	nondum	noch nicht
multitudo, -inis	Menge	non iam	nicht mehr
mundus	Welt	non ignorare	wohl wissen, genau kennen
munire	befestigen, verschanzen (15)		
		nonnulli, -ae, -a	einige
munus, -eris	Aufgabe, Amt, Geschenk	non solum ... sed etiam	nicht nur ... sondern auch
murus	Mauer		
mutare	ändern, wechseln, vertauschen	nonnumquam	manchmal (60)
		noscere	kennenlernen 92.116
		notus	bekannt
		novus	neu, neuartig
N		nox, noctis	Nacht
		nubere	sich vermählen (alicui viro) 92.21
nam	denn		
nare	schwimmen (19)	nubes, -is	Wolke
narrare	erzählen	nudus	nackt, leicht bekleidet
natio, -onis	Volksstamm, Volk	nullus	kein
natura	Natur	numerare	zählen
natus	geboren (12)	numerus	Zahl, Anzahl
nauta	Schiffer, Seemann	nummus	Münze
navigare	mit dem Schiff fahren, segeln	numquam	nie, niemals
		nunc	nun, jetzt
navigium	Schiff	nuntiare	melden
navis, -is	Schiff	nuntius	Bote, Botschaft
nebula	Nebel	nuper	neulich
nec ... nec	weder ... noch	nuptiae, -arum	Hochzeitsfeierlichkeiten, Hochzeit
necare	töten		
necessarius	notwendig	nusquam	nirgends

O

obicere	entgegen-, vorwerfen 92.109
obire	besuchen, übernehmen, sterben (10) 96.2.2
oblivio, -onis	Vergessen(heit) (44)
obruere	überschütten, erdrücken 92.97
obscurus	dunkel, verborgen
observare	beobachten, beachten
obses, -idis m.f.	Geisel, Bürge (18)
obsidēre	belagern 90.52
obsidere	besetzen 92.82
obstare	im Wege stehen, hindern 89.8
obstringere	verstricken, verpflichten 92.34
obtemperare	gehorchen
obtinere	festhalten, behaupten 90.14
obviam (ire – venire)	entgegen (gehen – kommen) (35)
occasio, -onis	Gelegenheit (13)
occidere	untergehen 92.61
occīdere	niederschlagen, töten 92.62
occultare	verbergen
occultus	verborgen, versteckt
occupare	besetzen
occurrere	begegnen, entgegentreten 92.63
oculus	Auge
odium	Haß
offendere	anstoßen, antreffen, beleidigen 92.84
offerre	anbieten, darbieten 94.2
officium	Pflicht
oleum	(Oliven)öl (59)
olim	einst
omen, -inis	Vorzeichen
omittere	aufgeben, beiseite lassen 92.42
omnis, -e	jeder, all, ganz
onerare	belasten, beladen
onus, -eris	Last, Ladung
opera	Arbeit, Mühe
operam dare	seine Mühe widmen, sich abmühen
operire	bedecken 91.2
opes, -um f.	1. Reichtum, Schätze 2. Macht
opinio, -onis	Meinung
oppidum	(Land)stadt, befestigter Platz
opportunus	günstig
opprimere	unterdrücken, überfallen 92.54
oppugnare	bestürmen, angreifen
oppugnatio, -onis	Belagerung, Sturmangriff
ops	Hilfe, Kraft; Pl. Reichtum, Macht (39)
optare	wünschen
optimus	der beste
opus, -eris	Werk
ora	Küste
oraculum	Götterspruch, Orakel (3)
orare	beten, bitten
oratio, -onis	Rede
orator, -oris	Redner
orbis, -is m.	Kreis, Scheibe
orbis terrarum	Erdkreis
ordo, -inis m.	1. Reihe, Ordnung 2. Stand
origo, -inis	Ursprung
ornamentum	Ausrüstung, Schmuck
ornare	ausstatten, schmücken
ornatus, -us	Ausstattung, Schmuck, Kostüm
os, oris n.	Mund, Gesicht
os, ossis n.	Knochen
ostendere	zeigen (entgegenstrecken) 92.56
otium	Muße, Ruhe
ovis, -is f.	Schaf (37)

P

paene	beinahe, fast
palma	1. Handfläche 2. Palme, Siegespreis (22)
palus, -udis	Sumpf
pandere	ausbreiten, öffnen 92.86
panis, -is m.	Brot
par, paris	gleich, angemessen (48)
parare	bereiten, vorbereiten, erwerben, vorhaben
paratus	vorbereitet, bereit
parcere	sparen, Schonung gewähren (alicui) 92.66
parcus	sparsam, schonend (42)
parentes, -(i)um m.	Eltern
parēre	gehorchen 90.24
parere	hervorbringen, gebären 92.106
paries, -etis m.	Wand
pars, -tis	Teil
particeps, -cipis	teilhaftig, beteiligt
parvus	klein, gering
pascere	füttern, weiden 92.112

pastor, -oris	Hirte (45)	permovere	bewegen, erregen, veranlassen 90.50
passus, -us	Schritt		
patefacere	öffnen, aufdecken 92.108	pernicies, -ei	Verderben, Untergang
patere	offenstehen 90.25	perniciosus	verderblich (20)
patientia	Ausdauer, Geduld	perspicere	durchschauen, erkennen 92.104
pater, -tris	Vater		
patria	Vaterland, Heimat	persuadere	einreden, überreden, überzeugen (alicui) 90.36
patricius	patrizisch; Subst.: Patrizier		
		perterrere	(er)schrecken (trans.) 90.8
patronus	Schutzherr, Anwalt		
pauci, -ae, -a	wenige	pertinere	sich erstrecken, sich beziehen (auf) 90.14
paulatim	allmählich, nach und nach (36)		
		pervenire	(ans Ziel) gelangen 91.12
paulo post	bald darauf (24)	pervolare	durcheilen, durchfliegen
paulum	ein wenig	pes, pedis m.	Fuß
pauper, -eris	arm	petere	zu erreichen suchen, erstreben, erbitten, verlangen (21) 92.7
paupertas, -atis	Armut		
pavor, -oris	Angst, Furcht (6)		
pax, pacis	Friede	philosophus	Philosoph
pectus, -oris	Brust	pietas, -atis	Pflichtbewußtsein, Frömmigkeit
pecunia	Vermögen, Geld		
pecus, -oris	Vieh, Schaf	piger, -gra, -grum	verdrossen, träge
pecus, -udis	(Stück) Vieh; Schaf	pingere	malen, ausmalen 92.33
pedes, -itis m.	Soldat (zu Fuß)	pirata	Seeräuber
pedester, -stris, -stre	zu Fuß	piscis, -is m.	Fisch (24)
		pius	rechtschaffen, fromm
pellere	(ver)treiben, stoßen 92.64	placare	glätten, besänftigen, versöhnen
pellis, -is	Pelz, Fell		
penates, -ium	Hausgötter, Haus (42)	placere	gefallen 90.10
pendēre	hängen, schweben 90.45	placet senatui	der Senat beschließt
pendere	abwiegen, bezahlen 92.60	placidus	1. flach 2. sanft, still
penetrare	eindringen, durchdringen (8)	planta	Pflanze
		plebeius	plebejisch; Subst.: Plebejer
per (Präp. mit Akk.)	durch, hindurch		
		plebs, plebis	Volksmenge, Plebs
peragere	vollenden 92.73	plenus	voll
percellere	erschüttern 92.69	plerumque	meist(ens)
percipere	erfassen, wahrnehmen 92.107	poculum	Becher, Trank (10)
		poena	Strafe
percutere	erschüttern, durchstoßen 92.105	poeta	Dichter
		poma, -orum	Früchte, Obst (26)
perdere	verderben, verlieren 92.67	ponere	legen, setzen, stellen 92.12
perducere	(ans Ziel) bringen 92.24	pons, pontis m.	Brücke
perferre	überbringen, ertragen 94.2	populus	Volk
		porrigere	hinstrecken, darreichen 92.28
perficere	vollenden, durchsetzen 92.108		
		porta	Tor, Pforte
pergere	fortfahren (zu tun) 92.28	portare	tragen, bringen
periculosus	gefährlich	porticus, -us	Säulenhalle, Halle
periculum	Gefahr	portus, -us	Hafen
perire	zugrunde gehen 96.2.1 (9)	poscere	fordern 92.118
peritus	erfahren, kundig	posse	imstande sein, können 93.2.2
permanere	verharren, fortdauern 90.39		
		possidere	besitzen 90.52
permittere	überlassen, erlauben 92.42	post (Präp. mit Akk.)	hinter, nach

207

postea	hernach, später	probare	prüfen, billigen, befürworten
posteri, -orum	Nachkommen, Nachwelt (50)	probus	tüchtig, gut
postquam (mit Ind. Perf.)	nachdem (6)	procedere	vorrücken 92.43
postremo	zuletzt	prodere	überliefern, verraten 92.67
postulare	fordern, verlangen	prodesse	nützlich sein, nützen 93.2.1
potare	trinken, zechen (35)		
potens, -entis	mächtig	proditor, -oris	Verräter (54)
potentia	Macht, Gewalt	producere	vorführen, hervorbringen, ausdehnen 92.24
potestas, -atis	(Amts)gewalt		
potius	vielmehr, eher, lieber (54)	proelium	Gefecht, Kampf (8)
		profecto	in der Tat, fürwahr
praebere	darreichen, gewähren 90.4	profugere	flüchten 92.111
		prohibere	abhalten, (ver)hindern 90.5
praeceptor, -oris	Lehrer		
praeceptum	Weisung, Lehre, Regel (15)	proicere	hinwerfen 92.109
		promere	hervorholen 92.75
praecipere	vorschreiben, vorwegnehmen 92.107	promissum	Versprechen (15)
		promittere	versprechen 92.42
praecipitare	hinabstürzen (1)	prope (Präp. mit Akk.)	nahe (bei)
praeclarus	glänzend, berühmt, vortrefflich		
		properare	eilen, sich beeilen
praeda	Beute	propinquus	nahe, verwandt; Subst.: Verwandter
praedicare	ausrufen, rühmen (47)		
praeesse	vorgesetzt sein, leiten	proponere	vorlegen, in Aussicht stellen 92.12
praeficere	an die Spitze stellen 92.108		
		propter (Präp. mit Akk.)	wegen
praemium	Belohnung		
praestare	voranstehen, übertreffen; leisten, erweisen 89.8	proscribere	bekanntgeben, ächten 92.22
praeter (Präp. mit Akk.)	an ... vorbei, außer (13)	prospicere	voraussehen (aliquid), sorgen für (alicui) 92.104
praeterea	außerdem	protegere	schützen, schirmen 92.29
praeterire	vorbeigehen 96.2.2	providere	vorhersehen (aliquid), vorsorgen (alicui) 90.53
praetor, -oris	Prätor		
pratum	Wiese (39)	provincia	Provinz
preces, precum f.	die Bitten	proximus	der nächste
prehendere	ergreifen 92.85	prudens, -entis	klug, erfahren
premere	drücken 92.54	prudentia	Klugheit, Einsicht (2)
pretiosus	wertvoll	publicus	öffentlich, staatlich
pretium	Preis, Wert	puella	Mädchen
pridem	längst, vor langer Zeit (11)	puer, pueri	Knabe, Kind
		pueritia	Kindheit, Jugendalter (53)
primo	zuerst, anfangs		
princeps, -cipis	Fürst, erstrangig	pugna	Kampf
principatus, -us	Vorherrschaft, Vorrang	pugnare	kämpfen
principium	Anfang	pulcher, -chra, -chrum	schön, herrlich
prior, prius	der vordere, frühere (47)		
		pulchritudo, -inis	Schönheit (2)
pristinus	früher, ehemalig (44)	pulsare	schlagen, klopfen
priusquam	bevor, ehe (23)	punire	bestrafen (15)
privatus	einem Privatmann gehörig, Privat-	purgare	reinigen, rechtfertigen (9)
pro (Präp. mit Abl.)	für, anstatt	purus	rein, klar
		putare	einschätzen, meinen

Q

quaerere	suchen, fragen (ex) (21) 92.8
qualis, -e	wie beschaffen, wie (48)
quam (bei Adjektiven)	wie
quam (beim Komparativ)	als (45)
quamquam	obwohl
quando	wann
quantus	wie groß
quatere	schütteln 92.105
quem?	wen?
-que	und
quia	weil
quid?	was?
quies, -etis	Ruhe, Erholung
quiescere	ruhen 92.114
quis?	wer?
quo?	wohin?
quo ... eo	je ... desto (45)
quod	weil
quomodo?	wie
quoque (nachgestellt)	auch
quot	wie viele (38)
quotannis	alljährlich (6)
quotiens	wie oft, sooft (38)

R

ramus	Zweig, Ast
rapere	raffen, rauben 92.102
rapidus	reißend (18)
raptare	wegschleppen, rauben
raro	selten (30)
rarus	selten, vereinzelt
ratio, -onis	Vernunft, Art und Weise
ratis, -is	Floß
recens, -entis	frisch, neu (44)
recipere	zurücknehmen, aufnehmen 92.107
recitare	vorlesen, vortragen
recreare	erfrischen
rectus	gerade, recht, richtig
recusare	sich weigern
reddere	(zurück)geben, machen zu 92.67
redigere	in einen Zustand bringen 92.73
redimere	loskaufen, (er)kaufen 92.75
redire	zurückkehren 96.2.1
reditus, -us	Rückkehr (18)
referre	(zurück)bringen, berichten, beziehen auf 94.2
reficere	wiederherstellen 92.108
regere	lenken, leiten (20) 92.28
regina	Königin
regio, -onis	Richtung, Gegend
regius	königlich (34)
regnum	Königreich, Königsherrschaft
religio, -onis	Götterverehrung, Religion, Ehrfurcht
relinquere	zurücklassen, verlassen 92.77
reliquiae, -arum	(Über)reste
reliquus	übrig, restlich
remedium	Heilmittel
remittere	nachlassen 92.42
removere	entfernen, wegschaffen 90.50
renovare	erneuern
repellere	zurückstoßen, abweisen 92.64
reperire	finden 91.10
repetere	zurückfordern, wiederholen 92.7
reportare	zurückbringen, überbringen (2)
reprehendere	tadeln 92.85
repudiare	zurückweisen, verschmähen
requirere	aufsuchen, verlangen 92.8
res, rei	Sache, Ding
res adversae	ungünstige Dinge, Unglück
res futurae	zukünftige Dinge, Zukunft
res militaris	Kriegswesen
res publica	Staat
res secundae	günstige Dinge, Glück
rescindere	einreißen 92.70
resistere	widerstehen, innehalten 92.59
respicere	berücksichtigen 92.104
respondere	antworten, entsprechen 90.46
responsum	Antwort (36)
restare	übrigbleiben 89.8
restituere	wiederherstellen 92.92
retinere	zurückhalten 90.14
reus	Angeklagter
revocare	zurückrufen
rex, regis m.	König
ridere	lachen, verlachen 90.35
ripa	Ufer
rivus	Bach (38)
robur, -oris	Kraft, Stärke

rogare	fragen, bitten	secedere	beiseite gehen, weggehen 92.43
rosa	Rose		
rostrum	Schnabel	secernere	absondern, trennen 92.4
rostra, -orum	die Schnäbel, die Rednerbühne (in Rom)	se conferre	sich begeben (64)
		secundum (Präp. mit Akk.)	entlang, gemäß (50)
ruber, -bra, -brum	rot		
rudis, -e	roh, ungebildet (15)	secundus	der folgende; günstig; der zweite
ruere	(sich) stürzen 92.97		
rumor, -oris	Gerede, Gerücht (20)	securitas, -atis	Sorglosigkeit (Gemütsruhe) (26)
rumpere	brechen (trans.) 92.78		
rursus	wieder (22)	sed	aber, sondern
(auch rursum)		sedare	beruhigen, (Durst) stillen (45)
rusticus	ländlich, bäuerisch		
		sedere	sitzen 90.52
		sedes, -is	(Wohn)sitz
		semen, -inis	Same
S		semper	immer, stets
		senator, -oris	Senator
sacer, -cra, -crum	heilig, geweiht	senatorius	senatorisch
sacerdos, -otis	Priester	senatus, -us	Senat
sacrificare	opfern	senectus, -utis	(Greisen)alter
sacrificium	Opfer	senex, senis	Greis
saeculum	Zeitalter, Jahrhundert	sensus, -us	Empfindung, Sinn
saepe	oft	sententia	Meinung, Urteil, Sinnspruch
saepire	einzäunen, umhegen 91.4		
saevire	wüten, toben (14)	sentire	fühlen, meinen 91.8
saevus	wild (39)	sepulcrum	Grab(mahl) (58)
sagitta	Pfeil	serere	säen, pflanzen (20) 92.3
sal, salis	Salz	serere	(aneinander)reihen 92.18
salire	springen 91.3	sermo, -onis m.	Gespräch, Sprache
saltare	tanzen (40)	sero	spät, zu spät
salus, -utis	Wohlergehen, Heil, Rettung	serva	Dienerin, Sklavin (23)
		servare	bewahren, retten
salutare	(be)grüßen	servilis, -e	knechtisch, Sklaven- (22)
salve!	sei gegrüßt!	servire	dienen (15)
salvete	seid gegrüßt!	servitus, -utis	Knechtschaft, Sklaverei
sanare	heilen	servus	Sklave, Knecht
sancire	heiligen, festsetzen 91.5	severus	ernst, streng
sanctus	geweiht, heilig (59)	si	wenn
sanguis, -inis m.	Blut	sic	so, auf diese Weise
sanus	gesund	siccus	trocken (16)
sapiens, -entis	weise, verständig	sidus, -eris	Sternbild, Gestirn
sapientia	Weisheit, Einsicht	signum	Zeichen
satis	genug	silentium	Schweigen, Stille (55)
satisfacere	Genüge tun 92.108	silere	schweigen 90.26
saxum	Fels, Steinblock (5)	silva	Wald
scandere	steigen 92.87	similis, -e	ähnlich
scelus, -eris	Verbrechen	simplex, -icis	einfach
schola	Schule	simulacrum, -i	Bild, Abbild, Götterbild
scientia	Wissen, Kenntnis (1)	sine (Präp. mit Abl.)	ohne
scindere	zerreißen, spalten 92.70		
scire	wissen (14)	sinere	lassen, zulassen (20) 92.1
scribere	schreiben 92.22	singularis, -e	einzeln, einzigartig
scriptor, -oris	Schriftsteller	singuli, -ae, -a	je ein, einzeln (12)
scutum	Schild (Langschild) (29)	sinister, -tra, -trum	link(s), linkisch
secare	schneiden 89.6		

sistere	stellen, sich hinstellen 92.59	sub (Präp. mit Akk. bzw. Abl.)	unter
sitire	dürsten (15)	subducere	wegbringen, entziehen 92.24
sitis, -is	Durst		
situs	liegend, gelegen	subicere	unterwerfen 92.109
societas, -atis	Gemeinschaft, Bündnis	subigere	unterwerfen, (be)zwingen 92.73
socius	Gefährte, Bundesgenosse		
sol, solis	Sonne	subire	herangehen, auf sich nehmen 96.2.2 (8)
solacium	Trost (23)		
solum	nur, allein	subito	plötzlich
solum	Boden, Erdboden	submovere	entfernen, wegschaffen 90.50
solus	allein, einsam		
solvere	lösen, zahlen 92.95	succedere	nachrücken, nachfolgen 92.43
somnus	Schlaf		
sonare	tönen, klingen 89.7	succurrere	zu Hilfe eilen 92.63
sonus	Ton, Laut	sumere	nehmen 92.75
soror, -oris f.	Schwester	summa	Summe
sors, sortis	Los, Schicksal	summus	der oberste, höchste
spargere	ausstreuen 92.53	super (Präp. mit Akk.)	über ... hin
spatium	Raum, Strecke, (Zwischen)raum, Zeit(raum) (11)		
		superare	überragen, überwinden, übertreffen
spectaculum	Schauspiel	superbia	Hochmut, Stolz
spectare	schauen, betrachten	superbus	hochmütig, stolz, erhaben
spectator, -oris	Zuschauer		
sperare	hoffen	superesse	übrig sein, überleben (alicui), im Überfluß vorhanden sein 93.2.1
spernere	verschmähen (20) 92.5		
spes, spei	Hoffnung		
spirare	atmen	superior, superius	der obere, frühere (47)
spiritus, -us	Hauch, Atem	suppetere	vorhanden sein, ausreichen 92.7
splendor, -oris	Glanz		
spoliare	berauben, ausplündern (46)	supplicium	Gebet, Todesstrafe, Strafe (18)
spondere	geloben, versprechen 90.46	supra (Präp. mit Akk.)	oberhalb, über
stare	stehen 89.8	supremus	der letzte (47)
statim	sofort, sogleich	surgere	sich erheben, aufstehen 92.28
statua	Statue, Standbild		
statuere	aufstellen, feststellen 92.92	suscipere	auf-, unternehmen 92.107
		suspicere	aufblicken, verdächtigen 92.104
status, -us	Stellung, Zustand, Verfassung (53)		
		sustinere	aushalten, tragen 90.14
stella	Stern		
sternere	hinbreiten, hinstrecken (21) 92.6		
strenuus	tatkräftig, regsam (61)		**T**
strepitus, -us	Geräusch, Lärm (10)		
stringere	schnüren, streifen, (Schwert) ziehen 92.34	taberna	Bude, Laden, Wirtshaus
		tabula	Tafel, Landkarte
struere	schichten, bauen 92.37	tacere	schweigen, verschweigen 90.11
studere	Eifer zuwenden, sich bemühen, streben nach (alicui rei) 90.27	tacitus	schweigend, verschwiegen (23)
studium	Eifer	talis, -e	so beschaffen, solch
stultus	dumm, töricht (6)	tam (bei Adjektiven)	so
suadere	raten, zureden 90.36		

211

tamen	dennoch, trotzdem	transire	hinübergehen, überschreiten 96.2.2
tandem	endlich		
tangere	berühren 92.58	tribuere	zuteilen, zuweisen 92.93
tantum	nur	tributum	Abgabe, Steuer (8)
tantus	so groß	tristis, -e	traurig
taurus	Stier	tristitia	Traurigkeit (43)
tectum	Haus, Dach	triumphator, -oris	Triumphator
tegere	decken, bedecken 92.29	tum	da, dann, darauf
tellus, -uris f.	Erde, Erdboden	tumultus, -us	Aufruhr, Unruhe
telum	Geschoß, (Wurf)waffe (51)	tunc	damals, dann (31)
		turba	Unruhe, Menge
tempestas, -atis	Unwetter, Sturm	turbare	verwirren, stören
templum	Tempel, heilige Stätte	turpis, -e	schimpflich, häßlich, schändlich
temptare	befühlen, versuchen		
tempus, -oris	Zeit, Lage	turris, -is	Turm
tendere	spannen, strecken, ziehen 92.56	tutela	Schutz
		tutus	sicher, geschützt
tener, -era, -erum	zart, jung	tyrannus	Tyrann, Alleinherrscher (18)
tenere	halten 90.14		
tenuis, -e	dünn, schwach, gering (56)		
terere	reiben, aufbrauchen (20) 92.2	**U**	
tergum	Rücken	ubi	wo
terra	Land, Erde	ubique	überall
terrere	(er)schrecken (trans.) 90.8	ultimus	der letzte (47)
		ultro	überdies, noch dazu; freiwillig (63)
terribilis, -e	schrecklich (44)		
terror, -oris	Schrecken	umbra	Schatten
testimonium	Zeugnis, Beweis	umbrosus	schattig
testis, -is	Zeuge	umquam	je(mals) (36)
theatrum	Theater	unda	Woge, Welle
thermae, -arum	warme Bäder, Badeanstalt	unde	woher
		undique	von allen Seiten
thesaurus	Schatz	urbanus	städtisch, kultiviert
timere	fürchten 90.28	urbs, urbis	Stadt
timor, -oris	Furcht	urgere	drängen, bedrängen 90.43
titulus	Aufschrift	urere	(ver)brennen (trans.) 92.40
toga	Gewand, Toga		
tolerare	ertragen, erdulden	usque ad (mit Akk.)	bis zu
tollere	aufheben, beseitigen 92.71 und 94.2		
		usque eo	bis dahin (53)
torquere	drehen, foltern 90.33	usus, -us	Gebrauch, Nutzen, Übung
tot	so viele (38)		
totiens	so oft (38)	ut (mit Ind.)	wie
totus	ganz	ut (mit Konj.)	daß, damit
tradere	übergeben, überliefern 92.67	utilis, -e	nützlich, brauchbar
		utilitas, -atis	Nutzen, Vorteil
traducere	hinüberführen 92.24	utinam	daß doch
trahere	ziehen, schleppen 92.25	uxor, -oris f.	Gattin
traicere	hinüberbringen, übersetzen 92.109		
		V	
trans (Präp. mit Akk.)	über ... hinüber, jenseits (10)		
		vacuus	leer, frei
transferre	hinüberbringen, übertragen 94.2	valde	sehr

vale!	lebe wohl!	vicinus	benachbart, nahe; Subst.: Nachbar
valere	gesund sein, vermögen, gelten 90.30	victor, -oris	Sieger
valetudo, -inis	Gesundheitszustand (Gesundheit, Krankheit) (26)	victoria	Sieg
		victus, -us	Lebensunterhalt, Lebensweise
vallis, -is	Tal	vicus	Dorf, Gasse
vallum	Wall, Verschanzung (52)	videre	sehen 90.53
varius	bunt, mannigfaltig, verschieden	vigere	frisch, kräftig sein 90.29
		vigil, -is	Wächter
vas, vasis n.	Gefäß	vigilare	wachen, wach sein
vastare	verwüsten	vigilia	Wache, Nachtwache (25)
vastus	1. öde, wüst 2. weit	villa	Villa, Landhaus
vates, -is m.f.	Seher(in), Dichter(in) (44)	vincere	siegen, besiegen 92.79
vehemens, -entis	heftig, nachdrücklich	vincire	fesseln, binden 91.6
vehere	bewegen, fahren (trans.) 92.26	vinculum	Band, Fessel
		vinea	Weinberg, Weinlaube
vel	oder	vinum	Wein
velle	wollen 95	violare	verletzen
velut	wie, zum Beispiel	vir, viri	Mann
venator, -oris	Jäger (39)	virgo, -inis	Mädchen
vendere	verkaufen 92.67	virtus, -utis	Tüchtigkeit, Tugend, Tapferkeit, Leistung
venenum	Gift		
venia	Nachsicht, Verzeihung	vis	1. Kraft, Gewalt 2. Menge
venire	kommen 91.12	vires, virium	Kräfte, Streitkräfte
venire	verkauft werden 96.2.1	visitare	besuchen
venter, ventris m.	Bauch, Magen	vita	Leben
ventus	Wind	vitare	meiden, vermeiden
ver, veris n.	Frühling	vitium	Fehler, Laster
verbera, -um	Schläge	vituperare	tadeln
verberare	schlagen	vivere	leben 92.38
verbum	Wort	vivus	lebend, lebendig
veritas, -atis	Wahrheit (36)	vix	kaum
versus, -us	Vers	vocare	rufen, nennen
verus	wahr, wahrhaftig (32)	volare	fliegen, eilen
vertere	wenden 92.88	voluntas, -atis	Wille, Absicht
vesper, -eri	Abend, Westen	voluptas, -atis	Vergnügen, Lust
vesperi (vespere)	abends, am Abend	volvere	wälzen, rollen 92.96
vestire	bekleiden (15)	votum	Gelübde
vestis, -is	Kleid(ung)	vox, vocis	Stimme
vetare	verbieten 89.5	vulnerare	verwunden
vetus, -eris	alt	vulnus, -eris	Wunde
vexare	quälen, heimsuchen	vulpes, is f.	Fuchs (38)
via	Weg, Straße	vultus, -us	Miene, Gesichtsausdruck

Deutsch-lateinisches Wörterverzeichnis

A

aber	sed; autem
abfallen	deficere
abhalten	arcēre
absperren	intercludere
abwehren	arcēre
abweisen	repellere
abwesend sein	abesse
Acker	ager, agri
ähnlich	similis, -e
alle	omnes, -ium
allein	solus, -a, -um
als (Konjunktion)	cum (mit Konjunktiv)
als (beim Komparativ)	quam
alt	antiquus, -a, -um; vetus, veteris
Altar	ara, -ae
Ameise	formica, -ae
Amen	Amen
Amt	magistratus, -us
an (wohin)	ad (Präp. mit Akk.)
anbieten	offerre
Anblick	conspectus, -us
andere	alii, -ae, -a
der eine ... der andere	alter, -era, -erum ... alter, -era, -erum
anderer, ein	alius, -a, -ud
andermal, ein	alias
anfangs	initio
anfüllen	complēre; implēre
angreifen	invadere
Angriff	impetus, -us
angewöhnen, sich	assuescere, consuescere
Angst	timor, -oris; pavor, -oris
anklagen	accusare; arguere
ankündigen	indicere
Ankunft	adventus, -us
annehmen	accipere
anständig	honestus, -a, -um
anstrengen	contendere
antreiben	incitare
antworten	respondēre
anziehen	induere
Apostel	apostolus, -i
Arbeit	labor, -oris
arm	miser, -era, -erum; pauper, -eris
Armut	paupertas, -atis
auch	etiam; quoque (nachgestellt)
auf (wo?) (wohin?)	in (Präp. mit Abl.) in (Präp. mit Akk.)
aufbürden	imponere
aufdecken	aperire
aufgeben	omittere
aufheben	tollere
aufhören	desinere; desistere
auflösen	solvere
aufnehmen	excipere; suscipere
aufreiben	conficere
aufschichten	exstruere
aufstellen	statuere
aufsuchen	adire; requirere
aufwenden	impendere
Auge	oculus, -i
aus	e, ex (Präp. mit Abl.)
ausführen	committere (z.B. scelus)
aushalten	sustinēre
auslöschen	exstinguere
ausreichen	suppetere
aussetzen	exponere
Aussicht: in ... stellen	proponere
ausstatten	instruere
ausstreuen	spargere
auswählen	deligere; eligere

B

bändigen	domare
bauen	aedificare
Bauer	agricola, -ae
Baum	arbor, -oris f.
beachten, nicht	contemnere
beauftragen	iubēre
bebauen	colere
Becher	poculum
bedecken	operire; tegere
bedrängen	urgēre
bedürfen	egēre; indigēre (re)
beenden	finire
Befehl	imperium, -i
auf Befehl	iussu
befehlen	imperare, iubēre
befestigen	munire
befragen	rogare; interrogare; consulere
befreien	liberare
begegnen	occurrere; obviam ire (venire)
begehen	committere (z.B. facinus)

begehren	appetere	Bitten	preces, -um
beginnen	incipere	bitten	orare; rogare
begraben	humare	bitter	acerbus, -a, -um
beherrschen	regere	bleiben	manēre
bei	apud (Präp. mit Akk.)	blind	caecus, -a, -um
beide	ambo, -ae, -o (wie duo)	Blut	sanguis, -inis m.
Beiname	cognomen, -inis	Boden	solum, -i; humus, -i f.
Beispiel	exemplum, -i	böse	malus, -a, -um
beistehen	adesse; adiuvare (aliquem)	Bote	nuntius, -i
		Brand	incendium, -i
bekannt	notus, -a, -um	brechen	frangere; rumpere
es ist bekannt	constat	breit	latus, -a, -um
beladen	onerare	brennen (intrans.)	ardēre (= in Flammen stehen)
belagern	obsidēre		
belehren	docēre	brennen (trans.)	urere (= etwas (ver)brennen)
beleidigen	offendere		
Belohnung	praemium, -i	bringen	ferre, portare
bemühen, sich	studēre	bringen (in seine Gewalt)	redigere (in dicionem suam)
bemerken	animadvertere		
benachbart	finitimus, -a, -um	Brot	panis, -is m.
benehmen, sich	se gerere	Brücke	pons, pontis m.
benennen	appellare	Bruder	frater, -tris
beobachten	observare	Brust	pectus, -oris
berauben	exuere	Buch	liber, -bri
bereit	paratus, -a, -um	Bündnis	foedus, -eris
bereiten	parare	Bürger	civis, -is
bereits	iam	Burg	arx, arcis f.
Berg	mons, montis m.		
berühren	tangere		
beschaffen	parare		C
beschenken	donare		
beschließen	statuere; constituere; placet alicui	Christen	Christiani, -orum
		christlich	Christianus, -a, -um
beschreiben	describere		
besetzen	obsidere		D
besitzen	possidēre		
besser	melior, -ius	da (Konjunktion)	cum (mit Konjunktiv)
bestatten	humare	daher	itaque
bestehen aus	consistere	damals	tunc; tum
bester	optimus, -a, -um	damit	ut (mit Konjunktiv)
Bestie	bestia, -ae	dann	tum;
bestrafen	punire	darlegen	exponere
besuchen	visitare; (regelmäßig:) frequentare	darreichen	porrigere
		dein	tuus, -a, -um
betrauern	lugēre	Delphin	delphinus, -i
Betrug	fraus, fraudis	denn	nam
beugen	flectere	dennoch	tamen
Beute	praeda, -ae	der (die, das) (Relativpron.)	qui, quae, quod
bevorstehen	instare		
bewachen	custodire	der eine ... der andere	alter (-era, -erum) ... alter
bewegen	movēre		
Bewohner	incola, -ae	derjenige	is, ea, id
beziehen, sich (auf)	pertinēre (ad)	derselbe	idem, eadem, idem
		deshalb	itaque; qua de causa
bezwingen	domare	Dichter	poeta, -ae
bis dahin	usque eo		

dienen	servire	erfreuen	delectare
Diener	servus, -i; minister, -tri	ergreifen	capessere; prehendere
Dienerin	ancilla, -ae; serva, -ae	erheben	tollere
dieser (diese, dieses)	hic, haec, hoc	erheben, sich	se levare; surgere
		erinnern	admonēre
Ding	res, rei	Erinnerung	memoria, -ae
doch	at; tamen	erkennen	cognoscere
Dorf	vicus, -i	erklären	exponere
dort	ibi	erlauben	permittere
Drache	draco, -onis m.	ermutigen	erigere
drücken	premere	erobern	expugnare
durch	per (Präp. mit Akk.)	eröffnen	aperire
dürsten	sitire	erproben	probare
Durst	sitis, -is f.	erregen	commovēre; permovēre
		erscheinen	apparēre
		erschrecken (trans.)	terrēre
E			
		erschüttern	percellere; concutere
Ebene	campus, -i	erster	primus, -a, -um
Ehe	matrimonium, -i	erstreben	petere; expetere
Ehre	honos, -oris	ertappen	deprehendere
eilen	properare; festinare	ertönen	sonare
ein andermal	alias	ertragen	tolerare
einbrechen	irrumpere	erzählen (von, über)	narrare (de mit Abl.)
eindringen	penetrare; invadere		
eine, der ... der andere	alter, (-era, -erum) ... alter	erziehen	educare
		essen	edere
einherschreiten	incedere	etwas	aliquid
einige	nonnulli, -ae, -a		
einladen	invitare		
einmal	aliquando		
einrichten	instituere	**F**	
einschreiten (gegen)	animadvertere (in aliquem)		
		Fabel	fabula, -ae
einsehen	intellegere	fällen	caedere
einst	olim	fallen	cadere
Einwohner	incola, -ae	falsch	falsus, -a, -um
Elend	miseria, -ae	fangen	captare; capere
enden (trans.)	finire	fassen	capere
entbehren	carēre (re)	fast	paene; fere
entfernt sein	abesse	fehlen	deesse; deficere
entgegnen	respondēre	Fehler	vitium, -i
entkommen	evadere	Feind	inimicus, -i; hostis, -is
entlassen	dimittere	feindlich (gesinnt)	infestus, -a, -um; inimicus, -a, -um
entreißen	eripere		
entrinnen	evadere; effugere	Feld	ager, -gri
entsprechen	respondēre	Feldfrüchte	fruges, -um
entstehen	existere	Feldherr	imperator, -oris; dux, ducis
entziehen	subducere		
er, sie, es	is, ea, id	Fell	pellis, pellis
erbitten	petere	fern von	procul a (mit Abl.)
erblicken	aspicere; conspicere	fernhalten	abstinēre
Erde	terra, -ae; solum, -i; humus, -i f.	Feuer	ignis, -is m.
		finden	invenire; reperire
erdichten	fingere	Fleisch	caro, carnis
Erdkreis	orbis terrarum	fliehen	fugere

Flucht	fuga, -ae	geloben	spondēre; vovēre
in die Flucht schlagen	fugare	Gemahlin	uxor, -oris; coniunx, -ugis
		gemeinsam	communis, -e
Fluß	flumen, -inis; fluvius, -i	geraten: hineingeraten	incidere
folgender	hic, haec, hoc		
folgendes	meist: haec (Neutrum Plural)	gerecht	iustus, -a, -um
		Gerechtigkeit	iustitia, -ae
fördern	augēre	gerne	libenter
fordern	postulare; poscere	Geruch	odor, -oris
fragen	rogare; interrogare; quaerere (ex)	Gesandter	legatus, -i
		Gesang	cantus, -us
Frau	femina, -ae	geschehen	fieri (factum est)
Freier	procus, -i	Geschenk	donum, -i
Freiheit	libertas, -atis	Geschrei	clamor, -oris
fremd	alienus, -a, -um	Geschichte	fabula, -ae
Freund	amicus, -i	Gesetz	lex, legis f.
Freundin	amica, -ae	Gesinnung	mens, mentis f.
Freundschaft	amicitia, -ae	gesund sein	valēre
Friede	pax, pacis	Getreide	frumentum, -i
fruchtbar	frugifer, -era, -erum	Gewalt	vis, vim, vi
Fuchs	vulpes, vulpis f.	in seine Gewalt bringen	in dicionem suam redigere
fühlen	sentire		
führen	ducere	gewinnen	conciliare
einen Krieg führen	bellum gerere	gewisser, ein	quidam, quaedam, quoddam
Führer	dux, ducis	gewöhnen, sich	assuescere; consuescere
füllen	complēre; implēre	gewogen sein	favēre
fürchten	timēre; metuere	Gift	venenum, -i
Furcht	timor, -oris; pavor, -oris	Glaube	fides, fidei
		glauben	putare; censēre; credere
		Glück	res secundae; fortuna, -ae

G

		Göttin	dea, -ae
Gabe	donum, -i	golden	aureus, -a, -um
Gast	conviva, -ae	Gott	deus, -i
Gattin	uxor, -oris f.	gottlos	impius, -a, -um
geben	dare	Grab	sepulcrum, -i
geboren	natus, -a, -um	graben	fodere
Gebrüll	clamor, -oris	grausam	crudelis, -e
Gefährte	comes, -itis	Grausamkeit	crudelitas, -atis
Gefängnis	carcer, -eris; vincula, -orum	Greis	senex, senis
		Grille	cicada, -ae
Gefahr	periculum, -i	größter	maximus, -a, -um
gefallen	placēre	groß	magnus, -a, -um
Gefecht	proelium, -i	gründen	condere
gegen	adversus (Präp. mit Akk.) contra (Präp. mit Akk. – feindlich) erga (Präp. mit Akk. – freundlich)	gut	bonus, -a, -um

H

Gegend	regio, -onis	haben	habēre; alicui esse
gehen	ire	hängen	pendēre
gehorchen	obtemperare; parēre	Hafen	portus, -us
Geist	mens, mentis; animus, -i	Hand	manus, -us
gelangen	pervenire	hart	durus, -a, -um
gelingen	contingere	Haupt	caput, -itis n.

Haus	domus, -us f.	in der Tat	profecto
Heer	exercitus, -us	Insel	insula, -ae
heilen	sanare	irgendwelcher	aliqui, aliqua, aliquod
heilig	sacer, -cra, -crum; sanctus, -a, -um	irren	errare
		Irrfahrt	error, -oris
Heimat	patria, -ae		
heimlich	clam		
heiraten	nubere (alicui)		**J**
helfen	adesse; adiuvare (alicuem)		
		Jahr	annus, -i
herabziehen	detrahere	Jahrhundert	saeculum, -i
herausfordern	lacessere	je ... desto	quo ... eo
herausragen	eminēre	jemand (etwas)	aliquis (aliquid)
herbeibringen	afferre	jener	ille, illa, illud
herbeiholen	arcessere	Joch	iugum, -i
Herde	grex, gregis m.	Jugend	iuventus, -utis; pueritia, -ae
Herr	dominus, -i		
Herrschaft	imperium, -i	Junge	puer, -eri
hervorbringen	producere	junger Mann	adulescens, -entis
hervorragen	eminēre		
hier	hic		
Hilfe	auxilium, -i		**K**
hilflos	inops, inopis		
hinabführen	deducere		
hinausgehen	exire	kämpfen	pugnare; contendere
hinausstoßen	expellere	Kaiser	imperator, -oris
hingeben (sich)	dedere (se)	Kampf	pugna, -ae; proelium, -i
hinstellen, sich	sistere; consistere	kein	nullus, -a, -um
hinter	post (Präp. mit Akk.)	Kinder	liberi, -orum
Hinterhalt	insidiae, -arum	Kleidung	vestis, -is
hinterlassen	relinquere	klein	parvus, -a, -um
hinüberführen	traducere	Knabe	puer, pueri
hinzufügen	addere; adicere	König	rex, regis
Hirte	pastor, -oris	Königsherrschaft	regnum, -i
hoch	altus, -a, -um	können	posse
höchster	summus, -a, -um	Körper	corpus, -oris
Höhle	specus, -us; caverna, -ae	kommen	venire
hören	audire	Konsul	consul, -lis
hohes Meer	altum (mare)	Kraft	vis, vim, vi; vires, -ium; robur, -oris
hoffen	sperare		
Hoffnung	spes, spei	Krankheit	morbus, -i
hüten, sich	cavēre	Krieg	bellum, -i
Hütte	casa, -ae	kühn	audax, -acis
Hund	canis, -is m.	Küste	litus, -oris
Hunger	fames, -is	Kunst	ars, artis
		kurz	brevis, -e

	I		**L**
ihr(e)	suus, -a, -um		
immer	semper	lachen	ridēre
immer wieder	iterum atque iterum; etiam atque etiam	Lärm	strepitus, -us
		Lager	castra, -orum
im Stich lassen	deserere	Lamm	agnus, -i
in	in (Präp. mit Abl.)	Land	terra, -ae
in Aussicht stellen	proponere	Landschaft	regio, -onis

lang	longus, -a, -um	mitten	medius, -a, -um
lange (Zeit)	diu	mittlere	medius, -a, -um
laufen	currere	Mönch	monachus, -i
Leben	vita, -ae	müde	fessus, -a, -um
leben	vivere	Mühe	labor, -oris; opera, -ae
Lebensunterhalt	victus, -us	müssen	debēre
Legion	legio, -onis	Mut	animus, -i
lehren	docēre	Mutter	mater, -tris
Leid	miseria, -ae; malum, -i		
leiden	laborare		
Leidenschaft	cupiditas, -atis		**N**
Leistung	virtus, -utis		
lenken	regere	nach (Richtung)	in (Präp. mit Akk.)
lernen	discere	nach (zeitlich)	post (Präp. mit Akk.)
lesen	legere	Nachbar	vicinus, -i
Liebe	amor, -oris	nachdem	postquam (mit Ind. Perf.); cum (mit Konj.)
lieben	amare		
lieber wollen	malle	nachgeben	indulgēre
liegen	cubare; iacēre	nach Hause	domum
List	dolus, -i	nachlassen	remittere
Lob	laus, laudis	nachrücken	succedere
locken	illicere	nächste	proximus, -a, -um
Löwe	leo, -onis m.	Nähe: in der Nähe	prope (Präp. mit Akk.)
Lohn	merces, -edis	nähern, sich	appropinquare
Luft	aer, aeris	nähren	alere
		nämlich	enim
		nämliche, der	idem, eadem idem
	M	nahe	prope (Präp. mit Akk.)
		Nahrung	cibus, -i
Macht	potentia, -ae; opes, -um; imperium, -i	Name	nomen, -inis
		neben	iuxta (Präp. mit Akk.)
mächtig	potens, -tis	nehmen	sumere
Mädchen	puella, -ae	Neid	invidia, -ae
manche	quidam; nonnulli, -ae; -a	nennen	appellare; nominare
manchmal	interdum; nonnumquam	neu	novus, -a, -um; recens, -tis
Mann	vir, viri		
Marktplatz	forum, -i	nicht	non
Matrose	nauta, -ae	nicht (in konjunkt. Sätzen)	ne
Mauer	murus, -i		
Meer	mare, maris	nicht beachten	contemnere
meiden	vitare; fugere	nicht einmal	ne ... quidem
mein	meus, -a, -um	nicht mehr	non iam
meinen	censēre	nichts	nihil
Meinung	opinio, -onis	nicht wissen	ignorare; nescire
meisten: am meisten	maxime; plurimum	nicht wollen	nolle
		nie	numquam
meistens	plerumque	Niederlage	clades, -is
melden	nuntiare	niederlassen, sich	considere
Menge	multitudo, -inis	niederlegen	deponere
Mensch	homo, -inis	niederschlagen	affligere
mildern	mollire	niemals	numquam
mindern	minuere	niemand	nemo
mischen	miscēre	noch (mit Komparativ)	etiam
mißfallen	displicēre		
mit	cum (Präp. mit Abl.)	noch heute	hodie quoque
Mitbürger	civis, -is m.	noch nicht	nondum

Not	inopia, -ae
Notwendigkeit	necessitas, -atis
nützen	prodesse
nun (= jetzt)	nunc
nur	solum; tantum

O

obwohl	quamquam
öffentlich	publicus, -a, -um
öffnen	aperire; pandere
Öl	oleum, -i
oft	saepe
ohne	sine (Präp. mit Abl.)
Ohr	auris, -is
Opfer	sacrificium, -i
opfern	immolare

P

Palast	domus regia
Pfeil	sagitta, -ae
Pferd	equus, -i
pflücken	carpere
Plan	consilium, -i
Platz	locus, -i
Plebs	plebs, plebis f.
plötzlich	subito
Priester	sacerdos, -otis

Q

quälen	vexare
Quelle	fons, fontis

R

Räuber	latro, -onis
Ranzen	pera, -ae
raten	suadēre
rauben	raptare; rapere
Recht	ius, iuris
Rede	oratio, -onis
Regen(schauer)	imber, imbris m.
regieren	regere
reich	dives, divitis
Reich (= Königreich)	regnum, -i
Reichtum	divitiae, -arum
reizen	lacessere
retten	servare
richten (auf)	intendere (in mit Akk.)
riesig	ingens, -entis
Ring	anulus, -i
Rücken	dorsum, -i; tergum, -i
Rückkehr	reditus, -us
rufen	vocare; (laut:) clamare
Ruhm	gloria, -ae

S

säen	serere
sagen	dicere
sagte er (sie, es)	inquit
sammeln	colligere
schaden	nocēre
schändlich	turpis, -e
Schätze	divitiae, -arum; opes, -um f.
schätzen	diligere
Schatten	umbra, -ae
schelten	increpare
schicken	mittere
Schicksal	fortuna, -ae
Schiff	navis, -is
schlafen	dormire
schlagen	verberare
schlecht	malus, -a, -um
schließen	claudere
Frieden schließen	pacem (con)iungere
schließlich	postremo; denique
Schmerz	dolor, -oris
schmutzig	sordidus, -a, -um
Schnabel	rostrum, -i
Schnee	nix, nivis f.
schneiden	secare
schnell	celer, -eris, -ere
schön	pulcher, -ra, -rum
Schönheit	pulchritudo, -inis
schöpfen	haurire
schon	iam
schonen	parcere
Schonung gewähren	parcere
Schrecken	terror, -oris
Schrecken: in ... versetzen	(per)terrēre
schreiben	scribere
schreien	clamare
Schriftsteller	scriptor, -oris
Schulter	umerus, -i
Schutzherr	patronus, -i
schweben	pendēre
schweigen	tacēre
schwer (zu tun)	difficilis, -e
(zu tragen)	gravis, -e

Schwert	gladius, -i; ferrum, -i	stellen	ponere
Schwester	soror, -oris f.	sich stellen	sistere
schwimmen	nare	sterblich	mortalis, -e
segeln	navigare	Stich: im Stich lassen	deserere
sehen	spectare; vidēre		
Sehnsucht	desiderium, -i	Stier	taurus, -i
sehr	valde	Stimme	vox, vocis
sein	esse	Stolz	superbia, -ae
sein	suus, -a, -um	stolz	superbus, -a, -um
selbst	ipse, ipsa, ipsum	stoßen	pellere
selten	rarus, -a, -um; Adverb: raro	Strafe	poena, -ae
		strafen	punire
Senatoren	senatores, -um	Streit	controversia, -ae
setzen	ponere	Streitkräfte	vires, -ium
setzen, sich	considere	Studien	studia, -orum
sich (Dativ)	sibi	Sturm	tempestas, -atis
sich (Akk.)	se	suchen	quaerere
sicher	certus, -a, -um	süß	dulcis, -e
sicher(lich) (Adverb)	certe		
Sieg	victoria, -ae		
siegen	superare; vincere		
singen	cantare; canere		T
Sinn	mens, mentis; animus, -i		
Sitte	mos, moris	tadeln	vituperare; reprehendere
sitzen	sedēre	täglich	cottidie
so	sic; ita; tam (bei Adjektiven)	täuschen	fallere; decipere
		Tag	dies, diei m.
sofort	statim	Tal	vallis, -is f.
sogar	etiam	tanzen	saltare
sogar (beim Superlativ)	vel (z. B. optimus)	tapfer	fortis, -e
		Tapferkeit	fortitudo, -inis; virtus, -utis
sogleich	statim		
so groß	tantus, -a, -um	Tat	factum, -i; facinus, -oris
Sohn	filius, -i	Teil	pars, partis
solcher	talis, -e	teilnehmen	interesse
Soldat	miles, militis	Tempel	templum, -i
Sommer	aestas, -atis	Tier	bestia, -ae; animal, -lis n.
sondern	sed	Tochter	filia, -ae
Sorge	cura, -ae	Tod	mors, mortis
sorgen (für)	consulere (Dat.)	töten	necare; occidere; interficere
sowohl ... als auch	et ... et		
		Toga	toga, -ae
später	postea	Tor	porta, -ae
Speise	cibus, -i	tragen	portare; ferre
Spiel	ludus, -i	Traum	somnium, -i
sprach er (sie, es)	inquit	traurig	tristis, -e
sprechen	dicere	treffen	convenire
sprechen über	disserere	treiben	pellere
Staat	res publica; civitas, -atis	trennen	secernere; dirimere
Stadt	urbs, urbis; oppidum, -i	Treue	fides, fidei
Stamm	gens, gentis	trinken	potare; bibere; haurire
stark	firmus, -a, -um	trotzdem	tamen
Statue	statua, -ae	Truppen	copiae, -arum f.
stecken bleiben	haerēre	tun	facere
Stein	lapis, -idis m.	Tyrann	tyrannus, -i

221

U

Übel	malum, -i
über (z. B. erzählen über ...)	de (Präp. mit Abl.)
über ... hinüber	trans (Präp. mit Akk.)
übereinstimmen	consentire
übergeben	tradere
überlassen	permittere
überleben	superesse (alicui)
überlegen	deliberare
überreden	persuadēre
überschreiten	transire
überschütten	obruere
übersetzen	traicere
übertreffen	superare; praestare (alicui)
überwinden	superare
übrigen, die	ceteri, -ae, -a
Ufer	ripa, -ae
umgeben	circumdare; cingere
umherirren	errare
und	et; -que (angehängt)
ungeheuer	ingens, ingentis
ungerecht	iniustus, -a, -um
Ungerechtigkeit	iniuria, -ae
ungestüm	ferox, -ocis
Unglück	res adversae; calamitas, -atis
Unrecht	iniuria, -ae
unschuldig	innocens, -ntis
unser	noster, nostra, nostrum
unsterblich	immortalis, -e
Untat	facinus, -oris
unter (z. B. Menschen)	inter (Präp. mit Akk.)
unter (z. B. der/die Erde)	sub (Präp. mit Akk. – wohin? Präp. mit Abl. – wo?)
unterbrechen	intermittere
unterdrücken	opprimere
unterstützen	(ad)iuvare
untersuchen	exquirere
Unterwelt	inferi, -orum; Tartarus, -i
unterwerfen	subigere; subicere
Untier	monstrum, -i
unversehrt	incolumis, -e
unwissend	nescius, -a, -um
unzählig	innumerabilis, -e
Urteil	iudicium, -i

V

Vater	pater, -tris
Vaterland	patria, -ae
verachten	despicere
veranlassen	adducere
verbergen	abdere
verbessern	corrigere
verbieten	vetare
verbinden	(con)iungere
verborgen	latens, -entis; abditus, -a, -um
verborgen sein	latēre
Verbrechen	scelus, -eris
Verderben	pernicies, -ei
verderben	perdere; corrumpere
verehren	colere
verfassen	conscribere
Vergnügen	voluptas, -atis
vergrößern	augēre
verkaufen	vendere
verlachen	ridēre
verlangen	petere
verlassen	deserere; relinquere
verlegen, sich	incumbere
verleiten	inducere
verlieren	amittere; perdere
vermehren	augēre
vermindern	minuere
vernachlässigen	neglegere
vernichten	delēre
verpflichten	obstringere
verraten	prodere
Vers	versus, -us
verschieben	differre
verschmähen	spernere
versehen (mit)	afficere
versprechen	spondēre; promittere
verteidigen	defendere
verteilen	distribuere
vertreiben	fugare; (de-), (ex-)pellere
verurteilen	damnare
verwandeln	mutare
verweigern	negare
verwüsten	vastare
verzehren	devorare
viele	multi, -ae, -a
Vogel	avis, -is
Volk	gens, gentis; populus, -i; plebs, plebis
voll	plenus, -a, -um
vollenden	peragere; perficere
von	a, ab (Präp. mit Abl.)
von (= über)	de (Präp. mit Abl.)
vor	ante (Präp. mit Akk.) pro (Präp. mit Abl.)
voraussehen	providēre; prospicere
vorbeigehen	praeterire
vorhaben	übersetze mit Partizip Futur!

vorher	antea	wiederum	iterum
vorhersehen	providēre; prospicere	Wille	voluntas, -atis
Vorschrift	praeceptum, -i	Winter	hiems, hiemis
vortragen	recitare	wissen	scire
vortrefflich	praeclarus, -a, -um	Wissenschaft(en)	litterae, -arum
vorwegnehmen	praecipere	Woge	unda, -ae; fluctus, -us
Vorwurf	crimen, -inis	Wohl(ergehen)	salus, -utis
vorziehen	anteponere	wohnen	habitare
		Wohnstätte	domicilium, -i
		Wolf	lupus, -i
	W	wollen	velle
		Wort	verbum, -i
Wache	custodia, -ae	wünschen	optare
wachsen	crescere	wüten	saevire
Wächter	custos, -odis	Wunde	vulnus, -eris
Waffen	arma, -orum		
Wald	silva, -ae		
warm	calidus, -a, -um		**Z**
warum	cur		
waschen	lavare	zart	tener, tenera, tenerum
Wasser	aqua, -ae	zeigen	monstrare; ostendere
weder ... noch	neque ... neque	sich zeigen	apparēre
Weg	via, -ae	Zeit	tempus, -oris; aetas, -atis
wegbringen	deportare; subducere	zerreißen	lacerare; scindere
wegen	propter (Präp. mit Akk.)	zerstören	delēre
wegführen	deducere	ziehen (das	stringere
weggehen	abire	Schwert)	
wegnehmen	adimere; demere	ziemlich	mit Komparativ zu über-
wegtragen	auferre		setzen!
weiden	pascere	Zorn	ira, -ae
weil	quia; quod	zu	ad (Präp. mit Akk.)
Wein	vinum, -i	zu Boden schlagen	affligere
weinen	flēre	zu erreichen	petere
Weisung	praeceptum, -i	suchen	
wenden	vertere	Zugang	aditus, -us
wenden: sich	adire	zugestehen	concedere
wenden an		zugrunde gehen	perire
wenn	si	zulassen	sinere
wenn (= immer	cum (mit Indikativ)	zureden	suadēre
wenn)		zurückhalten	cohibēre; retinēre
wenn nicht	nisi	zurückkehren	redire
werfen	iactare; iacere; conicere	zurücklassen	relinquere
wertvoll	pretiosus, -a, -um	zurückstoßen	repellere
Wettkampf	certamen, -inis	zurücktragen	reportare
widerstehen	resistere	zusammenführen	conducere
wie	ut; quomodo	zusammenlaufen	concurrere
wieder	rursus; rursum	zuteilen	tribuere
wiederherstellen	restituere	Zwietracht	discordia, -ae
wiederholen	repetere	zwingen	cogere

Verzeichnis der Eigennamen

Absyrtus, -i	(gr. Absyrtos) Sohn des Kolcherkönigs Äetes, Bruder der Medea
Acheron, -ontis	Fluß in der Unterwelt, über den die Schatten wandern mußten.
Achilles, -is	(gr. Achilleus) Achill, der tapferste griechische Held vor Troja, Sohn des Peleus (Königs von Thessalien) und der Thetis
Aeetes, -ae	Äetes, Sohn des Helios (Sonnengottes), König der Kolcher, Vater der Medea und des Absyrtos; er ließ das goldene Vlies bewachen.
Aegeus, -ei	(gr. Aigeus) Ägeus, der Sage nach König in der Frühzeit Athens, Vater des Theseus
Aegyptus, -i f.	Ägypten
Aegyptus, -i	Enkel Neptuns, Zwillingsbruder des Danaos
Aeneas, -ae	Ahnherr des römischen Volkes, flieht aus dem zerstörten Troja und gelangt nach langer Irrfahrt nach Latium.
Aeolus, -i	(gr. Aiolos) Äolus, Beherrscher der Winde
Aeson, -onis	Halbbruder des Pelias, Vater des Jason
Aesopus, -i	(gr. Aisopos) Äsop, der bekannte griechische Fabeldichter aus Phrygien zur Zeit des Krösus (um die Mitte des 6. Jhds. vor Chr.)
Africa, -ae	Afrika, bes. Nordafrika.
Agamemno(n), -onis	Sohn des Atreus, König von Mykene, Bruder des Menelaos, Gemahl der Klytämnestra, Anführer der Griechen vor Troja
Agenor, -oris	König von Phönizien, Vater des Kadmus und der Europa
Alba Longa	älteste latinische Stadt, nach der Sage von Askanius erbaut, Mutterstadt der Römer
Albani, -orum	Einwohner von Alba Longa
Albanus mons	westlicher Gipfel des jetzigen Albanergebirges (Monte Cavo), der heilige Berg der Latiner mit einem Tempel auf dem höchsten Gipfel
Alexander, -dri	Alexander der Große, König der Makedonen 336–323 v. Chr.
Alcmene (Alcmena), -ae	Geliebte des Zeus, Mutter des Zeussohnes Herakles
Allia (Alia), -ae f.	Flüßchen in Latium, berühmt durch die unglückliche Schlacht der Römer gegen die Gallier im Jahre 387 v. Chr.
Alpheus, -i	Hauptstrom der Peloponnes, wurde von Herakles in den Stall des Augias umgeleitet.
Amasis, -idis	ägyptischer Pharao
Amor, -oris	Liebesgott
Amulius, -i	Sohn des Procus, des Königs von Alba Longa, der seinen älteren Bruder Numitor vom Throne stieß, dessen Sohn tötete und die von dessen Tochter Rhea Silvia (einer Vestalin) geborenen Enkel Romulus und Remus am Tiber aussetzen ließ.
Anchises (Anchisa), -ae	Vater des Venussohnes Äneas
Anio, -onis m.	Nebenfluß des Tiber, Grenzfluß zwischen Sabiner- und Latinerland
Aphrodite (Aphrodita), -ae	griechische Gottheit, der römischen Venus entsprechend
Apollo, -inis	griechischer Gott der sinnvollen Ordnung und der musischen Künste
Archimedes, -is	bedeutender Mathematiker in Syrakus, 287–212 v. Chr.
Ares, -is	griechischer Kriegsgott (siehe Mars)
Argo, -us	Schiff Jasons auf der Fahrt nach Kolchis
Argonautae, -arum	Argonauten, Schiffsbesatzung der Argo
Argus, -i	Erbauer des Schiffes Argo
Ariadne (Ariadna), -ae	Tochter des kretischen Königs Minos, half Theseus aus dem Labyrinth.
Arion, -onis	griechischer Zitherspieler, wurde von einem Delphin gerettet.

Ascanius, -i	Sohn des Äneas
Asia, -ae	Asien, bes. Kleinasien
Athamas, -ntis	Vater des Phrixos und der Helle
Athena, -ae	griechische Göttin Athene (siehe lateinisch Minerva), Göttin des Handwerks und der Künste
Athenae, -arum	die Stadt Athen
Athenienses, -ium	Athener, Bewohner Athens
Attica, -ae	Landschaft mit der Hauptstadt Athen
Augias, -ae	König von Elis
Augustinus, -i	Aurelius Augustinus, bedeutendster abendländischer Kirchenvater
Augustus, -i	Ehrenname („Erhabener") des ersten römischen Kaisers: 31 v. Chr. – 14 n. Chr.
Aulis, -idis	Seestadt in Böotien
Bacchus, -i	(gr. Bakchos oder Dionysos) griechischer Gott des Weines
Blasius, -i	Hauptgestalt einer Legende
Boeotia, -ae	Böotien, Landschaft in Mittelgriechenland (bewohnt von den Boeoti)
Cadmus, -i	(gr. Kadmos) Sohn des Agenor, Bruder der Europa, Gründer der Burg des späteren böotischen Theben
Caesarea, -ae	See- und Hafenstadt in Palästina
Calchas, -antis	Kalchas, griechischer Seher aus Mykene, der die Griechen nach Troja begleitete.
Calypso, -us	Kalypso, Nymphe auf der Insel Ogygia, hielt Odysseus sieben Jahre fest.
Candaules, -is	König von Lydien, aus dem Stamm des Herakles, wurde von Gyges (ca. 685 v. Chr.) getötet.
Capitolium, -i	das Kapitol, Burgberg (mons Capitolinus) von Rom mit Jupitertempel
Carthago, -inis	mächtige Handelsstadt in Nordafrika, wurde 146 v. Chr. von den Römern zerstört.
Centaurus, -i	Kentaur, nach dem Mythos oben Mensch, unten Pferd, von wilder Lebensweise und tierischen Begierden (Berühmt ist der Kampf der Kentauren gegen die Lapithen.)
Cerberus, -i	(gr. Kerberos) drei- (oder hundert-) köpfiger Höllenhund, Bewacher des Eingangs zur Unterwelt
Ceres, -eris	griechische Göttin des Ackerbaues und der Fruchtbarkeit
Charon, -ontis u. -onis	Fährmann der Unterwelt
Chiron, -onis	ein Kentaur, durch seine Kenntnisse in Musik, Heilkräuterkunde und Wahrsagerei ausgezeichnet, Erzieher von Heroen
Christiani, -orum	die Christen (Christianus: christlich)
Cicero, -onis	(M. Tullius Cicero) Staatsmann und bedeutendster Redner Roms, 106–43 v. Chr.
Cincinnatus, -i	L. Quinctius Cincinnatus, römischer Bauer und Staatsmann, wurde 458 v. Chr. vom Pfluge weg zum Diktator ernannt.
Circe, -es und -ae	(gr. Kirke) durch Zauberei bekannte Meernymphe, Tochter des Helios, verzaubert die Gefährten des Odysseus.
Cloelia, -ae	römisches Mädchen, dem König Porsenna als Geisel übergeben
Clytaemnestra, -ae	(gr. Klytaimnestra) Gemahlin des Agamemnon, Mutter der Iphigenie
Codrus, -i	Kodros, König Athens, angeblich 1068 v. Chr. gefallen
Colchi, -orum	Kolcher, Bewohner der Landschaft Kolchis an der Ostseite des Schwarzen Meeres
Corinthus, -i f.	Korinth, griechische Handelsstadt an der Nordküste der Peloponnes (bewohnt von den Corinthii)

Coriolanus, -i	Cn. Marcius Coriolanus, Held der frühromischen Geschichte, eroberte 493 die Volskerstadt Corioli und erhielt davon seinen Beinamen; er wurde später im Ständekampf verbannt.
Creta, -ae	Kreta, Insel mit uralter Kultur im östlichen Mittelmeer
Creusa, -ae	Tochter des Priamos, Gemahlin des Äneas
Croesus, -i	(gr. Kroisos) durch seinen Reichtum sprichwörtlich bekannter König von Lydien, wurde 546 v. Chr. von den Persern besiegt.
Cumae, -arum	Kyme, Handelsstadt an der Küste Campaniens, griechische Gründung
Cyclops, -pis	Kyklop, riesiges, menschenfressendes Ungeheuer in Menschengestalt, mit einem Auge mitten auf der Stirn
Cyrus, -i	Kyros der Ältere, Begründer und König Persiens 559–529 v. Chr.
Daedalus, -i	berühmter Baukünstler, Zeitgenosse des Minos und Theseus, Erbauer des Labyrinths
Damocles, -is	Freund des Königs Dionysios von Syrakus, der das „Glück" des Tyrannen kostete.
Danai, -orum	Danaer: Argiver oder Griechen.
Danaides, -um	Danaiden, die Töchter des Danaos
Danaus, -i	Zwillingsbruder des Aigyptos, Vater von fünfzig Töchtern
David	Gestalt aus dem Alten Testament
Decius, -i	römischer Kaiser 249–251, verfolgte als erster die Christen planmäßig.
Delphi, -orum	berühmteste griechische Orakelstätte (oraculum Delphicum) mit Apollonheiligtum
Diana, -ae	römische Göttin der Frauen, auch der Jagd, der griechischen Artemis gleichgesetzt
Dido, -onis	Königin von Karthago
Diogenes, -is	griechischer Philosoph zur Zeit Alexanders in Athen und Korinth
Dionysius, -i	Dionysios der Ältere, 405–367 v. Chr. Tyrann in Syrakus
Eleusis, -inis	Eleusis, Stadt und Gemeinde in Attika mit einem Demeter (Ceres)-Heiligtum, berühmt wegen der Mysterien
Elis, -idis	Landschaft in der westlichen Peloponnes
Ephesus, -i	(gr. Ephesos) Stadt an der Küste Kleinasiens mit berühmtem Tempel der Artemis
Erginus, -i	(gr. Erginos) König von Böotien, unterwarf Theben, wurde von Herakles im Kampf getötet.
Etrusci, -orum	die Etrusker, Volk von rätselhafter Herkunft und Sprache in Mittelitalien (Etrurien)
Europa, -ae	phönikische Königstochter, wurde von Zeus nach Kreta entführt.
Eurydice, -es	Eurydike, Gemahlin des Orpheus
Eurystheus, -ei	König von Mykene, legte Herakles auf Geheiß der Hera (Juno) zwölf Arbeiten auf.
Faunus, -i	weissagender Feld- und Waldgott
Faustulus, -i	Hirt des albanischen Königs Amulius, der Romulus und Remus rettete und erzog.
Galli, -orum	Gallier, Bewohner Galliens (Gallia, -ae)
Georgius, -i	Hauptgestalt einer Legende
Germani, -orum	Germanen, Bewohner Germaniens (Germania, -ae)

Gigantes, -tum	Söhne der Erde, Riesen mit Schlangenfüßen, wollten Jupiter aus dem Olymp vertreiben.
Goliathus, -i	Goliath, Gestalt aus dem Alten Testament
Graeci, -orum	Griechen, Bewohner Griechenlands (Graecia, -ae)
Gyges, -is	König Lydiens, ermordet seinen Vorgänger Kandaules ca. 685 v. Chr.
Halys, -yos	Fluß in Kleinasien, berühmt durch die Schlacht des Kyros gegen Kroisos
Hannibal, -is	Feldherr der Karthager, 247–183/2 v. Chr., gefährlichster Gegner Roms
Harpyiae, -arum	Harpyien, geflügelte mythische Wesen von räuberischer Natur.
Hector, -oris	Hektor, der tapferste Held der Trojaner
Helena, -ae	schöne Griechin, Gattin des Menelaos, wurde, von Paris nach Troja entführt, Anlaß zum Trojanischen Krieg.
Helle, -es	Tochter des Athamas und der Nephele, flüchtet mit ihrem Bruder Phrixos auf einem Widder nach Kolchis.
Hellespontus, -i	Hellespont(os), benannt nach Helle, Meerenge zwischen Europa und Asien
Helios	griechischer Sonnengott, Sol gleichgesetzt
Hera	griechische Göttin, der röm. Göttin Juno gleichgesetzt
Hercules, -is	Herakles, Held der griechischen Sage
Hermes, (Herma) -ae	griechischer Gott der Herden, des Handels und Betrugs, Götterbote, mit Mercurius vergleichbar
Herodotus, -i	Herodot, aus Halikarnassos 484–415 v. Chr., Vater der griechischen Geschichtsschreibung
Hieronymus, -i	Kirchenvater, 348–420 n. Chr., übersetzte die Bibel (Vulgata).
Homerus, -i	Homer, Dichter der Ilias und (?) der Odyssee, lebte im 8. Jhd. (?) v. Chr. im westlichen Kleinasien.
Horatius, -i	Q. Horatius Flaccus, Horaz, römischer Dichter, 65–8 v. Chr., von Maecenas gefördert
Horatius Cocles	römischer Held, widersetzte sich dem Heer Porsennas allein auf einer Brücke.
Hostilius, -i	römischer Heerführer, fiel im Kampf gegen die Sabiner.
Ianiculus mons (Ianiculum)	Janushügel, am rechten Tiberufer in Rom
Iason, -onis	Sohn des Äson, Anführer der Argonauten, die nach Kolchis segelten, um das goldene Vlies zu holen
Icarus, -i	Sohn des Dädalus, floh mit künstlichen Flügeln aus Kreta, stürzte ins Meer.
Ilias, -ados	Ilias, die bekannte Dichtung Homers
Ilion (Ilium und Ilios)	auch Troja genannte Stadt im nordwestlichen Kleinasien, von den Griechen zehn Jahre belagert und dann zerstört.
India, -ae	Indien (Bewohner: Indi)
Ino, -onis	Tochter des Kadmos, zweite Gemahlin des thebanischen Königs Athamas
Iocasta, -ae	Iokaste, Mutter und Gattin des Ödipus
Iohannes, -is	Apostel und Evangelist
Iolci, -orum	Jolker, Bewohner von Jolkos (Iolcus, -i), einer Stadt in Thessalien, Wohnsitz des Pelias, Vaterstadt des Jason
Iphigenia, -ae	Tochter des Agamemnon und der Klytaimnestra, wurde von Artemis (Diana) entrückt.
Israelitae, -arum	Israeliten, Bewohner von Israel (Israel, -elis)
Italia, -ae	Italien (Adj.: Italicus)

Ithaca, -ae	Ithaka, westgriechische Insel, Heimat des Odysseus
Iulianus, -i	Julianus, Hauptgestalt einer Legende
Iuno, -onis	römische Stadtgöttin, später der griechischen Hera gleichgesetzt
Iuppiter, Iovis	Jupiter, Wettergott, höchster römischer Gott (Optimus Maximus)

K siehe C

Lacedaemonii, -orum	Lakedämonier, Bewohner von Sparta
Laius, -i	König von Theben, Vater des Ödipus
Latium, -i	Latium, Landschaft in Mittelitalien, bewohnt von den Latini, Adj. Latinus, -a, -um
Latinus, -i	König von Latium bei Ankunft des Äneas
Lavinia, -ae	Tochter des Königs Latinus, Gemahlin des Äneas
Lavinium, -i	Stadt in Latium, von Äneas erbaut, nach seiner Gemahlin Lavinia benannt
Linus, -i	Sohn Apollos, ausgezeichneter Sänger und Tonkünstler, Lehrer des Herakles, wurde von ihm erschlagen.
Livius, -i	(Titus Livius), berühmter römischer Geschichtsschreiber aus Padua, 59 v. – 17 n. Chr.
Lydia, -ae	Lydien, bewohnt von Lydi, Landschaft im westlichen Kleinasien

Marcellus, -i	römischer Feldherr bei der Eroberung von Syrakus durch die Römer, 212 v. Chr.
Mars, Martis	Gott des Krieges (mit griech. Ares vergleichbar), als Vater des Romulus und Remus Stammvater des römischen Volkes
Marsyas, -ae	Satyr, Meister im Flötenspiel, wurde von Apollon besiegt und grausam bestraft.
Medea, -ae	Tochter des Königs Äetes von Kolchis, Zauberin, Helferin und Gattin Jasons, wurde von ihm später verlassen
Menelaus, -i	Menelaos, König von Sparta, Gemahl der Helena, Bruder des Agamemnon
Menenius Agrippa	altrömischer Adeliger, 494 v. Chr. Vermittler zwischen Plebejern und Patriziern
Mercurius, -i	römischer Gott des Handels, dem griechischen Hermes gleichgesetzt
Merope, -es	Gemahlin des Königs Polybos von Korinth, erzog den Knaben Ödipus.
Midas, -ae	König von Phrygien in Kleinasien
Minerva, -ae	römische Göttin des Handwerks, der griechischen Athene gleichgesetzt
Minos, -ois	Herrscher auf Kreta
Minotaurus, -i	Ungeheuer (Mensch mit Stierkopf) der kretisch-griechischen Sage
Moerus, -i	sprichwörtlicher Freund des Selinuntius, wollte Dionysios ermorden.
Mucius	C. Mucius Scaevola, römischer Held im Kampf gegen die Etrusker 508 (?) v. Chr.
Musae, -arum	Göttinnen der Gelehrsamkeit, bes. der Dichtkunst und Musik
Mycenae, -arum	Mykene, Stadt in Argolis (Griechenland), Wohnsitz des Königs Agamemnon

Nausicaa, -ae	Tochter des Alkinoos, des Königs der Phäaken
Naxus, -i f.	Naxos, Insel des Ägäischen Meeres, bekannt durch Marmorbrüche, Weinbau und aus der Theseussage
Nephele, -es	erste Gemahlin des Athamas, Mutter des Phrixos und der Helle, nach ihrem Tode Wolkengöttin

Neptunus, -i	römischer Gott des Meeres, mit dem griechischen Poseidon gleichgesetzt
Nereus, -ei	ein Meeresgott, Sohn des Okeanos
Nero, -onis	Tib. Claudius Nero, römischer Kaiser, 54–68 n. Chr., Brandstifter Roms, erster Christenverfolger
Nessus, -i	ein Kentaur, von Herakles getötet, rächte sich an ihm durch ‚Zaubermittel'.
Nicolaus, -i	Hauptgestalt einer Legende
Noe	Gestalt aus dem Alten Testament
Numitor, -oris	König von Alba, Großvater des Romulus und Remus, Bruder des Amulius
Odysseus	lat. Ulixes, -is, griechischer Held vor Troja, bekannt durch seine Listen, Hauptgestalt der Odyssee
Oedipus, -odis	Ödipus, König von Theben
Ogygia, -ae	Insel der Nymphe Kalypso
Olympus, -i	Olympos, ein Berg an der Grenze von Makedonien und Thessalien, von den Alten für den Wohnsitz der Götter gehalten
Olympia, -ae	heiliger Bezirk in Elis auf der Peloponnes
Olympia, -orum	die Olympischen Spiele
Orpheus, -ei	thrakischer Sänger, Gemahl der Eurydike
Paris, -idis	Sohn des Königs Priamos von Troja, raubte Helena.
Peleus, -ei	König in Thessalien, Gatte der Thetis, Vater des Achill
Pelias, -ae	nach Vertreibung seines Bruders König in Jolkos, sandte Jason nach dem goldenen Vlies, kam durch Medea ums Leben.
Peloponnesus, -i	die Peloponnes, südliche Halbinsel Griechenlands (eigentlich: Insel des Pelops)
Pelops, -opis	Sohn des Tantalus, wurde von ihm geschlachtet und den Göttern als Mahl vorgesetzt.
Penelope, -es (Penelopa, -ae)	Gemahlin des Odysseus (Ulixes), Mutter des Telemach
Periander, -dri	Tyrann von Korinth, einer der sieben Weisen
Persae, -arum	die Perser
Phaeaces, -acum	die Phäaken, nach der Sage Bewohner der Insel Scheria (Korfu)
Phaedrus, -i	Freigelassener des Augustus, Thrakier von Geburt, Verfasser der bekannten Fabeln in Äsops Art
Philisti, -orum	die Philister
Phineus, -ei	König in Thrakien, von den Göttern mit Blindheit bestraft und von den Harpyien gequält, wurde durch die Argonauten von dieser Qual befreit.
Phoenices, -um	die Phöniker, Bewohner Phöniziens, eines schmalen Landstrichs Syriens am Mittelmeer, berühmte Seefahrer, Gründer Karthagos
Pholus, -i	Pholos, ein Kentaur
Phrixus, -i	Sohn des Athamas und der Nephele, Bruder der Helle, floh mit ihr auf dem Widder mit dem goldenen Vlies.
Phryges, -um	Phrygier, Bewohner Phrygiens (Phrygia) in Kleinasien
Plinius (C. Plinius Secundus)	1) Plinius der Ältere, röm. Gelehrter und Offizier, 23–79 n. Chr. 2) Plinius der Jüngere, röm. Beamter und Schriftsteller, ca. 61–113 n. Chr.
Pluto(n), -onis	Pluton, Gott der Unterwelt, Bruder des Zeus und Poseidon
Polybus, -i	Polybos, König von Korinth, Gemahl Meropes, erzog Ödipus an seinem Königshof.
Polycrates, -is	Polykrates, Tyrann der Insel Samos

Polyphemus, -i	Polyphem(os), einäugiger Riese der griechischen Sage, einer der Kyklopen
Porsenna, -ae	etruskischer König, belagerte 508 (?) v. Chr. Rom.
Poseidon	griechischer Gott des Meeres, dem Neptun(us) gleichgesetzt
Priamus, -i	Priamos, König von Troja, Vater des Hektor und Paris
Procrustes, -ae	Räuber in Attika, quälte Wanderer mit einem ‚Folterbett'.
Prometheus, -ei	bildete nach der Sage die Menschen aus Ton und belebte sie mit Feuer, wurde an den Kaukasus geschmiedet.
Psapho, -onis	Psaphon, griechische Sagengestalt, wußte sich als Armer zu helfen.
Pythia, -ae	Priesterin des Apoll zu Delphi, die, auf dem Dreifuß sitzend, Orakelsprüche erteilte.
Remus, -i	Zwillingsbruder des Romulus
Rhadamanthus, -i	Sohn Jupiters, Bruder des Minos, wegen seiner Gerechtigkeit nach der Sage Richter in der Unterwelt
Roma, -ae	Rom, von den Romani bewohnt
Romulus, -i	Sohn des Mars und der Rhea Silvia, Zwillingsbruder des Remus, Erbauer und erster König Roms
Sabini, -orum	Sabiner, Grenznachbarn der Latiner
Scaevola, -ae	siehe Mucius
Sciro, -onis	berüchtigter Räuber zwischen Megaris und Attika, wurde von Theseus getötet.
Selinuntius, -i	verbürgte sich für seinen Freund Moerus bei Dionysios.
Sibylla, -ae	Weissagerin und Priesterin des Apollon
Sicilia, -ae	Sizilien, Insel, seit 241 in römischem Besitz
Silenus, -i	Erzieher und Begleiter des Gottes Bacchus, immer betrunken, auf einem Esel reitend
Sisyphus, -i	Sisyphos, König zu Korinth, bekannt wegen seiner Strafe in der Unterwelt
Sparta, -ae	Stadt in der Peloponnes
Spartiatae, -arum m.	Spartaner, die Bewohner Spartas
Sphinx, Sphingis	Sphinx, Ungeheuer mit Mädchenkopf und Drachen- oder Löwenleib, quälte die Einwohner Thebens.
Sol, Solis	Sonnengott, gleichgesetzt mit Helios
Sophocles, -is	griechischer Tragödiendichter aus Athen, 496–406 v. Chr.
Syracusae, -arum	die Stadt Syrakus auf Sizilien
Syracusani, -orum	Syrakusaner, Bewohner von Syrakus
Talus, -i	Talus, Neffe des Dädalus
Tantalus, -i	Tantalos, König in Kleinasien (Phrygien), Vater des Pelops
Tarpeia, -ae	römisches Mädchen, verriet den Sabinern den Zugang zur römischen Burg.
Tarquinius (Superbus)	letzter (7.) König Roms, wurde wegen seiner Härte vertrieben.
Tartarus, -i	Tartaros, Unterwelt, Reich der Toten
Telemachus, -i	Telemach(os), Sohn des Odysseus und der Penelope
Thebae, -arum	Theben, Stadt in Böotien
Thebani, -orum	Bewohner Thebens
Theodosius, -i	römischer Kaiser, 346–395 n. Chr., verbot heidnische Opfer
Theseus, -ei	Sohn des Ägeus, König in Athen, bezwang den Minotaurus durch die Hilfe der Ariadne.
Thessalia, -ae	Thessalien, Landschaft Griechenlands
Thetis, -idis	Meernymphe, Gemahlin des Peleus, Mutter des Achilleus

Thomas, -ae	Apostel Thomas
Thraces,-um (Sg. Thrax)	Thraker, Bewohner Thrakiens
Tiberis, -is m.	Tiber, der Fluß, an dem Rom liegt
Troia, -ae	Troja, Stadt im nordwestlichen Kleinasien
Troiani, -orum	Bewohner Trojas (Adj. Troianus)
Ulixes, -is	lat. Name für Odysseus, Held der griechischen Sage
Umbri, -orum	Umbrer, Stammvolk Italiens
Venus, -eris	römische Göttin der Liebe, der griechischen Aphrodite gleichgesetzt, Mutter des Äneas
Vergilius, -i	Publius Vergilius Maro, berühmter römischer Dichter aus Mantua, 70–19 v. Chr., schuf Hirtengedichte, ein Lehrgedicht über den Landbau und die Äneis.
Volsci, -orum	Volsker, Volk in Latium
Zeus	höchster griechischer Gott, gleichgesetzt mit dem römischen Jupiter

Abbildungen: B. Arthaud, Grenoble; Lala Aufsberg, Sonthofen; Deutsches Archäologisches Institut, Rom; André Held. Ecublens; Hirmer Fotoarchiv, München (8); Lauros – Giraudon, Paris; Österreichische Nationalbibliothek, Wien; Scala, Istituto Fotografico Editoriale, Antella (3); Staatliche Antikensammlungen, München/Foto: Caecilia H. Moessner (2); Staatsbibliothek, Bamberg/Foto: A. Steber; Städelsches Kunstinstitut, Frankfurt am Main; Verlagsarchiv (18)

Der Abdruck der Zeichnungen von Celestino Piatti erfolgt mit freundlicher Genehmigung des Deutschen Taschenbuchverlages in München, die Wiedergabe des Holzschnittes von Gerhard Marcks mit freundlicher Genehmigung des Künstlers.

CLUSIUM

ETRUSCI

LACUS VOLSI

● VULCI

● TARQUINIA

LATIUM